C·H·Beck
PAPERBACK

Seit dem 12. Jahrhundert haben arabische Seefahrer versucht, das «Meer der Finsternis» in westlicher Richtung zu überqueren. Sie folgten Berichten über Reichtümer auf der anderen Seite, aber sie vertrauten auch ihrer hochentwickelten Nautik. Schon Jahrhunderte vor den Europäern konnten Araber Längen- und Breitengrade verlässlich ermitteln und exakte Karten zeichnen. Susanne Billig führt anhand zahlreicher Abbildungen in die arabische Astronomie, Nautik, Kartografie und Seefahrt ein und zeigt, wie dieses Wissen von den technisch rückständigen Europäern übernommen wurde, die seine arabische Herkunft verschleierten. Ihr faszinierendes Buch folgt den bahnbrechenden Forschungen des großen Orientalisten Fuat Sezgin, die hier erstmals einer breiten Öffentlichkeit zugänglich gemacht werden.

Susanne Billig arbeitet als Wissenschaftsjournalistin für große öffentlich-rechtliche Radiosender. Daneben ist sie als Buch- und Drehbuchautorin tätig. Der Kinofilm «Verfolgt», der nach ihrem Drehbuch entstand, erhielt auf dem Filmfestival in Locarno einen Goldenen Leoparden.

Fuat Sezgin ist Professor em. für Geschichte der Naturwissenschaften an der Universität Frankfurt sowie Gründer des Instituts für Geschichte der arabisch-islamischen Wissenschaften. Er hat hier eine weltweit einzigartige Sammlung von arabischen wissenschaftlichen Instrumenten und Karten zusammengetragen und in Istanbul ein Museum der arabischen Wissenschaft gegründet.

Susanne Billig

DIE KARTE DES PIRI RE'IS

*Das vergessene Wissen der Araber
und die Entdeckung Amerikas*

C.H.Beck

Mit 58 Abbildungen und 4 Karten

Originalausgabe
© Verlag C.H.Beck oHG, München 2017
Satz: Druckerei C.H.Beck, Nördlingen
Druck und Bindung: GGP Media GmbH, Pößneck
Umschlaggestaltung: Geviert, Grafik & Typografie, Michaela Kneißl
Umschlagabbildung: Atlantikkarte des Pīrī Reʾīs (Ausschnitte)
© akg-images/IAM
Printed in Germany
ISBN 978 3 406 71351 4

www.chbeck.de

Inhalt

Vorwort. *Von Detlev Quintern* 11

ERSTER TEIL
KONNTEN DIE ARABER NACH AMERIKA SEGELN?

1. **Vergessenes Wissen** 17
   Die Wissenschaften wurden nicht in Griechenland geboren 19 – Der verkannte Beitrag der arabisch-islamischen Geografie 23 – Wer entdeckte Amerika? 25

2. **Die Geburt der arabischen Wissenschaften** 27
   Ein neues Großreich entsteht 28 – Frühe Offenheit 29 – Eine Übersetzungsbewegung beginnt 30 – Persischer und indischer Einfluss 33 – Ursachen der raschen kulturellen Entwicklung 34 – Die islamische Religion fördert die Wissenschaften 37 – Koran und Hadithe – Exegese und Geschichtsschreibung 39

ZWEITER TEIL
DIE ARABISCHE ASTRONOMIE

3. **Die wichtigsten arabischen Astronomen – Ideen und Werke** 43
   Sterne, Himmel, Horizont 46 – Der Aufbau des Kosmos 47 – Die Taumelbewegung der Erde 48 – Der Almagest gibt Impulse 50 –

Das «Haus der Weisheit» 51 – Die mathematische Astronomie explodiert 53 – Große Namen des 9. und 10. Jahrhunderts 55 – Erste systematische Experimente im 11. Jahrhundert 58 – Kampf gegen das ptolemäische System 61

4. Die großen Sternwarten 64
Erste arabisch-islamische Sternwarten in Bagdad 65 – Sternwarten in Persien 67 – Sternwarten in Nordafrika 69 – Die Sternwarte von Marāgh 70 – Die Sternwarte von Istanbul 76 – Die Sternwarte von Samarkand 81 – Sternwarten im Mogulreich von Indien 83

5. Astronomische Instrumente 85
Die Optimierung der Astrolabien 86 – Der transportable Quadrant und das umfassende Instrument 92 – Rubinkästchen und Torquetum 94 – Äquatorien 96

6. Wie die arabische Astronomie im Abendland weiterlebte 99
Das Wissen wandert: Sizilien, Kreuzfahrer, Byzanz und Spanien 100 – Kopernikus: auf den Schultern arabisch-islamischer Vorgänger 104 – Beobachtungsinstrumente aus arabischer Hand 107 – Tycho Brahe und die Sternwarte von Hven 110 – Verachten und verschweigen 114

DRITTER TEIL
DIE ARABISCHE NAUTIK

7. Die Kunst der arabischen Seefahrt 119
Segeln nach den Sternen 121 – Längengradbestimmung auf hoher See 124 – Vermessung riesiger Meeresstrecken 128 – Wetter und Gezeiten 130 – Selbstbewusste Nautiker 131 – Sternhöhenmessung zur See: Der Jakobsstab 132 – Der Kompass 134

8. Die arabische Nautik und der Westen 137
Breitenbestimmung und nautische Tabellen aus arabischer Hand 138 – Portugiesen segeln mit dem Polarstern 140 – Schätzung der zurückgelegten Strecke 142 – Der Längengrad, die große Unbekannte 144 – Die Übernahme von Jakobsstab und Quadrant 146 – Der Kompass gelangt in den Westen 150

VIERTER TEIL
ARABISCHE GEOGRAFIE UND KARTOGRAFIE

9. Die arabische Reisegeografie 157
Wurzeln der beschreibenden Geografie 158 – Ibn Churdādhbih: «Fliegende Fische mit Eulenköpfen» 160 – «Ich fragte immer wieder jeden Menschen» 162 – «Die Welt und ihre Wunder» 163 – Die Blüte des 10. Jahrhunderts 165 – Das Indienbuch des al-Bīrūnī 168 – Ibn Battūta, der Weltreisende 170 – Chroniken und biografische Lexika 172 – Leo Africanus: Lebendige Geografie im 16. Jahrhundert 173

10. Frühe Wurzeln der mathematischen Geografie 175
Frühe Vorstellungen von Himmel und Erde 176 – Mathematische Geografie in Griechenland und im Römischen Reich 178 – Marinos von Tyros 180 – Projektionen und Klimata 182 – Claudius Ptolemäus 184 – Syrer tradieren das griechische Erbe 188 – Perser führen die alten Quellen zusammen 189 – Indische Mathematik und Astronomie 191

11. Die Anfänge der mathematischen Geografie in der arabischen Welt 193
Die arabische Geografie entsteht 194 – Die Weltkarte der Ma'mūn-Geografen 195 – Al-Bīrūnī und die mathematische Geografie als ei-

genständige Disziplin 199 – Die Geometrie der Kugel 200 – Breitenmessung an jedem beliebigen Tag 203

12. **Die Blütezeit der arabischen Geografie** 207
Europa in klaren Konturen 209 – Qualitativer Sprung 211 – Durchbruch in Marāgh 212 – Neue Weltkarten entstehen 213 – Qutb ad-Dīn asch-Schīrāzī und die Portolankarten 214 – Verschollene Werke 216 – Erfasst: Kleinasien und der Ägäische Raum 217 – Orient und Okzident fließen zusammen 218 – Portugiesen finden erstaunlich präzise Karten vor 219 – Die sogenannte Cantino-Karte 220 – Der javanische Atlas 222 – Die Vermessung des indischen Subkontinents 225 – Die Karten des Pīrī Re'īs 226

13. **Europäische Entdeckungsreisen mit arabischen Karten** 228
Frühe Zeugnisse des arabischen Einflusses 230 – Westliche Gehversuche in mathematischer Geografie 233 – Die Geografie der «Göttlichen Komödie» 234 – Die arabische Weltkarte in China 236 – Die Karten des Marco Polo 237 – Mühsame Annäherung an arabisches Wissen 238 – Zufall und Ästhetik der Kartenwerke 242 – Der Weltatlas des Nicolas Sanson d'Abbéville 245 – Jean Dominique Cassini bringt den Durchbruch 246

FÜNFTER TEIL
STILLER TRIUMPH DER ARABISCHEN WISSENSCHAFTEN

14. **Der sinkende Einfluss der arabischen Kultur in Europa** 251
Kreuzzüge: Schwächung trotz technischer Überlegenheit 253 – Invasion der Mongolen und Verlust der Iberischen Halbinsel 256 – Portugal und Spanien übernehmen die Herrschaft über die Weltmeere 257

15. Die Weltkarte des Pīrī Reʾīs und die Entdeckung Amerikas 259
Arabische Vorstöße über den Atlantik 260 – Logbücher und die Karte des Pīrī Reʾīs 262 – Ungenaue Messungen abendländischer Seefahrer 265 – Die Vorlage für die «Kolumbuskarte» 267 – Das Logbuch des Kolumbus 268 – Flüchtige Bekanntschaft mit der Antarktis 270 – Südamerika auf der Karte des Alberto Cantino 271 – Die «Magellanstraße», den Arabern längst bekannt 272 – Die Karte von Juan de la Cosa 274 – Brasilien im javanischen Atlas 276 – Die Weltkarte des Fra Mauro 278 – Araber zeigten den Weg nach Amerika 280

ZUM SCHLUSS

Perspektivenwechsel 281

ANHANG

Dank 289
Schriften von Fuat Sezgin 291
Anmerkungen 294
Bildnachweis 297
Personenregister 299

Vorwort

Die Geschichtsbücher lehren bislang, dass es der in Diensten der spanischen Krone segelnde Christoph Kolumbus war, der im Oktober 1492 als Erster auf den dem amerikanischen Festland vorgelagerten Karibischen Inseln anlandete. Während seiner vier Amerikafahrten – die letzte im Jahre 1504 – wähnte Kolumbus sich in asiatischen Küstengewässern, anfänglich noch in der Nähe *Cipangos* (Japans), das er meinte gesichtet zu haben. Noch heute sprechen wir von Indianern als den ursprünglichen Bewohnern Amerikas. Es scheint, als hätte der amerikanische Kontinent sich auf dem Seeweg der spanischen Flottille in Richtung Asien einfach dazwischengeschoben. Wie dem auch sei, Kolumbus gilt gemeinhin als der Entdecker Amerikas, wenn wir von möglichen und anders zu bewertenden Neufundlandfahrten der Wikinger einmal absehen.

Fuat Sezgin hat dieser eurozentrischen Sicht eine neue Perspektive von den arabischen Wissenschaften aus entgegengesetzt, die in dem langen Zeitraum, der in Europa «Mittelalter» und «Vormoderne» genannt wird, alles andere als mittelalterlich und vormodern waren. Susanne Billig macht seine Forschungen mit diesem Buch erstmals einer größeren deutschsprachigen Leserschaft bekannt.

Der 1924 im türkischen Bitlis geborene Fuat Sezgin studierte unter anderen bei dem Islamwissenschaftler Hellmut Ritter in Istanbul und wurde – nach einem Militärputsch in der Türkei seit 1961 in Frankfurt lebend – 1965 an der dortigen Goethe-Universität in Geschichte der arabisch-islamischen Naturwissenschaften habilitiert.

In der Folgezeit widmete er sich ganz diesem Forschungsschwerpunkt, aus dem 1970 der erste Band der *Geschichte des Arabischen Schrifttums* (GAS) hervorging. Die bislang in 17 Bänden erschienene Reihe behandelt die Geschichte der arabisch-islamischen Wissenschaften, Kultur und Literatur, ihre Vorgeschichte und Übernahme in Europa. Das umfangreiche Werk gilt in Arabistik und Islamwissenschaften weltweit als geschätztes Standardwerk. Die Bände 10, 11, 12 (Kartenatlas) und 13 behandeln die Geschichte der Geografie und Kartografie im Islam und ihr Fortleben im Abendland, die Bände 14 und 15 die Anthropogeografie. Es sind neben weiteren Arbeiten, darunter dem Band zur Geschichte der Astronomie (GAS 6), diese Bände, auf denen das vorliegende Buch basiert.

Die Geschichte von Geografie und Kartografie zu erforschen, erfordert eine umfassende Gelehrsamkeit, über die nur ganz wenige Wissenschaftler verfügen. Neben Kenntnissen diverser Sprachen wie des Arabischen, Türkischen, Persischen, Lateinischen und Altgriechischen sowie romanischer Sprachen ist ein fundiertes mathematisches und astronomisches Wissen erforderlich, darüber hinaus Erfahrung in der Handhabung verschiedener historischer astronomischer und nautischer Instrumente. Fuat Sezgin war stets bestrebt, Manuskripte und Karten in Archiven und Museen im Original zu studieren, sei es in Madrid, Istanbul, Berlin, Kairo oder andernorts.

Parallel zu seiner Arbeit an der *Geschichte des Arabischen Schrifttums* hat Fuat Sezgin Hunderte von historischen Instrumenten – Astrolabien, Kompasse und viele andere – rekonstruiert. Die Modelle sind heute im Museum des Instituts für Geschichte der Arabisch-Islamischen Wissenschaften in Frankfurt und seit 2008 auch in Istanbul der Öffentlichkeit zugänglich.

Susanne Billig gebührt großer Dank dafür, dass sie in diesem Buch die Forschungen von Fuat Sezgin allgemeinverständlich darstellt. Im Mittelpunkt steht dabei die Frage, die Fuat Sezgin jahrzehntelang beschäftigt hat: War es den Arabern möglich, nach Amerika – und zurück – zu segeln, und gibt es Zeugnisse von solchen Fahrten? Die Antwort ist ein vorsichtiges «Höchstwahrscheinlich». Die Leserinnen und Leser sind eingeladen, sich mit Fuat Sezgin auf eine Forschungsreise zu begeben und die bisherige eurozentrische Sicht von der Entdeckung Amerikas zu überdenken.

Istanbul, 8. März 2017 *Detlev Quintern*

Dr. Detlev Quintern ist Direktor für Lehre und Entwicklung an der Prof. Dr. Fuat Sezgin Research Foundation for the History of Science in Islam in Istanbul.

ERSTER TEIL

KONNTEN DIE ARABER NACH
AMERIKA SEGELN?

1. Vergessenes Wissen

«Etwa im Jahre des Herrn 1420 fuhr ein Schiff ... vom Indischen Meer auf dem Wege zu den Inseln der Männer und Frauen über das Kap Diab hinaus zwischen die Grünen Inseln im Meer der Finsternis auf dem Wege nach Westen ... 40 Tage fand es nichts anderes als Luft und Wasser. Sie durchliefen in günstiger Fahrt nach ihrer Schätzung 2000 Meilen. Es kehrte schließlich in 70 Tagen zum genannten Kap Diab zurück.»
Eintrag auf der Weltkarte des venezianischen Mönchs und Kartografen Fra Mauro, 1457

Kolumbus hat Amerika entdeckt – das gilt im Abendland als selbstverständlich. Dabei ist historisch gesichert, dass Seefahrer schon in den Jahrhunderten vor Kolumbus von Osten her bis zur Neuen Welt vordrangen. Sicher lässt sich dies für die Wikinger sagen, vielleicht auch für die Phönizier, die Karthager und die Kelten. Doch sie alle gelangten wohl mehr oder weniger zufällig an amerikanische Küsten. Wer gezielt über den Atlantik setzen wollte, musste gut ausgestattet sein: mit geeigneten Schiffen, einer überragenden Navigationstechnik und dem Wissen, dass die Erde eine Kugel ist.

Alles dies trifft für die arabisch-islamische Kultur in der Blüte ihres wissenschaftlichen und technischen Schaffens zu. Schon in der Frühzeit des Islams gelangten die arabischen Eroberer im Norden nach Kleinasien und Westpersien und westlich bis Ägypten. In den kulturellen Zentren, die sie eroberten, lernten die muslimischen Araber die dortigen Sprachen, Literatur, Poesie, Verwaltungsabläufe, philosophische Ideen, Mathematik, Astronomie und Wissenschaftskulturen kennen, eigneten sich diese in einem erstaunlichen Tempo an und entwickelten sie bald kreativ weiter. In diesem Buch sollen uns zwei große Fragen interessieren: Gab es einen Zeitpunkt, ab dem Wissen und Können der arabischen Geografen und Seefahrer ausreichte, um gezielt den Atlantik zu überqueren und die Küsten Süd- und Nordamerikas anzusteuern? Und wie wahrscheinlich ist es, dass sie dies auch taten?

Die Frage nach der Entdeckung Amerikas liefert den roten Faden dieses Buches. Sein wichtigstes Anliegen besteht jedoch darin, der arabischsprachigen Welt des Mittelalters und der frühen Neuzeit in der Universalgeschichte der Wissenschaften ihren gebührenden Platz einzuräumen. Als der C.H.Beck Verlag den Vorschlag an mich herantrug, einen Ausschnitt der umfangreichen Forschungsarbeiten von Fuat Sezgin in einem Buch zu verdichten und allgemein verständlich darzustellen, habe ich gerne zugesagt, war ich doch nach einem Besuch im Museum des Institutes für Geschichte der Arabisch-Islamischen Wissenschaften in Frankfurt am Main, das von Fuat Sezgin gegründet wurde, sofort fasziniert von den erstaunlichen Exponaten dort. Die technisch ausgefeilten – und nebenbei wunderschönen – astronomischen, nautischen und medizinischen Instrumente und die umfangreiche Bibliothek des Instituts mit ihren großformatigen, alten Lexikon- und Kartenbänden führten mir eindrucksvoll vor Augen, wie hoch das technische und theoretische Wissen der Araber bereits über Jahrhunderte entwickelt war, bevor Europa überhaupt an die wissenschaftliche Erkundung von Himmel und Erde, von Musik, Medizin und Sprache dachte. Hinzu kommt, dass ich die zunehmend islamfeindliche Stimmung hierzulande mit großer Sorge beobachte. Auch darum halte ich Fuat Sezgins Forschungsarbeiten für sehr aktuell und ein weithin verständliches Buch darüber für ein wichtiges Korrektiv in den gegenwärtigen gesellschaftspolitischen Debatten. «Die Karte des Pīrī Re'īs» folgt weitgehend den Publikationen von Fuat Sezgin, die ich aus Gründen der Verständlichkeit allerdings an vielen Stellen um allgemeine historische und naturwissenschaftliche Erläuterungen ergänzt habe.

Zwar konzentrieren wir uns in diesem Buch auf die Geschichte der arabisch-islamischen Astronomie, Geografie und Nautik, wir könnten aber ebenso gut über Musik und Poesie, Grammatik und Physik, Chemie und Technik sprechen. Denn auch in diesen Bereichen haben die Araber Bedeutendes geleistet – und vor allem sehr viel mehr, als das Abendland in der Regel zur Kenntnis nimmt. Lange Zeit hat sich die Wissenschaftsgeschichte, wenn es um den Einfluss der arabisch-islamischen Wissenschaften auf das westliche Europa ging, fast ausschließlich für die abendländischen Übersetzungen arabischer Werke interessiert. Die nahm man in den Blick und untersuchte die erhaltenen Handschriften. Ein Thema kam dabei viel zu kurz: der gewaltige Einfluss der arabisch-islamischen Wissenschaften auf das Abendland. Dieser blinde Fleck der Forschung hat Fuat Sezgin als Wissenschaftshistoriker seit vielen Jahrzehnten dazu motiviert zu untersuchen, auf welch vielfältige und tiefgreifende Weise der Westen im ausgehenden Mittelalter und in der Neuzeit von den wissenschaftlichen Leistungen des arabisch-islamischen Kulturraums beeinflusst und geprägt wurde – ein Einfluss, der bis heute nachwirkt.

Die Wissenschaften wurden nicht in Griechenland geboren

Schon vor dem Mittelalter gab es im Mittelmeerraum und im Nahen Osten Kulturen, die einen erheblichen Beitrag zur Entwicklung der Wissenschaften und der Technologie leisteten – einen Beitrag, den die Wissenschaftsgeschichte ebenfalls viel zu wenig beachtet. Seit gut dreihundert Jahren und vielfach noch heute dominiert die Ansicht, die Errungenschaften der Griechen bildeten den Auftakt der exakten Wissenschaften – obwohl das archäologische Erbe der Sumerer, Babylonier, Assyrer, Hethiter, Kanaanäer, Aramäer und Ägypter längst eine andere Sprache spricht. Der große österreichisch-amerikanische Astronom und Wissenschaftshistoriker Otto Neugebauer (1899–1990) wies ein halbes Jahrhundert lang – leider weitgehend ungehört – darauf hin, dass die Griechen nicht am Anfang, sondern in der Mitte der Wissenschaftsgeschichte einzuordnen sind: Den 2500 Jahren, die nach der Blüte der griechischen Wissenschaftskultur verstrichen sind, muss man eine Phase von weiteren 2500 Jahren voranstellen, um all jenen Kulturen gerecht zu werden, auf deren Errungenschaften die Griechen aufbauen konnten.

Im 7. und 8. Jahrhundert breiteten sich die Araber über ihre angestammte Heimat auf der arabischen Halbinsel hinaus aus und eroberten Nordafrika, Spanien, Palästina, Syrien und Persien. Schon zu Beginn ihrer Expansion begegneten sie den Kulturen, die sie eroberten, ohne Berührungsängste und in wissbegieriger Offenheit – eine Haltung von enormer kulturhistorischer Bedeutung, die wesentlich dazu beitrug, dass Muslime später auch bis an amerikanische Küsten segelten. Im zweiten Kapitel werden wir sehen, in welchen Phasen sich die arabisch-islamische Wissensrezeption vollzog, und die vielfältigen Faktoren kennenlernen, die den erstaunlichen kulturellen Aufstieg der Araber katalysierten. Die vielleicht etwas umständlich wirkende Formulierung «arabisch-islamischer Kulturraum», der wir in diesem Buch viele Male beggenen werden, hat ihren Grund eben darin: stets zu betonen und im Kopf zu behalten, dass es hier nicht allein um «die Araber» geht und auch nicht um «die frühen Muslime», sondern dass wir es zu tun haben mit einem Aufeinandertreffen ganz verschiedener Ethnien, Wissenschaftstraditionen und religiöser Welten, die durch die einheitliche Hoch- und Verkehrssprache des Arabischen in eine anspruchsvolle Kommunikation traten und sich gegenseitig befruchteten. Dieser neue Kulturraum, der so etwas wie Einheit in der Vielfalt bot, machte den phänomenalen Aufstieg der arabisch-islamischen Wissenschaftskultur erst möglich.

Die Astronomie war eines der Gebiete, auf denen sich die arabisch-islamische Kultur wissenschaftlich hervortat, mit großer Bedeutung für die Seefahrt. Im dritten Kapitel werden die bedeutendsten arabisch-islamischen Astronomen mit ihren kosmologischen und astronomischen Überlegungen zur Drehung der Erde, zum Charakter der Milchstraße, mit ihren Theorien über die Planeten und zum Für und Wider der ptolemäischen Vorstellungswelt vorgestellt. Die Rede soll aber auch von den Förderern der Astronomie sein, denen diese Wissenschaft ihren erstaunlichen Aufstieg verdankte – zum Beispiel dem siebten Kalifen der Abbasiden-Dynastie, al-Ma'mūn (regierte 813–833), der die Astronomie nicht nur finanziell unterstützte, sondern selbst engagiert als Forscher vorantrieb.

In Kapitel 4 sehen wir dann, wie früh in Bagdad und Damaskus bereits Sternwarten entstanden. Im Laufe der Jahrhunderte kamen immer elaboriertere Observatorien hinzu, ausgestattet mit kunstvoll konstruierten und immer weiter optimierten astronomischen Instrumenten: Planetarien und Himmelsgloben, Tischsonnenuhren und Solstitial-Armillen, Astrolabien und mechanisch-astronomischen Kalendern. Am Institut für Geschichte der Arabisch-Islamischen Wissenschaften in Frankfurt ist eine weltweit einmalige Sammlung solcher Geräte zusammengetragen worden, und viele Modelle wurden dort auf der Grundlage alter Handschriften nachgebaut. Im fünften Kapitel werden vor allem solche Instrumente in Text und Bild vorgestellt, die für das Thema dieses Buches wichtig sind und zur mathematischen Geografie hinleiten.

Im 10. Jahrhundert begann das Abendland in einem Prozess, der fast fünfhundert Jahre andauern sollte, sich die arabisch-islamische Astronomie durch Übersetzungen zugänglich zu machen. Kapitel 6 wird zeigen, wie substantiell und vielfältig das Fach auf das Abendland einwirkte. Allerdings erschienen viele arabische Schriften das ganze Mittelalter hindurch unter falschen Namen, nicht selten wurden antike griechische Autoren fälschlich als Urheber ausgewiesen, was den Einfluss der islamischen Welt auf die abendländische Astronomie immer wieder unkenntlich machte und die tatsächlichen Autoren und Entdecker in Vergessenheit geraten ließ. Auch das soll uns in diesem Kapitel beschäftigen.

Natürlich brauchte man auch eine hoch entwickelte wissenschaftliche Nautik, um den Atlantik gezielt überqueren zu können. Darum befassen wir uns im siebten Kapitel mit der Kunst der arabischen Seefahrt. Schon im 7. Jahrhundert eroberten die muslimischen Araber mit eigenen Flotten erstmals Inseln im Osten des Mittelmeers, wuchsen bald im gesamten Mittelmeerraum zu einer gefürchteten Seemacht heran, segelten bis nach China und dehnten ihren Radius in der Folgezeit immer weiter aus. Wir lernen die komplizierten nautischen Messverfahren kennen, mit deren Hilfe die arabischen Seeleute den Indischen Ozean sicher in alle Richtungen durchfuhren. Sie kannten sich vorzüglich mit der in ihrem Kulturkreis gepflegten Astronomie und Mathematik aus und konnten auf hoher See erstaunlich genaue Positionsbestimmungen berechnen. Die Sammlung des Instituts für Geschichte der Arabisch-Islamischen Wissenschaften in Frankfurt am Main umfasst etliche Kompasse der Bauart, wie sie den arabischen Seefahrern bei der Orientierung halfen, und wir werden sehen, wie arabisch-islamische Wissenschaftler und Techniker diese Geräte kontinuierlich optimierten.

Wie die arabische Nautik im Abendland weiterlebte, ist das Thema von Kapitel 8. Auch hier wird sich zeigen, dass der Westen den bedeutenden Beitrag seiner arabischen Vorgänger teils nicht wahrhaben wollte und teils absichtlich unterschlug. Mit ihren wagemutigen Reisen standen die europäischen Seefahrer auf den Schultern ihrer arabischen Vorgänger, doch über Jahrhunderte hinweg und bis in die heutige Zeit herrschte im westlichen Europa die ahistorische und naive Auffassung vor, die Portugiesen der frühen Neuzeit hätten ihre Kartenwerke und Seefahrerkünste quasi aus dem Nichts hervorgebracht. Dieser Topos der genialischen Neuerfindung leugnet jedoch die Kontinuität zwischen der mittelalterlichen arabisch-islamischen Kultur und dem frühneuzeitlichen Abendland. Tatsächlich ist die europäische Seefahrt vom 13. bis zum 18. Jahrhundert nicht denkbar ohne das Jahrhunderte währende, mathematisch überaus elaborierte und in seinen Zielen sehr ehrgeizige Schaffen arabischer Nautiker, Techniker und Seeleute.

Der verkannte Beitrag der arabisch-islamischen Geografie

Mit dem neunten Kapitel wenden wir uns dann der arabischen Geografie zu, die seit vielen Jahrzehnten zu Fuat Sezgins wichtigsten Forschungsgebieten gehört. Die arabisch-islamische Kartografie ruht auf zwei großen Säulen: der mathematisch-astronomischen Geografie mit ihren antiken griechischen, indischen und persischen Vorläufern sowie einer intensiv betriebenen beschreibenden Geografie. Diese Anthropogeografie und ihre Nebenzweige – die historische Geografie, die Stadt- und Lokalgeografie und die Reisegeografie – hatten möglicherweise ebenfalls iranische Wurzeln, erlebten aber vor allem in der islamischen Welt eine intensive Blüte. Das Kapitel führt uns zunächst mitten hinein in die lebendigen Reiseberichte arabischer Abenteurer und Welterkunder.

In Kapitel 10 lernen wir die Ursprünge der mathematischen Geografie kennen. Wir werden das geo- und kartografische Erbe der antiken Griechen beleuchten und nachzeichnen, wie die frühen Araber dieses Erbe aus syrischer und persischer Hand entgegennahmen.

Selbstverständlich flossen aber auch Kenntnisse der Babylonier, der Ägypter und der Inder in die arabische Geografie ein – Kulturen, deren großer Beitrag zur Entwicklung der Wissenschaften und der Technologie in der Wissenschaftsgeschichte ebenfalls viel zu wenig gewürdigt wird.

Das elfte Kapitel wird dann zeigen, wie die Araber die mathematische Geografie und die dazu notwendigen Kenntnisse weiterentwickelten, und es führt uns zu einem besonders spannenden Abschnitt ihres Schaffens. Kalif al-Ma'mūn, der schon erwähnte bedeutende Förderer der Wissenschaften, erteilte im frühen 9. Jahrhundert einer großen Gruppe von Gelehrten den Auftrag, eine neue Geografie und eine Weltkarte zu schaffen. Fuat Sezgin entdeckte im Jahr 1984 diese lange verschollen geglaubte Weltkarte als Kopie wieder – ein für die Geschichte der arabischen Geografie überaus wichtiger Fund, zeigte er doch, dass die Forscher des Kalifen das Verständnis von der Verteilung der Landmassen auf der Erde auf ein völlig neues Niveau gehoben haben.

Kapitel 12 führt uns schließlich in die reiche Blütezeit der arabischislamischen Geografie und Kartografie, die vom 9. bis in das 16. Jahrhundert dauerte. Neue Messverfahren, neue Tabellen mit geografischen Koordinaten von faszinierender Präzision und neue Weltkarten tauchen in dieser Zeit auf.

In den Seewegen, Karten und Koordinatentabellen der europäischen Seefahrt lebten die arabische Geografie und Kartografie weiter, denn die kulturellen Kontakte zwischen arabisch-islamischer und abendländischer Welt waren über Jahrhunderte vielfältig und intensiv; dem Normalfall der kulturellen Kontinuität stand darum nichts im Wege. Das kartografische Bild von Asien und dem Indischen Ozean, das abendländische Gelehrte nach und nach erzeugten, basierte auf Jahrhunderten arabischer Forschung und Welterkundung. Arabische Spuren finden sich schon in den frühesten Weltkarten des Abendlandes. In westliche Ortsverzeichnisse flossen die umfangreichen arabisch-islamischen Tabellen mit geografischen Koordinaten ein. Auf welchen Wegen dies geschah und wie abendländische Geografen und Kartografen sich zu ihren arabischen Quellen verhielten, soll uns in Kapitel 13 beschäftigen.

Dass die arabisch-islamische Kultur seit dem 7. Jahrhundert Kenntnisse, Verfahren, Theorien und Instrumente anderer Kulturen sich nicht nur aneignete, sondern auch erheblich weiterentwickelte, ist einer entschlossenen staatlichen Förderung und einer enormen religiösen Toleranz zu verdanken, dazu einer erstaunlichen kulturellen Neugier, begünstigt durch das vorherrschende Islamverständnis der damaligen Zeit. Um die Mitte des 16. Jahrhunderts allerdings begann diese Kreativität nachzulassen und kam am Ende des Jahrhunderts, von wenigen Ausnahmen abgesehen, zu einem Stillstand. Gleichzeitig übernahm nun das Abendland in den Wissenschaften die Führung und löste den islamischen Kulturkreis in dieser Rolle ab. Kapitel 14 geht der Frage nach, wie es zu diesem Stillstand kam und welche Faktoren dabei ineinandergriffen. Eines sei schon an dieser Stelle deutlich gesagt: Der Islam ist für den kreativen Stillstand nicht verantwortlich zu machen, wie es ein geläufiges Vorurteil glauben machen will.

Wer entdeckte Amerika?

Christoph Kolumbus entdeckte Amerika. Vasco da Gama fand den Seeweg nach Indien. Ferdinand Magellan umsegelte aus eigener Kraft die Erde. Tatsächlich? Das fünfzehnte Kapitel zeigt, dass die Eroberung Amerikas durch die Spanier nur dank der nautischen, technischen, astronomischen und geografischen Kenntnisse, die das Abendland jahrhundertelang von den Arabern übernommen hatte, verwirklicht werden konnte. Viele Quellen machen es für Fuat Sezgin zudem höchstwahrscheinlich, dass die von europäischen Seefahrern und «Entdeckern» verwendeten Karten tatsächlich arabisch-islamischen Ursprungs waren. Die Landung der Europäer in Amerika war ohne Zweifel ein epochaler geografisch-nautischer Erfolg. Doch er wäre undenkbar gewesen ohne den Kontakt zu den Muslimen, die über siebenhundert Jahre auf der Iberischen Halbinsel präsent waren, ohne deren entwickelte Nautik und erweiterten geografischen Kenntnisse. Und die Araber selbst? Segelten sie an amerikanische Küsten? Karten, die nur aus arabischer Quelle stammen können, machen dies in der Tat so gut wie sicher – auch sie werden wir in diesem Kapitel kennenlernen. Dort begegnen wir dem Zitat vom Beginn dieses Kapitels wieder.

Warum drängt die westliche Geschichtsschreibung die Tatsache immer wieder an den Rand, dass das Abendland mit seinem astronomischen, nautischen und kartografischen, aber natürlich auch mit seinem medizinischen oder chemischen Schaffen im späten Mittelalter und in der frühen Neuzeit auf den Schultern seiner arabischen Vorgänger steht? Warum steht nach Jahrhunderten muslimischer Präsenz auf der Iberischen Halbinsel und Sizilien überhaupt in Frage, ob der Islam zu Europa gehört? Am Ende des Buches geht es auch um die antiarabischen Befangenheiten in der europäischen Wissenschaftsgeschichte – besonders um den Mythos einer «Renaissance», die als unmittelbare Fortsetzung der griechischen Periode zu verstehen sei und die den arabisch-islamischen Gelehrten bestenfalls die Rolle von Übersetzern und Vermittlern zukommen lasse. Als Europa selbst wissenschaftlich kreativ wurde, hatte das 16. Jahrhundert bereits begonnen: Vorangegangen waren nicht weniger als fünfhundert Jahre eines intensiven Studiums arabischer Werke und Autoren.

2. Die Geburt der arabischen Wissenschaften

«Ich habe getan, was jedermann in seinem Beruf tun sollte: die Leistungen der Vorgänger mit Dankbarkeit entgegennehmen, etwaige Fehler ohne Scheu verbessern und was bewahrenswert erscheint den Nachfolgern und späteren Generationen weitergeben.» *Al-Bīrūnī (973–1048)*

Die Erde liegt im Mittelpunkt des Universums. Sieben Planeten umkreisen sie auf ineinanderliegenden Bahnen, jeder mit seinen besonderen Eigenschaften, seiner eigenen Entfernung und Geschwindigkeit. Die Planeten sind umschlossen von der Sphäre der Fixsterne, die sich unablässig mit dem gesamten Himmel bewegen. Die Anzahl aller Sterne aber bleibt für den Menschen unerforschlich. Das ist die Gestalt der Welt, wie sie muslimischen Arabern im 8. Jahrhundert aus antiken griechischen Schriften entgegentritt, die sie intensiv sammeln und in die eigene Sprache übersetzen. Vorerst ist das ein reines Erkunden und Zusammentragen, getragen von kultureller Neugier und Offenheit. Die vielen kleinen Schritte jedoch werden schon wenig später in eine erstaunliche Blüte der arabisch-islamischen Kultur münden und eine höchst lebendige, kreative Wissenschaftslandschaft entstehen lassen. Was geschieht da am Beginn dieser neuen Kultur? Welche Faktoren begünstigen den erstaunlichen Aufstieg der Araber, und welche Rolle spielt die Religion in diesem Prozess?

Ein neues Großreich entsteht

Die Geschichte der arabisch-islamischen Kultur beginnt mit der Ausbreitung des frühen arabischen Reiches im 7. Jahrhundert. Rund zwei Jahrzehnte nachdem Mohammed die neue Religion des Islams gegründet hat, dringen muslimische Eroberer im Norden der arabischen Halbinsel bis nach Kleinasien und Westpersien und im Westen bis nach Ägypten vor. Auf diese Weise kommen die frühen Muslime zunächst als Eroberer, später als Kaufleute und Händler mit den großen kulturellen Zentren der Antike in Kontakt – Städten, die erst zum Römischen und später zum Byzantinischen Reich gehörten und in denen die Künste und Wissenschaften der Antike zu ihrer Vollendung gelangt sind.

Nur vier Jahre nach dem Tod des Religionsstifters nahmen Araber im Namen des Islams im Jahr 636 die Stadt Damaskus ein, 637 Aleppo und Emessa, das heutige Homs, im Jahr 638 Antiochia und 642 Alexandria. Die neuen Herrscher hätten die militärische Macht besessen, Kultur und Religionen ihrer neuen Untertanen zu unterdrücken und weitgehend auszulöschen. Das aber taten sie nicht. Da die Araber weder eine entwickelte eigene Rechtswissenschaft noch Verwaltungsideen mitbrachten, übernahmen sie zunächst die administrativen Strukturen und Rechtsformen der eroberten Länder. Steuer- und Verwaltungsangelegenheiten wurden anfangs sogar noch in den angestammten Sprachen abgewickelt – auf Koptisch, Griechisch und Persisch –, bis ganz am Ende des 7. Jahrhunderts das Arabische als alleinige Amtssprache galt. Dennoch sollte man sich den geistigen Abstand zwischen den Eroberern, vor allem den städtischen Arabern, und ihren neuen persischen, griechischen und ägyptischen Untertanen nicht allzu groß vorstellen – sonst wäre eine kulturelle Begegnung auf dem hohem Niveau, das wir in diesem Buch kennenlernen werden, sicher nicht möglich gewesen.

Frühe Offenheit

Gegenüber den religiösen Vorstellungen von Juden, Christen und Zoroastriern zeigten sich die neuen muslimischen Herrscher weitgehend großzügig. Die Anhänger der Buchreligionen erhielten Religionsfreiheit, sofern sie ihre Gebete nicht öffentlich zur Schau stellten, und mussten nur selten gewalttätige Übergriffe oder Enteignungen erleiden. Im Gegenzug wurden die nicht-muslimischen Schutzbefohlenen zu einer besonderen Kopfsteuer verpflichtet; die Wohlfahrtssteuer der Muslime blieb ihnen dafür erlassen. Erst im Laufe von Jahrhunderten konvertierten viele Anhänger der anderen Buchreligionen zum Islam.

Die liberale Haltung der neuen Herren in den eroberten Ländern spiegelte sich auch im Umgang mit den Wissenschaften wider. Nicht um Zerstörung, sondern um Aneignung ging es ihnen – sie wollten von dem Wissen und den technischen Kenntnissen der Fremden profitieren. Die arabisch-islamische Kultur war nicht einmal dreißig Jahre alt, als sie sich bereits intensiv mit der Rezeption fremden Wissens befasste. Von nun an durchliefen die Araber eine tiefgreifende kulturelle Wandlung.

Für ein besonders liberales und kulturell aufgeschlossenes Klima sorgte der Aufstieg der Umayyaden, der ersten Kalifen-Familie, die von Damaskus aus von 661 bis 750 über das junge islamische Reich herrschte. Der Begründer der Dynastie, der erste Umayyadenkalif Muʿāwiya I., ging als einer der bedeutendsten arabischen Herrscher in die Geschichte ein. Berührungsängste mit der Bevölkerung der eroberten Länder hatte der Herrscher nicht: Sein gesundheitliches

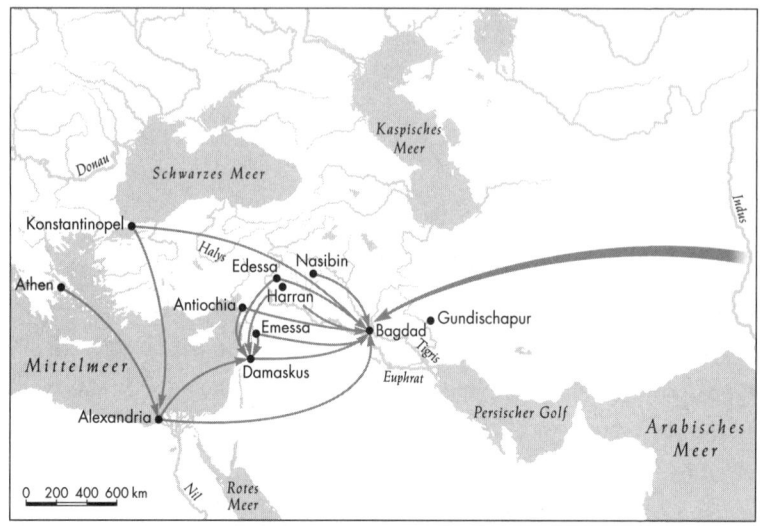

Die Hauptwege der Wissenschaften in die arabisch-islamische Welt

Wohl vertraute er dem christlichen Arzt Abū al-Hakam an, stand dieser doch in dem Ruf, besonders wirksame Arzneien herzustellen.

Eine Übersetzungsbewegung beginnt

Schon im 7. Jahrhundert übertrugen die Araber erstmals ein medizinisches Lehrbuch der Griechen in die arabische Sprache und suchten dabei die Zusammenarbeit mit einheimischen Gelehrten. Bald schon befassten sie sich auch mit dem syrischen und mittelpersischen Schrifttum. Eine Übersetzungsbewegung setzte ein, die sich intensiv mit der Übertragung des reichen astronomischen und mathematischen, aber auch kosmologischen, philosophiegeschichtlichen, alchemistischen und meteorologischen Erbes der eroberten Kulturen in die arabische Sprache befasste. Diese Übersetzungsarbeiten waren

2. DIE GEBURT DER ARABISCHEN WISSENSCHAFTEN 31

von hoher Qualität: Noch viele Hundert Jahre später, in der zentralasiatischen Blütezeit des Islams im 11. Jahrhundert, sollte der berühmte Universalgelehrte Abū ar-Raihān al-Bīrūnī mit mindestens einer dieser frühen Übersetzungen arbeiten.

Schon im 7. Jahrhundert entstanden die ersten juristischen Abhandlungen in arabischer Sprache. Noch geschah dies in bescheidenem Umfang, und die Autoren konzentrierten sich auf einzelne Themen, doch schon im 8. Jahrhundert legten arabische Autoren auch umfangreichere und systematische Texte zum islamischen Recht vor. Bald schon erschienen voluminöse Schriften zum islamischen Rechtswesen, aber auch zur Geschichte der islamischen Expansion und zu den Besonderheiten der eroberten Länder. Dazu kamen Werke über altarabische Poesie, Grammatik und Musiktheorie. Hervorzuheben ist das «Buch über die Grammatik» (*al-kitāb fī al-nahw*) des persischen Sprachwissenschaftlers Sībawaih, der in der zweiten Hälfte des 8. Jahrhunderts lebte. Sībawaihs monumentales Werk, das späteren Generationen als Kanon der Grammatik gelten sollte, beschreibt die arabische Sprache überaus detailliert und unterscheidet zum Beispiel schon präzise zwischen Phonetik und Phonologie. Nach dem Willen seines Autors sollte das Buch vor allem neuen Muslimen, die der arabischen Sprache nicht mächtig waren, helfen, den Koran zu lesen und zu verstehen. Umfang und systematischer Aufbau des Werkes zeugen davon, wie rasch und substantiell sich die Geisteswissenschaften entwickelten. Sībawaihs Grammatik trug wesentlich dazu bei, dass sich die arabische Sprache im Nahen Osten so rasch verbreiten konnte.

Schon in der ersten Hälfte des 8. Jahrhunderts befassten sich die Araber mit fast allen Wissensgebieten ihrer Zeit. Der Erste, der sich, von Quellen vielfach bezeugt, beispielsweise mit der Alchemie auseinandersetzte, war der Umayyadenprinz Chālid ibn Yazīd, der von etwa 655 bis 704 lebte, wahrscheinlich in Damaskus und Alexandria. Er kümmerte sich nicht nur darum, dass alchemistische und astrologische Schriften in die arabische Sprache übersetzt wurden, sondern verfasste wohl auch selbst Texte zur Astrologie, die allerdings noch reine Adaptionen und Imitationen antiker Schriften waren. Ein weiterer herausragender Vertreter des Faches in früher Zeit ist Dschābir ibn Hayyān; er wurde vor 725 geboren, starb um das Jahr 812 und ist auch unter seinem latinisierten Namen Geber bekannt. Mehrere Hundert Schriften aus seiner Hand zeigen, dass er sich vor allem auf «pseudo-epigrafische» Texte stützte – also auf Texte, die zwar den Autorennamen einer bekannten Autorität der Antike trugen, etwa Aristoteles, Sokrates oder Galen, aber tatsächlich von unbekannten Autoren verfasst worden waren. Als Chemiker und Alchemist wollte Dschābir ibn Hayyān zunächst nur ein Fach begründen, das die Mengenverhältnisse der in der Natur vorkommenden Substanzen maß. Schon bald entwickelte er sich jedoch zu einem kühnen und äußerst kreativen Naturphilosophen, der sich für fast alle Wissensgebiete seiner Zeit interessierte. In seinen Augen lag allem menschlichen Wissen ein Prinzip des Gleichgewichts zugrunde. Dies nannte er die «Lehre von den Maßen»: ʿilm al-mīzān.

An dieser Stelle eine wissenschaftshistorische Randbemerkung: Der Umgang mit den pseudo-epigrafischen Texten zeigt, was uns in diesem Buch leider noch oft begegnen wird, nämlich wie vorurteilsbehaftet die abendländische Wissenschaftsgeschichte mit den Arabern verfährt. Es treten uns viele frühe arabische Übersetzungen aus dem Griechischen in Form solcher «Pseudo-Epigrafien» mit falschen Autorennamen entgegen. Diese Werke, von unbekannten Gelehrten des griechischen Kulturraums geschrieben, waren meist in der Spätantike entstanden, also kurz vor der Geburt des Islams. Den Arabern und später auch dem Abendland erschienen die Autorennamen als echt. Erstaunlicherweise sahen und sehen viele westliche Arabisten darin aber Fälschungen durch arabisch-islamische Gelehrte – eine absurde Theorie, sagt Fuat Sezgin, denn wie hätten die Araber so früh solch komplexe Inhalte erfinden sollen? Indem Arabisten die pseudoepigrafischen Texte als «Machwerke arabischer Fälscher» entwerten, datieren sie diese Texte zudem noch fälschlicherweise in die Frühzeit des Islams – auf diese Weise geht der Wissenschaftsgeschichte der Spätantike wichtiges antikes Forschungsmaterial verloren.

Persischer und indischer Einfluss

Im Jahr 642 errangen die arabischen Eroberer einen entscheidenden Sieg gegen das riesige persische Sassanidenreich. In der folgenden Zeit spielten persischsprachige Wissens- und Kulturträger eine wichtige Rolle als Lehrer der Muslime. Die Perser hatten ihrerseits zuvor mehrere Jahrhunderte lang die wissenschaftlichen Erkenntnisse anderer Kulturen intensiv studiert, vor allem der Griechen, der Inder und indirekt wahrscheinlich auch der Spätbabylonier. Nun trugen persische Lehrer ihre Kenntnisse der Astronomie, Astrologie, Mathematik, Geografie, Philosophie und Medizin in die aufblühende arabische Kultur. Das berühmte sassanidische Wissenschaftszentrum Gundischāpūr blieb noch mindestens bis zur Zeit des Kalifen al-Ma'mūn im 9. Jahrhundert intakt – und persische Ärzte von hier verkehrten nachweislich auch in Bagdad. Überliefert ist, dass der alternde Kalif al-Mansūr 765 einen persischen Oberarzt und Verfasser medizinischer Werke von Gundischāpūr nach Bagdad rief, damit er ihn von einem Magenleiden heile.

Noch während die Araber an der Wende vom 8. zum 9. Jahrhundert intensiv damit befasst waren, die reichen Wissensschätze ihrer neuen Untertanen zu sichten und kennenzulernen, begann bereits die Phase der Assimilation: Jetzt tränkte sich die islamische Kultur mehr und mehr mit dem Wissen der Antike und machte es zu einem Teil der eigenen Identität. Interessanterweise lässt sich der Anfang der Assimilationsphase sehr genau datieren: Im Jahr 770 begannen die Araber, das indische *Brāhmasphuṭasiddhānta* aus dem Sanskrit in das Arabische zu übersetzen. Dieses hochkomplexe mathematisch-astronomische Werk hatte rund einhundert Jahre zuvor der indische Mathematiker und Astronom Brahmagupta geschrieben. Die Araber übersetzten das Buch jedoch nicht nur, sondern machten sich umgehend daran, es zu korrigieren und zu ergänzen; bald schon verfassten sie selbständig astronomische Werke. Schon fünfundzwanzig Jahre später übertrugen sie den kaum weniger komplizierten und umfangreichen *Almagest*, Hauptwerk des hellenistisch-griechischen Gelehrten Claudius Ptolemäus, in die arabische Sprache – gleich mehrfach, um die Übersetzung zu optimieren.

Ursachen der raschen kulturellen Entwicklung

Zoomen wir uns an dieser Stelle einmal hinein in das dichte Geflecht der Faktoren, die zu der erstaunlichen kulturellen Entwicklung der Muslime beitrugen, zu jenem berühmten «Goldenen Zeitalter der arabischen Kultur», das ohne Zweifel zu den erstaunlichsten Phänomenen der Wissenschaftsgeschichte gehört. Während ihrer frühen Expansion konnten die Muslime schon die meisten bedeutenden Kulturzentren in Persien und im Mittelmeerraum unter ihre Oberhoheit bringen. Mit der militärischen Aufbruchsstimmung und Siegeszuversicht der Araber korrespondierte auch ihr Wunsch, neue geistige Welten zu erobern und den Horizont ihrer Erkenntnisse immer weiter auszudehnen. Das galt auch für viele islamische Herrscher und Politiker: Sie bemühten sich aktiv um die Förderung der Wissenschaften, steckten viel Geld in wissenschaftliche Einrichtungen und bezahlten Gelehrte und ganze Wissenschaftlergruppen für ihre Arbeit.

Eine ganz besondere Bedeutung kommt der arabischen Philologie dabei zu: Textkritik und arabische Sprachwissenschaft waren schon im 8. Jahrhundert gut ausgebildet und lieferten die Grundlagen, um weitere Fachgebiete auf- und auszubauen. Ohne diese frühzeitig entwickelte Philologie wäre es undenkbar gewesen, schon in der ersten Hälfte des 9. Jahrhunderts griechische Werke in solcher Perfektion und Souveränität in die arabische Sprache zu übertragen. Mit der Auf- und Übernahme fremdsprachiger Terminologien schärften die arabisch-islamischen Gelehrten ihren Blick für exakte Definitionen und wissenschaftliche Präzision. Auf diese Weise wurden nicht nur arabische Fachtermini, sondern ganze Fachsprachen geboren.

Die Kulturträger der damaligen Zeit, ob Christen, Juden, Sabier oder Zoroastrier und gleichviel, ob sie zum Islam konvertierten oder nicht, lebten mit den Eroberern nicht nur weiter zusammen, sie konnten auch ihre wissenschaftlichen Arbeiten fortsetzen, wurden von den Muslimen gerecht behandelt, wertgeschätzt und an der neuen Gesellschaft beteiligt – und das über Jahrhunderte hinweg. Christliche und jüdische Gelehrte konnten wichtige Aufgaben im Staat übernehmen, sich von Persien bis Andalusien frei bewegen und ihren Beruf ausüben, wo immer sie wollten. Zwei Beispiele aus der Medizin sind typisch für das damalige Klima: Der berühmte jüdische Arzt und Philosoph Ibn Maimūn, im Abendland besser bekannt als Maimonides, arbeitete im Ägypten des 12. Jahrhunderts als Leibarzt seines islamischen Herrschers. Und in der Mitte des 12. Jahrhunderts wurde in Bagdad ein christlicher Arzt vom Kalifen zum Vorstand der Ärzteschaft ernannt und mit der Berufsprüfung sämtlicher Ärzte der Region betraut, obgleich auch hervorragende muslimische und jüdische Kollegen zur Verfügung standen. Im Abendland des 13. Jahrhunderts konnte ein Christ, der sich von einem jüdischen Arzt behandeln ließ, exkommuniziert werden. Unter den Arabern jedoch schien es beiden Seiten, Eroberern wie Eroberten, leicht zu fallen, sich in die neue islamische Gesellschaftsordnung zu integrieren. Die Eroberer hatten den Boden der eroberten Länder keineswegs als vollkommen ungebildete Analphabeten betreten, wie es ein gängiges Vorurteil will, und so machten sie sich innerhalb kürzester Zeit mit Kultur und Wissenschaften der fremden Zivilisationen vertraut und umgekehrt fügten sich die gebildeten Schichten der alten Kulturzentren relativ problemlos in das neue politische System ein.

Von Anfang an entwickelte sich in der islamischen Gesellschaft zudem eine einzigartige und sehr fruchtbare Lehrer-Schüler-Beziehung, die es in dieser Form im Abendland weder im Mittelalter noch danach gab: Schüler lernten nicht nur aus Büchern, sondern in direkter Unterweisung von ihren Lehrern. Das enge und wertschätzende Lehrer-Schüler-Verhältnis bewirkte ein schnelles und gründliches Lernen, es verhinderte Plagiate und bildete für Jahrhunderte eine der wichtigsten Grundlagen des islamischen Gelehrtentums.

Den Aufschwung der arabisch-islamischen Wissenschaften beförderten zudem folgende Prinzipien, die allgemeiner Konsens unter Gelehrten waren: die Überzeugung, dass die wissenschaftliche Forschung einem Fortschritts- und Entwicklungsgesetz unterworfen sei; die Gepflogenheit, Quellen nicht zu verheimlichen, sondern sie geradezu peinlich genau zu zitieren; eine Ethik der gerechten gegenseitigen Kritik; das Experiment als systematisches Hilfsmittel des Erkenntnisgewinns sowie das Bemühen um ein ausgewogenes Verhältnis zwischen Theorie und Praxis. Dieses Wissenschaftsethos wurde in islamischen Universitäten an kommende Generationen weitergereicht und in der Forschung gepflegt.

Der ausgeprägte Wunsch nach Wissen und Erkenntnis führte auch dazu, dass breite arabische Bevölkerungskreise die Kunst des Schreibens erlernen und weiterentwickeln wollten – nicht nur die ohnehin gebildeten Schichten. Arabische Quellen lassen das hohe Niveau erkennen, dass die Alphabetisierung der Bevölkerung im arabischen Reich schon gegen Ende des 7. Jahrhunderts erreichte, zu einer Zeit, als das abendländische Mittelalter noch im weitgehenden Analphabetismus verharrte und dies für Jahrhunderte nicht ändern sollte. Dazu kommt der besondere Charakter der arabischen Schrift: Sie wird im Prinzip immer als «Schreibschrift» verwendet, deshalb kann man in dieser Schrift besonders leicht und schnell schreiben; das förderte die weite Verbreitung von Büchern, die damals ja noch handschriftlich vervielfältigt wurden.

Es gab aber auch technische Errungenschaften, die dem Aufschwung der arabisch-islamischen Kultur enorm zugute kamen: Schon im ersten Jahrhundert der Verbreitung des Islams hatten die Araber die traditionelle Papyrusindustrie stark ausgebaut; später übernahmen sie von den Chinesen das Papier, das als Schreibmaterial in der islamischen Welt rasch große Verbreitung fand. Im 10. Jahrhundert wurde dazu noch eine bessere und beständigere Tinte erfunden, eine Mischung aus Galläpfeln, Vitriol, Gummi arabicum, Wasser und Ruß. Sie ermöglichte eine tiefschwarze, farbechte und lange haltbare Schrift.

Die islamische Religion fördert die Wissenschaften

Alle diese Umstände spielten zusammen, als sich Kultur und Wissenschaften der arabisch-islamischen Welt so rasch und vielfältig entwickelten, und sie blieben über Jahrhunderte hinweg wirksam.

Der islamischen Religion, insbesondere der orthodoxen oder der mystischen Strömung, wird häufig unterstellt, wissenschaftliches Denken grundsätzlich zu behindern und der Gesellschaft eine wissenschaftsfeindliche Haltung aufzudrängen. Für die ersten sechshundert Jahre des Islams – so lange dauerten Wachstum und Kreativität der arabischen Wissenschaften unvermindert an – gilt dies keineswegs. Im Gegenteil, nicht nur hemmte der frühe Islam den Aufstieg der Wissenschaften nicht, er wirkte sich in vieler Weise förderlich aus: Die neue Religion verehrte das Streben nach Wissen und räumte ihm eine wichtige Stellung ein. «Wissen» (ʿilm) galt im Islam als Haupttriebkraft des religiösen und damit des gesamten menschlichen Lebens. Auch die religiösen Institutionen des Islams zeichneten sich durch eine hohe kulturelle Toleranz und Akzeptanz aus: Wissenschaftler, gleich welcher kulturellen oder religiösen Zugehörigkeit, mussten vonseiten der Theologie nicht mit negativen Reaktionen oder gar Sanktionen rechnen. Aristoteles durfte ungehindert über Jahrhunderte hinweg den Ehrentitel «erster Meister» (al-muʿallim al-awwal) tragen und die Namen der großen griechischen Gelehrten Archimedes, Galen oder Apollonios erhielten das respektvolle Attribut «der Ausgezeichnete» (al-fādil). Der Respekt hielt die arabischen Wissenschaftler allerdings nicht davon ab, ihre griechischen Lehrer wo nötig zu verbessern oder zu kritisieren. Verantwortungsvolle Kritik – niemals sollte sie ungerecht, maßlos oder willkürlich sein – war jedoch immer eine individuelle Reaktion von Wissenschaftlern, die zu tragfähigeren Erkenntnissen gelangt waren, keine institutionell gesteuerte Abwehr. Dass religiöse Institutionen bestimmte Denker und Denkrichtungen offiziell verurteilten, bekämpften oder verboten – wie die Pariser Universität es mit Averroës (so hieß der Arzt und Philosoph Ibn Ruschd im Westen) tat oder Papst Innozenz III. im Jahr 1299 mit Aristoteles –, wäre in der damaligen islamischen Welt undenkbar gewesen, betont Fuat Sezgin.

Schon im 7. Jahrhundert begann in den Moscheen auch ein öffentliches Unterrichtswesen; ein Jahrhundert später hatten bedeutende Philologen, Schriftsteller und Historiker an den Hauptmoscheen sogar eigene Lehrstühle inne, *ustuwāna* («Säule») genannt. Alte Berichte über die Vorlesungen und Diskussionen dieses Lehrbetriebes zeugen von hohen akademischen Ansprüchen. Die Lehrstühle entwickelten sich zu ersten Universitäten, bis im 11. Jahrhundert dann staatliche Hochschulen gegründet wurden.

Obwohl die Lehrstühle anfangs an Moscheen angesiedelt waren, pflegten die Araber Naturwissenschaften, Philosophie, Philologie und Literatur von Anfang an als weltliche Disziplinen und nicht im Dienste der Theologie. Die Beschäftigung mit den Wissenschaften war auch kein Privileg des Klerus, sondern stand allen Berufsgruppen offen. Das zeigen sehr schön die überlieferten Namen der meisten damaligen Wissenschaftler. Ihre Berufsbezeichnungen lauten: Schneider, Bäcker, Tischler, Schmied, Kameltreiber oder Uhrmacher.

Koran und Hadithe – Exegese und Geschichtsschreibung

Besondere Umstände des frühen Islams brachten es mit sich, dass muslimische Gelehrte sich mit ganz neuen, geistigen Problemen auseinanderzusetzen hatten: Kurz nach dem Tod des Propheten kursierten verschiedene Koran-Varianten, und dies forderte zu der philologischen Aufgabe heraus, eine für alle Gläubigen gültige Textfassung zu erstellen. Die Auslegung der vielen Begriffe im Koran, die nicht allgemein bekannt waren, ließ nicht nur erste Korankommentare entstehen, sondern weckte auch das Interesse an der Lexikografie. Im Zuge dieser Arbeiten entdeckte man die Poesie schon früh als wichtige Quelle der Sprachforschung, ließ sich das poetische Material doch als sprachliches Zeugnis auswerten. Entsprechend hoch angesehen waren in vorislamischer Zeit und in der Übergangsperiode zum Islam entstandene Gedichte, die man intensiv sammelte. Auf diese Weise arbeitete die Auseinandersetzung mit dem Korantext der Philologie zu, deren Leistungen wir oben schon umrissen haben.

Eine interessante Rolle für die Wissenschaft spielt auch die schriftliche Bewahrung der Aussprüche des Propheten. Diese sogenannten Hadithe führten zu einem eigenen Überlieferungswesen, dessen Prinzipien und Regeln leider im Westen oft missverstanden wurden. Selbst Arabisten haben den historischen Gehalt dieser Geschichtswerke, die in den ersten drei Jahrhunderten des Islams entstanden, häufig unterschätzt. Da die frühen Muslime bestrebt waren, Mohammeds Eroberungszüge zu dokumentieren und das Leben des Propheten und seiner ersten Nachfolger niederzuschreiben, bahnten sie den Weg zu einer sich vielfältig ausgestaltenden und immer umfangreicheren Geschichtsschreibung. Die einzelnen historischen Berichte in den Hadithen werden nämlich von Hinweisen auf die Personen eingeleitet, die zur Kette der Überlieferer gehörten – nur wer strengen Anforderungen genügte, galt als glaubwürdige Quelle. Nach modernem Verständnis sind diese Überlieferungsketten nichts anderes als präzise Quellenverweise, wie wir sie in heutigen Büchern in Fußnoten finden – und eine unschätzbare Quelle glaubwürdiger Geschichtsschreibung.

Es ist dieses sozial und geistig aufgeschlossene Klima, in dem neben vielen anderen Wissenszweigen auch die arabische Astronomie, Nautik und Geografie ihren unvergleichlichen Aufstieg erlebten. Sie gelangten zu einer Blütezeit, die es den Arabern eines Tages auch erlauben würde, bis an amerikanische Küsten zu segeln.

ZWEITER TEIL

DIE ARABISCHE ASTRONOMIE

3. Die wichtigsten arabischen Astronomen – Ideen und Werke

«Das ganze Weltall gehorcht einer festen Ordnung, wie veränderlich auch seine Zustände sein mögen, und es herrscht Harmonie zwischen allen seinen Bestandteilen, wie unterschiedlich sie auch sind.» *Ibn al-Haitham (etwa 965–1040)*

Der Blick auf eine Landkarte oder auf das Smartphone mit GPS-Signal, um uns über unseren genauen Aufenthaltsort zu informieren, ist heute so selbstverständlich geworden, dass sich viele Menschen gar nicht mehr darüber im Klaren sind, wie mühsam und langwierig der Weg der Menschheit zu den allerersten topografisch exakten Karten war. Jahrhundertelange Anstrengungen waren dafür nötig, geschultert von Generationen von Forschern, die bereit waren, gefährliche und weite Reisen, ständige Fehlschläge und die mühsame Optimierung ihrer Beobachtungs- und Berechnungsmethoden auf sich zu nehmen. Welche Ozeane mochte es geben, wie waren die Landmassen auf dem Planeten verteilt, wo und wie weit voneinander entfernt lagen Berge, Flüsse, Seen und wichtige Städte und wie konnte man auf dem Landweg oder über das Meer lange Strecken durch unbekannte Gebiete zurücklegen?

Als Menschen begannen, sich für all das zu interessieren, war es ihnen zunächst technisch unmöglich, diese Fragen zu beantworten. Lag Alexandria nördlich oder südlich von Babylon? Man wusste es nicht. Um genau sagen zu können, wo man sich auf der Erde befindet, muss man die eigene Position sowohl in Nord-Süd-Richtung wie in Ost-West-Richtung präzise bestimmen, möglichst auch noch nachts oder bei schlechtem Wetter, wenn Wolken den Blick auf die Sonne und die Sterne verwehren. Es versteht sich, dass man zunächst herausbekommen haben muss, dass die Erde rund ist und welchen exakten Umfang sie hat, sonst gehen alle Berechnungen in die Irre.

Wer sich mit der Geschichte der Geografie ein wenig auskennt, wird vielleicht wissen, wie lange das Abendland gebraucht hat, um Längengrade messen zu können: bis zum Jahr 1750. Seit dem 15. Jahrhundert konnte man immerhin anhand des Sonnenstandes schon die Breitengrade bestimmen, aber das reichte nicht aus, damit europäische Seefahrer wussten, wo genau auf dem Ozean sie sich befanden. Noch war es ihnen unmöglich, exakte Karten von ihren Fernreisen anzufertigen, denn sie wussten ja nicht, wo die Berge, Flüsse, Buchten und Ortschaften genau lagen, die sie unterwegs entdeckten und für ihre jeweilige Krone in Besitz nahmen. Im Mittelmeer kannte die abendländische Seefahrt sich leidlich aus und begnügte sich damit, auf gut bekannten Routen mit bestimmten Breitengraden zu segeln. Nicht selten wurden Schiffe dabei allerdings die Beute von Piraten oder feindlichen Flotten, die nur zu genau wussten, auf welchen Routen sich die Schiffe drängten. Im Atlantik und im Indischen Ozean war das Segeln ohne sichere Positionsbestimmung nach Breite und Länge ein extremes Risiko. Schiffe fanden die Inseln mit dringend benötigtem Trinkwasser oder frischer Nahrung nicht, Matrosen drohten zu verdursten oder erkrankten an Skorbut. Oft verloren Mannschaften vollends die Orientierung und drifteten wochenlang in unbekannten Meeresgebieten. Damit gingen natürlich enorme wirtschaftliche Verluste einher, weshalb der spanische König schon im Jahr 1600 einen Preis für denjenigen aussetzte, der das Längengradproblem löste – vergeblich.

Es scheint offensichtlich, dass eine Kultur, die nicht in der Lage ist, exakte Positionsbestimmungen vorzunehmen, auch nicht in der Lage ist, exakte Karten zu zeichnen. Dennoch hat die Wissenschaftsgeschichte genau das lange behauptet und tut es vielfach bis heute noch: Kartenmacher in Genua und Venedig sollen in der frühen Neuzeit plötzlich in der Lage gewesen sein, bedeutende Teile der damals bekannten und bewohnten Erdteile auf Karten darzustellen – und zwar in allen Einzelheiten: Ortschaften, Gebirge, Seen, sich schlängelnde Flüsse, Flussmündungen und Küstenverläufe, alles in den richtigen Dimensionen und am richtigen Fleck. Obwohl die europäische Geografie noch Jahrhunderte davon entfernt war, Längengrade und damit geografische Positionen überhaupt bestimmen zu können, sollen Reisende aus fernen Ländern allein durch persönliche Anschauung so viel Informationen mitgebracht haben, dass man daheim in Europa detaillierte Karten von mathematischer Präzision zeichnen konnte. Diese wissenschaftshistorische Auffassung ist nicht nur naiv oder absurd, sie ist leider auch getränkt von Diskriminierung: Denn es gab eine Kultur, die schon Jahrhunderte zuvor eben das konnte, was in Europa bis zum Jahr 1750 nicht gelang: Längengrade und damit geografische Koordinaten exakt messen und graduierte Karten daraus erstellen.

Diese Kultur – die arabisch-islamische – wurzelte in der babylonischen, syrischen, persischen, indischen und natürlich auch griechischen Frühzeit der Wissenschaften, ging aber in ihren eigenen Erfindungen und Entwicklungen weit darüber hinaus. Aus dieser Kultur übernahm Europa über einen langen Zeitraum von fünfhundert Jahren mathematisches, astronomisches, nautisches, geografisches Wissen (ebenso wie medizinisches, chemisches oder musiktheoretisches, aber das ist nicht Thema dieses Buches), bevor es die Wissenschaften schließlich selbst kreativ weiterentwickelte. Die arabisch-islamische Kultur brachte jenes geografische und kartografische Wissen erst hervor, mit dem das Europa der frühen Neuzeit in die Welt zog und sie eroberte – und sie tat das in jenem mühsamen, akribischen, jahrhundertelangen, Generationen währenden Prozess, der oben skizziert ist. Jede Karte, die wir heute in den Händen halten, ist, wenn man so will, Teil des Erbes dieser Bemühungen, die sich vor weit über tausend Jahren im arabischen Kulturraum vollzogen.

Sterne, Himmel, Horizont

Zunächst einmal mussten die frühen arabischen Geografen und Nautiker in der Lage sein, drei Phänomene genau zu beobachten: den Sternenhimmel, den Horizont und den Lauf der Sonne. Irgendwann konnten sie von einem angenommenen Mittelpunkt der Erde aus, deren Kugelform und Umfang sie kannten, die Winkel zwischen verschiedenen Sternen, dem Horizont und der Sonnenbahn messen, setzten diese Winkel mit Hilfe der Trigonometrie zueinander in Beziehung und zogen aus den Ergebnissen Rückschlüsse auf den Ort, an dem sie sich befanden. Das gelang umso besser, je präziser die anfänglichen Beobachtungen und Messungen ausfielen und je gründlicher die Astronomen ihre Fehlerquellen begriffen, so dass sie diese mit neuen Messverfahren und Berechnungsmethoden ausschließen konnten. Deshalb musste die mathematisch-astronomische Geografie sich auch mit der genauen Form der Erde, der im Verhältnis zur Umlaufbahn schiefen Erdachse, ihrer langsamen «Taumelbewegung» und vielen weiteren Faktoren auseinandersetzen. Ohne eine weit entwickelte Astronomie keine Hochseeschifffahrt und keine guten Weltkarten – auf diese Formel lässt sich der Zusammenhang bringen.

Es dauerte auch im arabischen Kulturkreis Jahrhunderte, bis Mathematik und Astronomie so weit fortgeschritten waren, dass

3. DIE WICHTIGSTEN ARABISCHEN ASTRONOMEN 47

sich die geografische Erdvermessung technisch bewerkstelligen ließ. Und natürlich fiel auch die arabisch-islamische Astronomie nicht «vom Himmel», sondern griff auf die oben erwähnten Vorgänger und Quellen zurück. Schon die vorislamischen Araber besaßen eine reiche Kenntnis der Sterne: Die Poesie Altarabiens und des frühen Islams kannte mehr als 300 Sterne mit Namen und war auch mit den Tierkreiszeichen gut vertraut. Berühmt sind die frühislamischen Wandmalereien in dem Wüstenschlösschen Qusair Amra im heutigen Jordanien nördlich der Stadt Amman. Im Badetrakt gibt es eine Kuppel, in die ein Himmelsatlas gemalt wurde: mit 400 Sternen, Sternbildern und Zeichen des Tierkreises samt ihren Himmelskoordinaten.

Der Aufbau des Kosmos

Gegen Ende des 7. Jahrhunderts kamen die Araber mit der Vorstellung einer kugelförmigen Erde in Kontakt und nahmen sie ohne Widerstand an. Sie erfuhren jetzt auch, dass die Erde im Mittelpunkt des Universums liege und dieses sich gemeinsam mit dem gesamten Himmel unablässig bewege.

Schon im Jahr 770, also nach der islamischen Zeitrechnung im Jahr 154, begannen die beiden Perser Yaʿqūb ibn Tāriq und Mohammed al-Fazārī, das indische *Brāhmasphuṭasiddhānta* aus dem 6. Jahrhundert aus dem Sanskrit in das Arabische zu übersetzen. Diese umfangreiche astronomische Textsammlung wurde nun zur Grundlage der wissenschaftlichen Erforschung von Himmel und Erde; ihre Übersetzung markiert den Anfang der mathematisch-wissenschaftlichen Astronomie im arabisch-islamischen Kulturraum, die sich schon früh von der Astrologie abgrenzte. Die Leistung der beiden persischen Astronomen ist aus mehreren Gründen erstaunlich:

Nicht nur verfügten sie schon so früh über genügend Begriffe, um die komplizierten astronomisch-mathematischen Themen auf Arabisch zu fassen. Sie legten auch mehrere eigene Schriften vor, in denen sie anspruchsvolle Themen der theoretischen und der angewandten Astronomie erörterten und wichtige astronomische Beobachtungsinstrumente beschrieben.

Yaʿqūb ibn Tāriq hinterließ zudem die älteste umfassende Darstellung zum Aufbau des Kosmos, die uns von einem arabischsprachigen Astronomen erhalten geblieben ist. Darin finden sich interessante Entfernungsangaben: So liegt beispielsweise die Innenseite der Mondsphäre für ihn nach altem Maß 35 000 Parasangen vom Erdmittelpunkt entfernt, das entspräche 210 000 Kilometern. Die tatsächliche Entfernung zwischen Mond und Erde beträgt 384 400 Kilometer. Den Radius der Erde gibt der Astronom mit 1050 Parasangen an, das sind 6360 Kilometer. Heute gibt man den Mittelwert mit 6371 Kilometern an. Wie sorgfältig und umfassend dieser frühe Forscher das Wissen seiner Zeit recherchierte und studierte, zeigt sich daran, aus wie vielen Quellen er schöpfte: Wenn es etwa um den Kalender geht, um Planetenpositionen und den Sonnenstand, bevorzugt er persische Methoden und Begriffe; wenn er die Sichtbarkeit der Mondsichel berechnen möchte, folgt er indischen Verfahren.

Die Taumelbewegung der Erde

Dieselbe Forscherneugier und Aufgeschlossenheit finden wir in diesem Jahrhundert auch bei Dschābir ibn Hayyān, latinisiert unter dem Namen Geber bekannt. Die erhaltenen Schriften aus Dschābirs Werk lassen sehr schön erkennen, wie intensiv dieser Gelehrte bereits von einem Geist durchdrungen war, den wir heute als modern und wissenschaftsorientiert bezeichnen: Dschābir zog die verschiedensten Quellen zu Rate, kam zu immer weiteren Erkenntnissen und änderte dann auch seine theoretischen Modelle. So folgte Dschābir anfangs den synkretistischen Lehren spätantiker Quellen, später aber baute er auch Ideen von Aristoteles, Platon, Ptolemäus und anderen antiken griechischen Autoren in seine Vorstellungswelt ein. Auch auf indische Quellen griff er zurück und befasste sich beispielsweise mit der wichtigen Funktion der Zahl Null. Mit dem Gebrauch der Null, die auf das indische Zahlensystem zurückgeht, brach die arabische Mathematik ja aus dem umständlichen griechischrömischen Rechensystem aus und wurde nicht nur theoretisch und wissenschaftlich anspruchsvoll, sondern auch praktisch anwendbar, beispielsweise für Kaufleute und für das Militär.

Dschābir legte auch Zahlen zur Umlaufzeit der Planeten vor und versuchte die «Präzession» zu erklären, die schon erwähnte langsame Taumelbewegung der Erdachse. Jahrhundertelang sollte die Präzession ein Objekt der astronomischen Forschung und Datenerhebung bleiben: Die Erdachse behält ihre Raumlage nicht bei, sondern beschreibt am Firmament eine Kreisbewegung, wie ein Kreisel. Heute zeigt die Erdachse recht genau auf den Polarstern, doch innerhalb von vielen tausend Jahren vollführt sie einen großen Kreis am Himmel, mitten durch einige Sternbilder. Dadurch verschieben sich Himmelsnordpol, die Punkte von Tag- und Nachtgleiche im Frühling und Herbst sowie die Sommer- und Wintersonnenwendepunkte. Heute weiß man, dass die Präzession aus der Massenanziehung des Mondes und der Sonne auf die Erde resultiert sowie aus der Tatsache, dass die Erde keine perfekte Kugelform hat. Dschābir machte sogar genaue Angaben, wie lange die Erdachse für eine ihrer Taumelbewegungen braucht – rund 36 000 Jahre, meinte er. Heute wissen wir, dass die korrekte Zahl 26 000 Jahre beträgt.

Der Almagest gibt Impulse

Mit der Wende vom 8. zum 9. Jahrhundert wurde der *Almagest* zur Grundlage der astronomischen Arbeit in der arabischsprachigen Welt. Er geht auf eines der Hauptwerke von Claudius Ptolemäus zurück, die *Mathematike Syntaxis*, später *Megiste Syntaxis* genannt, die «Größte Zusammenstellung». Über die arabische Adaption als *al-madschistī* wurde der *Almagest* auch im Westen bekannt. Ptolemäus ging darin von einer unbewegten, kugelförmigen Erde aus und von einer Kugelgestalt des Himmelsgebäudes. Er präsentierte mathematische Verfahren, um die Bewegung von Himmelskörpern zu berechnen, legte Theorien über die Sonne, Sonnenfinsternisse, den Mond, Mondfinsternisse und die Planeten vor. Außerdem lieferte er ein Verzeichnis der Sternbilder. Der ptolemäische *Almagest* beruht auf einem geozentrischen Weltbild: Die Erde steht im Mittelpunkt aller Himmelskörper, deren Bahnen Ptolemäus mit großer mathematischer Präzision beschreibt.

Weil das ptolemäische System recht genaue Vorausberechnungen erlaubte, entwickelte sich der *Almagest* zu einem Standardwerk der mathematischen Astronomie und wurde in Inhalt und Aufbau mehr als 1500 Jahre lang in Ost und West zum Vorbild aller astronomischen Handbücher. Interessanterweise konnte das ptolemäische System die persisch-indischen Berechnungen allerdings nicht vollständig verdrängen. Schon früh stellten die Araber nämlich fest, dass Ptolemäus wichtige astronomische Werte ganz anders bezifferte als die Inder. Sie hätten diese Widersprüche auf sich beruhen lassen oder sich auf die eine oder andere Seite schlagen können. Das aber taten sie nicht – und hier zeigt sich das Selbstbewusstsein und der Forschergeist der frühen muslimischen Gelehrten: Sie wollten die Wahrheit herausfinden und stellten darum schon im 8. Jahrhundert eigene astronomische Beobachtungen und Messungen an. Tradierte Daten überprüfen und neue Werte möglichst genau ermitteln, das sollte in den kommen zwei Jahrhunderten zum wichtigsten Projekt der arabisch-islamischen Astronomie werden. Deshalb verbesserten Forscher systematisch ihre Mess- und Beobachtungsinstrumente und trieben deren praktische Anwendung energisch voran.

Das «Haus der Weisheit»

Wie kühn Mathematik und Astronomie auch im Bagdad des 9. Jahrhunderts betrieben wurden, zeigen die Werke der persisch-muslimischen Gelehrten Dschaʿfar Mohammed, Ahmad und al-Hasan ibn Mūsā ibn Schākir, kurz die «Banū-Mūsā-Brüder» genannt. Sie führten zwar keine bahnbrechenden Neuigkeiten in das Fach ein, setzten sich jedoch mit der Arbeit ihrer griechischen Vorgänger beeindruckend schöpferisch und unbefangen auseinander. Welches mathematische oder astronomische Problem auch immer sie in die Hand nahmen – immer ging es ihnen darum, neue Lösungswege zu ersinnen oder alternative Berechnungsverfahren zu erproben: Die Banū-Mūsā-Brüder wollten sich von ihren griechischen Vorgängern möglichst weit entfernen.

Zu den ganz großen Protagonisten der arabisch-islamischen Astronomie dieses Jahrhunderts gehörte der abbasidische Kalif al-Maʾmūn. Er scheint die Arbeit seiner Gelehrten in einer Institution mit dem Namen «Haus der Weisheit» erleichtert und organisiert zu haben. Da wir über sie leider keine präzisen historischen Kenntnisse haben, sollte der Begriff «Haus der Weisheit» vielleicht eher verstanden werden als Synonym für die lange arabische Wissenschaftsblüte, die in dieser frühen Zeit am Hof des Kalifen begann. Kalif al-Maʾmūn war ein Bewunderer der griechischen Wissenschaften und ließ griechische Werke aus Byzanz und anderen eroberten Kulturzentren nach Bagdad bringen und übersetzen. Auf sein Geheiß wurden die beiden ersten staatlichen Sternwarten mit innovativen astronomischen Instrumenten gebaut (mehr dazu in Kapitel 4 und 5). Al-Ma'mūn und seine Wissenschaftler berechneten beispielsweise den Radius der Erde. Dazu stiegen sie auf eine hoch über den Meeresspiegel ragende Küste, beobachteten das Absinken der Sonne unter den Horizont und fügten ihre Messwerte anschließend in trigonometrische Formeln ein – ein Verfahren, das im 16. Jahrhundert mit den Namen Francesco Maurolico, Sylvius Belli und Francesco Giuntini verbunden werden sollte. Tatsächlich tritt es uns in der Wissenschaftsgeschichte aber hier zum ersten Mal entgegen.

Zusammen mit seinen Astronomen führte al-Ma'mūn in langwierigen und mühevollen Arbeiten auch die ersten streng wissenschaftlichen Erdmessungen durch. Mehrmals erhoben die Forscher Daten in den Ebenen von Syrien und dem heutigen Irak. Außerdem ermittelten sie die Längendifferenz zwischen Bagdad und Mekka, um die Gebetsrichtung so genau wie möglich zu bestimmen. Zwar gab es bereits Tabellen mit den Koordinaten der beiden Städte, doch darauf wollte sich al-Ma'mūn nicht verlassen – lieber stellte er anlässlich einer Mondfinsternis eigene, erstaunlich exakte Beobachtungen an. Viele Ideen der Ma'mūn-Geografen sollten sich als wegweisend für die wissenschaftliche Kartografie erweisen, darunter zum Beispiel das Prinzip, geografische Längen in «Graden» anzugeben – das ist bis heute so geblieben.

Der spannenden Frage, was es eigentlich im Detail bedeutet, die Erdoberfläche mathematisch-astronomisch zu vermessen, werden wir in Kapitel 10 und 11 genauer nachgehen. Dort werden wir auch dem Kalifen und seinen Wissenschaftlern noch einmal begegnen, weil sie in der Geschichte der Kartografie eine zentrale Rolle einnehmen.

Die mathematische Astronomie explodiert

Intensiv diskutierten arabisch-islamische Astronomen in dieser Zeit über die Stellung der Erde im Kosmos und die Frage, ob sich die Erde um sich selbst dreht oder ruht. Im 9. Jahrhundert beschrieb der Geograf Ahmad ibn ʿUmar ibn Rusta verschiedene kosmologische und astronomische Theorien, von denen er erfahren hatte, darunter auch die Vorstellung, dass sich die Erde irgendwo im Universum, nicht aber in dessen Mittelpunkt befinde. Außerdem sei es die Erde, die rotiere – nicht die Sonne und die Sphären. Nach einer weiteren Theorie sei das Universum unendlich und die Erde bewege sich darin fallend ins Unendliche. Woher diese frühe Vision eines heliozentrischen Systems stammt, wissen Wissenschaftshistoriker leider nicht.

Im 9. und 10. Jahrhundert scheinen Astronomie und die zugehörige Mathematik im arabisch-islamischen Kulturraum dann förmlich explodiert zu sein. Bahn und Durchmesser der Sonne, Zu- und Abnahme der Mondsichel, Sonnenfinsternisse, sogar die Höhe der Erdatmosphäre – alles das suchte man nun mathematisch präzise zu beschreiben. Astronomen debattierten lebhaft über die Eigendrehung der Erde, vor allem aber entwickelten sie eine Fülle von Theorien zur geometrischen Darstellung der Planetenbewegungen. Viele Gelehrte wandten sich schon jetzt von der ptolemäischen Epizykeltheorie ab, die besagte, dass die Planeten sich auf kleinen Kreisbahnen, den «Epizykeln», bewegten, die ihrerseits auf einer großen Kreisbahn um die Erde wanderten. Ihre kritischen Überlegungen zu Ptolemäus sollten viele Jahrhunderte später ihre bedeutendsten Früchte bei Nikolaus Kopernikus tragen.

Gleichzeitig machte nicht nur die ebene Trigonometrie, die sich mit der Berechnung von Dreiecken beschäftigt, enorme Fortschritte.

54 DIE ARABISCHE ASTRONOMIE

Das Planetarium von Abū Saʿīd as-Sidschzī, der in der zweiten Hälfte des 10. Jahrhunderts lebte. Er gehörte zu den arabisch-islamischen Astronomen, die glaubten, dass die Erde sich um sich selbst drehe.

Dreiecke sind in der Geometrie besonders wichtig, da viele ebene Figuren in Dreiecke zerlegt werden können. Wer sich mit der Berechnung von Dreiecken auskennt, kann also eine Vielzahl komplexer geometrischer Fragestellungen bearbeiten. Es machte aber auch die sphärische Trigonometrie große Fortschritte, die Dreiecke auf der Oberfläche von Kugeln mathematisch zu erfassen sucht. Die sphärische Trigonometrie bot den entscheidenden mathematischen Zugang, um Entfernungen, Richtungen und Flächen auf der gewölbten Erdoberfläche zu berechnen. Es entstanden auch neue Verfahren, um kugelförmige Objekte auf eine Ebene zu projizieren – sie sollten später im Abendland ebenfalls wieder auftauchen. Solche Projektionsverfahren sind überaus wichtig für die Kartografie, schließlich sind Karten ja nichts anderes als die Projektion der Erdkugel auf eine zweidimensionale Fläche. Schon am Ende des 10. Jahrhunderts ging man großen astronomischen Fragen in Sternwarten mit beein-

3. DIE WICHTIGSTEN ARABISCHEN ASTRONOMEN

druckend dimensionierten Sextanten experimentell auf den Grund – ein Thema, dem das nächste Kapitel gewidmet ist.

Große Namen des 9. und 10. Jahrhunderts

Eine große Persönlichkeit des 9. Jahrhunderts war der Universalgelehrte Abū Abdallāh Mohammed ibn Mūsā al-Chwārizmī. Er wurde um 780 im damals persischen Choresm geboren (heute in Usbekistan) und verbrachte wahrscheinlich den größten Teil seines Lebens in Bagdad. Dort wirkte er im «Haus der Weisheit» des Kalifen al-Ma'mūn als Mathematiker, Astronom und Geograf. Er starb um das Jahr 850. Seine Werke, die er selbst bescheiden und ohne Anspruch auf Originalität als reine Zusammenstellungen bezeichnete, gelten als die ältesten mathematisch-astronomischen Abhandlungen in arabischer Sprache und waren schon früh sehr populär.

Al-Chwārizmī war ein bahnbrechender Mathematiker, der die arabischsprachige Welt unter anderem mit dem reichen indischen Wissen über astronomische Kalenderberechnungen vertraut machte. Seine trigonometrischen Berechnungstabellen beeinflussten auch die abendländische Mathematik stark, wie wir später noch sehen werden. Zu den Hauptwerken des Gelehrten gehört das Buch über das Bild der Erde, *Kitāb Sūrat al-ard*. Darin findet sich ein Verzeichnis von über 2000 Koordinaten, die der Arbeit der Gelehrten im Auftrag des Kalifen al-Ma'mūn entstammen.

Die ganze Vielseitigkeit der Astronomie im 9. Jahrhundert begegnet uns auch bei Mohammed ibn Dschābir al-Battānī. Er wurde zwischen 850 und 869 in der heutigen Türkei geboren, lebte und arbeitete wohl in Syrien und war schon zu seinen Lebzeiten einer der bekanntesten Astronomen – nicht nur in islamischen Kreisen, son-

56 DIE ARABISCHE ASTRONOMIE

dern auch im christlichen Abendland, wo er unter dem latinisierten Namen Albategnius oder Albatanius bekannt wurde. Al-Battānī erforschte sämtliche Themen, die in seiner Zeit die Astronomie umtrieben, und katalogisierte darüber hinaus fast 500 Sterne. Auch die Länge des Sonnenjahres berechnete er: auf 365 Tage, 5 Stunden, 46 Minuten und 24 Sekunden – also bis auf rund 2 Minuten genau. Alles das war wichtige Grundlagenforschung, ein Fundament, ohne das es nicht möglich geworden wäre, genaue Karten von der Erdoberfläche zu erstellen.

Auch Abū al-Hasan ʿAlī ibn al-Husain al-Masʿūdī gehört zu den großen Namen der arabischen Astronomie. Der vielseitige Philosoph, Geograf und Historiker wurde um 895 in Bagdad geboren und starb 957 im ägyptischen Fustāt. In seinem Werk, das naturphilosophische und astronomische Theorien, die Jahreszeiten, die Zeitrechnung und die Bewegungen der Himmelsobjekte diskutiert, taucht Ptolemäus mit seinem System ebenso auf wie griechische, indische, mittelpersische und viele arabische Quellen. Interessanterweise befasst sich al-Masʿūdī auch schon mit der Anziehungskraft der Erde. Sie sei mit der eines Magnetsteins zu vergleichen, erklärt er: Die Erde ziehe die schweren Körper an, die Erdatmosphäre die leichteren Dinge.

Ein anderer großer Wissenschaftler aus dieser Zeit, der nicht nur seine arabischen Nachfolger, sondern auch die abendländischen Wissenschaften stark beeinflusste, ist ʿAbdar-Rahmān as-Sūfī. Er wurde 903 im persischen Ray geboren, lebte und arbeitete in Isfahan am Hofe des Emirs und starb 983 in der Stadt Schiraz. Im Abendland taucht er meist unter dem Namen Azophi auf. Er gilt neben Ptolemäus als einer der großen Wegbereiter der Astronomie der Fixsterne – also jener weit entfernten Sterne, die, anders als die Planeten unseres Sonnensystems, scheinbar unbeweglich am Nachthimmel stehen und für die Navigation auf See so wichtig sind. As-Sūfī unter-

Der Himmelsglobus von ʿAbdar-Rahmān as-Sūfī. Einem der Zeitgenossen des Gelehrten zufolge befand sich im Jahre 1044 in Kairo ein silberner Himmelsglobus, den as-Sūfī für den Staatsmann ʿAdudad-Daula angefertigt hatte. As-Sūfī präsentiert für jedes Sternbild zwei Figuren: Eine zeigt das Sternbild von der Horizontebene aus, die andere als (durchgepauste) spiegelverkehrte Kopie.

zog fast alle ptolemäischen Angaben über Fixsterne einer kritischen Prüfung, korrigierte und ergänzte, fügte neue Positionsangaben hinzu und gruppierte nach neuen Helligkeitsskalen. Er war aber auch ein hervorragender Kenner und Konstrukteur von Astrolabien. Unter seinem westlichen Namen Azophi ist er sogar in der Kunst Albrecht Dürers zu finden; in Kapitel 6 kommen wir darauf zurück.

Erste systematische Experimente im 11. Jahrhundert

Im 11. Jahrhundert konnten die arabisch-islamischen Wissenschaftler mit ihren neuen trigonometrischen Formeln und den vielen neuen Qualitätsinstrumenten nun sehr elegant, vielseitig und präzise messen und rechnen. Und noch etwas hielt Einzug in die arabisch-islamische Forschung: das regelmäßige, systematische Experiment, durchgeführt von einem großen Team von Wissenschaftlern.

Dass die für unser Thema so wichtige mathematische Geografie zur eigenständigen Disziplin ausgebaut wurde, ist einem der erstaunlichsten Gelehrten der islamischen Welt zu verdanken: Abū ar-Raihān al-Bīrūnī, der bis heute von der Universalgeschichte der Wissenschaften sträflich wenig zur Kenntnis genommen wird. Geboren 973 in der choresmischen Hauptstadt Kath, gestorben 1048 in Ghazna im heutigen Afghanistan, verfasste al-Bīrūnī schon als junger Mann wissenschaftliche Werke, bevor ihn politische Umbrüche mit zweiundzwanzig Jahren aus seiner persischen Heimat vertrieben und ihn im Laufe seines Lebens dazu zwangen, immer wieder den Wohnort zu wechseln und an unterschiedlichen Höfen tätig zu sein. Unter anderem verschlug es ihn für mehrere Jahre nach Indien, wo er die dortige Kultur und die Wissenschaften aus erster Hand kennenlernte, was ihn später zu einem großen Werk über Indien inspirierte. Al-Bīrūnī setzte die Mathematik auf ganz neue Weise für astronomische Berechnungen ein: So untersuchte er die Beschleunigung und Verlangsamung der Sonne, wenn sie der Erde am nächsten und am fernsten war, mit Hilfe von Differenzbetrachtungen. Damit wurde er zu einem der Wegbereiter der Infinitesimalrechnung. Aus seinem Werk erfahren wir auch, dass sich schon im 10. Jahrhundert die Wissenschaftler im östlichen Teil der islamischen Welt geradezu fieberhaft mit geografischen Ortsbestimmungen befassten. Al-Bīrūnī kam auf die Idee, die sphärische Trigonometrie nicht nur in der Astronomie einzusetzen, sondern auch für die Ermittlung von Entfernungen auf der Erde – und das macht ihn zu einem entscheidenden Wegbereiter einer eigenständigen mathematisch-astronomischen Geografie.

Ebenfalls in dieser Zeit lebte der große Abū ʿAlī ibn Sīnā, latinisiert Avicenna genannt, ein wahrer Universalgelehrter: Arzt, Alchemist und Physiker, Philosoph und Jurist, Mathematiker und Astronom und nicht zuletzt Dichter und Musiktheoretiker. Für uns ist vor allem seine Enzyklopädie der philosophischen und exakten Wissenschaften von Bedeutung. Darin schreibt er über eine breite Palette an Theorien und Themen aus den Geistes- und Naturwissenschaften – von der Meteorologie und Erdkunde über die Psychologie und Musik, Philosophie und Logik bis hin zur Botanik und Zoologie, Mathematik und Astronomie. Diese Enzyklopädie wurde im 12. Jahrhundert von Johannes Hispaniensis ins Lateinische übersetzt und sollte die Entwicklung der Wissenschaften im Abendland jahrhundertelang intensiv beeinflussen.

Als Astronom sticht im 11. Jahrhundert außerdem Ibrāhīm az-Zarqālī hervor, der im muslimischen Spanien arbeitete und lebte. Im lateinischsprachigen Europa gab man ihm den Namen Arzachel. Er wurde 1029 in Toledo geboren und emigrierte im Zuge der christlichen Reconquista nach Sevilla, wo er 1087 starb. Az-Zarqālī galt zu seiner Zeit als einer der führenden arabischen Mathematiker und Astronomen. Seine herausragenden theoretischen Kenntnisse setzte er für den Bau astronomischer Präzisionsinstrumente ein, zum Beispiel eines flachen Astrolabiums, das in allen Breitengraden genutzt werden konnte (siehe Kapitel 5). Az-Zarqālī trug wahrscheinlich auch wesentlich zu den bekannten Toledaner Tafeln bei, einer Sammlung astronomischer Daten, die für damalige Verhältnisse äußerst präzise waren und zu den verschiedensten Zwecken eingesetzt werden konnten – etwa um Planetenpositionen, Sonnen- und Mondfinsternisse, Kalenderdaten oder eben auch Breiten- und Längengrade zu berechnen, wovon besonders die arabische Hochseeschifffahrt profitierte.

Ein weiterer Wissenschaftler aus dem 11. Jahrhundert darf nicht unerwähnt bleiben: Abū ʿAlī al-Hasan ibn al-Haitham, latinisiert meist Alhazen genannt – einer der größten Physiker des Mittelalters, der aber auch als Mathematiker, Optiker und Astronom tätig war. Ob er arabischer oder persischer Herkunft war, weiß man nicht; überhaupt ist über sein Leben leider wenig bekannt. Er wurde wohl um 965 in Basra geboren, war am «Haus der Weisheit» tätig und starb 1041 in Kairo. In seinem Werk bringt Ibn al-Haitham die aristotelische Physik mit der angewandten Mathematik, der traditionellen Astronomie und der Optik auf beachtliche Weise zusammen. Alhazen leitete seine Naturvorstellungen nicht mehr aus metaphysischen Ideen ab und auch nicht, wie bis dahin üblich, aus logischen Schlussfolgerungen. Stattdessen stellte er das Experiment und die Beobachtung konsequent in das Zentrum seines Erkenntnisgewinns. Ibn al-Haitham fand auch eine neue Erklärung für die Bewegung der Planeten: Nicht ein göttlicher Beweger stecke dahinter, sondern die Ursache liege in der Substanz der Gestirne selbst – also in der gesetzmäßigen Ordnung der Welt. Hier vollzog Ibn al-Haitham einen bahnbrechenden gedanklichen Schritt: Er emanzipierte das naturwissenschaftliche Erklärungsmodell des Himmelsgeschehens von der Metaphysik.

Die systematische Methodik Ibn al-Haithams trennt ihn deutlich von der Naturforschung der Griechen und verbindet ihn mit der modernen experimentellen Physik: Mit diesem Gelehrten begannen die exakten Naturwissenschaften, die ihre Ergebnisse mit mathematischer Präzision absichern.

Kampf gegen das ptolemäische System

Im 12. Jahrhundert entstand in der Astronomie vor allem im andalusischen Teil der arabisch-islamischen Welt ein regelrechter Kampf gegen das ptolemäische System der Himmelsbewegungen, der sich auch im 13. Jahrhundert fortsetzte. Die Vertreter dieser Kritik waren hauptsächlich Philosophen. Sie bemühten sich mit unterschiedlichen Modellen darum, das Ideal einer Gleichförmigkeit der Planetenbewegungen wiederherzustellen, das sie durch zusätzliche Kreisbahnen und Schleifen, auf denen die Planeten sich angeblich drehen sollten, gestört sahen. Natürlich wissen wir heute, dass sich die damaligen Probleme innerhalb des geozentrischen Weltbildes nicht wirklich lösen ließen, dennoch war es die ständige Auseinandersetzung der arabischen Forscher mit den ptolemäischen Widersprüchen, die schließlich zum Umsturz des geozentrischen Weltbildes führen sollte. Auch Kopernikus stand eben nicht ohne Vorgänger in der Welt – sie stammten aus der arabisch-islamischen Kultur.

Ab dem 13. Jahrhundert wurde es den Gelehrten wichtig, die wissenschaftlichen Fachgebiete strenger voneinander abzugrenzen und zu systematisieren. Von diesem Geist besonders erfüllt war der persische Universalgelehrte Naṣīr ad-Dīn aṭ-Ṭūsī. Ganz im Systematisierungsgeist seiner Zeit etablierte er die Trigonometrie als selbständige Disziplin. Das «Polardreieck», ein Grundelement der sphärischen Trigonometrie, geht auf ihn zurück. Und er unternahm in Auseinandersetzung mit Ptolemäus einen zukunftsweisenden Versuch, die am Himmel beobachteten Planetenbahnen in ein verbessertes mathematisch-geometrisches Modell einzufügen, bekannt geworden als «Ṭūsī-Paare». Dazu fügte er seinem Modell die Überlagerung zweier Kreisbewegungen hinzu und drückte auf diese Weise eine oszillierende Linearbewegung aus – eine Idee, die sich einige Jahrhunderte

62 DIE ARABISCHE ASTRONOMIE

Naṣīr ad-Dīn aṭ-Ṭūsī und seine wissenschaftliche Arbeitsgruppe

3. DIE WICHTIGSTEN ARABISCHEN ASTRONOMEN 63

später in der europäischen Astronomie wiederfinden sollte. Nasīr ad-Dīn at-Tūsī war auch Leiter einer großen neuen Sternwarte in Marāgha südöstlich des Urmiasees im heutigen Iran, die zu den bedeutendsten astronomischen Leistungen des 13. Jahrhunderts gehörte. Hier arbeitete er eng mit Wissenschaftlern aus mehreren Ländern zusammen, Muslimen wie Christen. Gemeinsam berechneten sie viele Positionen und Wanderungsbewegungen von Himmelskörpern neu. Nasīr ad-Dīn at-Tūsī publizierte die neuen Daten in seinem Werk *Zidsch-i Ilchāni*, «Tafeln der Ilchane» – auch auf dieses Werk sollte sich Kopernikus später stützen.

Auch wenn die abendländische Wissenschaftsgeschichte es häufig behauptet hat: Die wissenschaftliche Kreativität der arabischen Kultur versiegte keineswegs schon im 14. Jahrhundert. Dies garantierten schon die neuen Kulturzentren in den anatolischen Seldschukenstaaten und im sich ausweitenden Osmanischen Reich. Wegweisende neue Bautypen von Astrolabien entstanden und die Mathematik erreichte im 15. Jahrhundert mit neuen Verfahren und einer komplexen algebraischen Symbolik einen Höhepunkt.

4. Die großen Sternwarten

«Es scheint, dass wir bei vielen Problemen nicht die Voraussetzungen besitzen, um zu sicheren Erkenntnissen zu gelangen. Dennoch gilt es, hier nach Maß des Vermögens eine Aussage zu treffen. Es ist nämlich nicht ausgeschlossen, dass sich später Dinge ergeben, durch die man Gewissheit wird erlangen können in vielem, wozu uns heute die Möglichkeiten noch fehlen.» *Ibn Ruschd (12. Jahrhundert)*

Wer den offenen Ozean überqueren und sich dabei am Sternenhimmel orientieren möchte, wer Ozeane und Erde vermessen und sich ein genaues Bild von der Verteilung der Kontinente machen möchte, der benötigt eine systematische, mit hoher Präzision betriebene Sternkunde. Die Seefahrt und Nautik, die Erforschung der Erde, aber auch purer Wissens- und Erkenntnisdrang trieben die arabische Astronomie jahrhundertelang voran. Zentrale Orte der astronomischen Forschung waren beeindruckende Sternwarten, die schon früh in Bagdad und Damaskus entstanden. Mit diesen «Großforschungseinrichtungen» erreichte die arabisch-islamische Erforschung der Himmelsphänomene im 13. Jahrhundert ihren Höhepunkt.

Sternwarten sind – und das ist wichtig, um die enorme kulturelle Leistung der Araber zu begreifen – Institutionen. Sie verlangen eine aufwändige architektonische Planung und bauliche Umsetzung, für die Ausstattung mit astronomischen Instrumenten sind erhebliche finanzielle Mittel erforderlich. In einer Sternwarte arbeiten Wissenschaftler, die ihre Forschungsarbeit auf Jahre und Jahrzehnte hin konzipieren und ihre Vorhaben nur im Team systematisch realisieren können. Alles das bedeutet, dass die wissenschaftliche Sternkunde von Seiten der Politik gewollt und unterstützt sein muss.

Gab es in Vorderasien Sternwarten als Institutionen schon vor dem Islam? Darüber diskutieren Wissenschaftshistoriker seit zweihundert Jahren. Einig sind sie sich darüber, dass die Astronomie bei den antiken Griechen und nicht zuletzt bei Ptolemäus schon ein recht hohes Niveau erreichte. Dennoch sahen die Griechen keine Notwendigkeit, Himmelserscheinungen über Jahrhunderte hinweg systematisch zu beobachten. Ihre teils sehr anspruchsvolle Astronomie blieb das Werk von Einzelpersonen – selbst Ptolemäus machte seine Beobachtungen, anders als seine arabischen Nachfolger, wahrscheinlich ohne fest aufgestellte Geräte und ohne Observatorium.

Erste arabisch-islamische Sternwarten in Bagdad

Es war der berühmte Kalif al-Ma'mūn, der siebte Kalif der Abbasiden-Dynastie, der die beiden ersten Sternwarten bauen ließ, die nicht nur staatlich organisiert waren, sondern in denen auch Astronomie in einem modern-wissenschaftlichen Sinne betrieben wurde. Der Kalif war persönlich stark an der Astronomie interessiert: Er ließ astronomische Instrumente konstruieren, ordnete Messungen und Beobachtungen an, nahm selbst an Forschungsarbeiten teil und kontrollierte sie – laut Überlieferung streng und auf höchste Perfektion bedacht.

Als sich die astronomischen Arbeiten intensivierten, wurden Orte notwendig, an denen viele qualifizierte Forscher systematisch mit

66 DIE ARABISCHE ASTRONOMIE

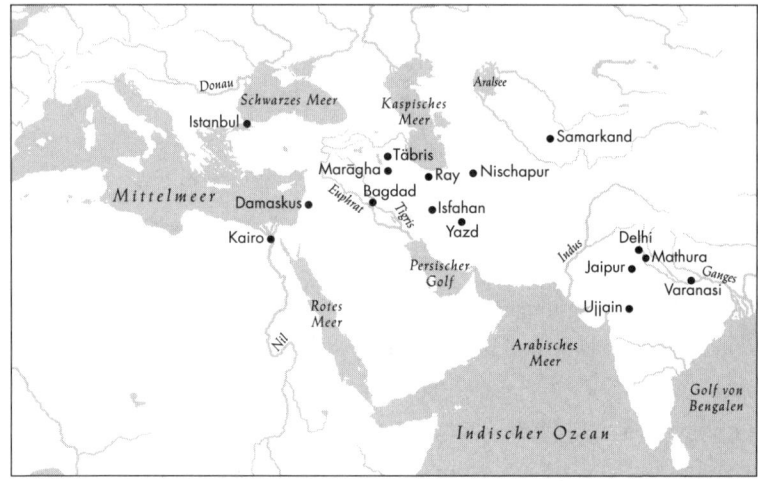

Sternwarten in der islamischen Welt

hochwertigen und kontinuierlich optimierten Instrumenten zusammenarbeiten konnten. In den letzten Jahren seiner Regentschaft verschlechterte sich der Gesundheitszustand des Kalifen; möglicherweise trieb er auch darum vor seinem Tod 833 den Bau der beiden Observatorien so energisch voran. Die erste dieser Sternwarten entstand in Bagdad, und zwar in einer ehemaligen jüdischen Synagoge und unter der Aufsicht des konvertierten Juden Sind ibn ʿAlī, der zum engsten Kreis der Astronomen um den Kalifen gehörte. Eine zweite Sternwarte ließ al-Maʾmūn nördlich von Damaskus auf dem Berg Qāsiyūn errichten; auch hier wurde mit dem Kloster Dair al-Murrān ein ehemaliger Sakralbau umgewidmet. Mit der Leitung dieser zweiten Sternwarte betraute der Herrscher den bekannten Astronomen und Mathematiker Abū Sahl ibn Rustam al-Kūhī. Interessanterweise wurden beide Sternwarten fast zur gleichen Zeit gegründet – möglicherweise um an den hochwertigen Instrumenten Beobachtungen zeitgleich durchführen und aus den Vergleichswerten wichtige astronomische Erkenntnisse gewinnen zu können. Die uns überlieferten Berichte zeigen, dass fast alle großen Astronomen der Zeit an den beiden Sternwarten tätig waren.

Anderthalb Jahrhunderte später, im Jahr 988, entstand in der Tradition der al-Ma'mūn-Forschung eine weitere Sternwarte in Bagdad. Der Universalgelehrte und Zeitzeuge al-Bīrūnī erzählt in einem Bericht, die Sternwarte habe eine Kuppel von gut 12 Metern Durchmesser besessen. Eine Öffnung im Mittelpunkt der Kuppel ließ das Licht eindringen, so dass Astronomen den Lauf der Sonne täglich verfolgen konnten.

Sternwarten in Persien

Die Stadt Ray ist heute ein Industrievorort südlich von Teheran. Einst war sie das heilige Zentrum des ersten persischen Reiches. Zu ihrer großen und bewegten Geschichte hat die Sternwarte erheblich beigetragen, die 994 hier entstand – nur sechs Jahre nach der Gründung der zweiten Sternwarte Bagdads. Das Geld dafür brachte ein Herrscher der Buyiden auf, einer bedeutenden schiitischen Dynastie, die damals über das heutige Persien, den Irak und Teile Omans regierte. Mit dem Bau des Observatoriums folgte der Geldgeber dem Wunsch von Hamīd al-Chudschandī, dem bedeutendsten Mathematiker und Astronomen der damaligen Zeit. Diesem Gelehrten war aufgefallen, dass die Schrägstellung der Erdachse im Verhältnis zur Ebene ihrer Umlaufbahn – die «Schiefe der Ekliptik», die der Erde die Jahreszeiten beschert – seit den Berichten des Ptolemäus und noch früherer indischer Quellen offenbar abgenommen hatte. Um dies genauer zu vermessen, erhielt die Sternwarte einen besonderen Sextanten mit einem Radius von etwa 20 Metern. Mit seiner feinen Teilung erlaubte das Gerät sehr genaue Messungen. Vor der Erfin-

68 DIE ARABISCHE ASTRONOMIE

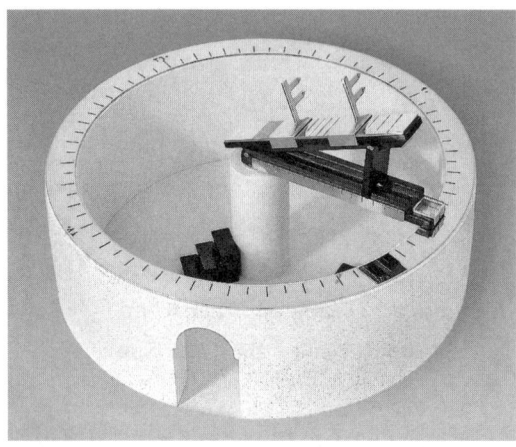

Das von Ibn Sīnā entwickelte Hauptinstrument der Sternwarte in Hamadān

dung von Teleskopen gehörten steinerne Sextanten zu den wichtigsten Instrumenten der Sternwarten. Sie dienten der Höhenmessung von Sternen oder Planeten und wurden in Form eines Bogens gebaut, wobei der Bogen dem Sechstel eines Kreises entsprach. Je größer der Kreisradius war, desto genauer waren die Messungen, die man mit einem solchen steinernen Sextanten vornehmen konnte.

Etwa zur gleichen Zeit wurde auch im persischen Hamadān die erste Sternwarte gegründet. Die Anregung dazu gab wahrscheinlich der berühmte Universalgelehrte Abū ʿAlī ibn Sīnā, der unzufrieden darüber war, dass die bisherigen «Ephemeriden» Fehler enthielten, weil sie auf der Grundlage veralteter astronomischer Beobachtungen ermittelt worden waren. Ephemeriden – von griechisch *ephēmeros*, «für einen Tag» – sind die täglichen Positionswerte sich bewegender astronomischer Objekte wie Sonne, Mond, Planeten und Kometen. Die Genauigkeit dieser Werte war nicht zuletzt für Seefahrer von großer Bedeutung, denn auf den entsprechenden Tabellen beruhte ihre gesamte Nautik.

Ibn Sīnā entwickelte auch das überaus präzise Hauptinstrument der Sternwarte, in dem die Forschung heute eine frühe Verwendung des Prinzips der Winkelmessung erkennt, wie sie später beim Jakobsstab üblich war, dem entscheidenden Instrument der arabischen Nautik auf dem Indischen Ozean. Die etwa 7 Meter langen Schenkel des Gerätes waren mit Skalen versehen, die es erlaubten, nicht nur Grade, sondern auch Minuten abzulesen und mit Hilfe trigonometrischer Berechnungen vor allem astronomische Höhen so genau wie möglich zu ermitteln. Bei ihren Beobachtungen mussten Astronomen den Kopf nicht in unbequemer Haltung über das Instrument beugen, sondern sie visierten ein Objekt seitlich längs des oberen Schenkels an. Das Instrument wurde auch nicht einfach auf den Boden gestellt, sondern mit dem Scheitel auf einem runden Pfeiler im Mittelpunkt einer horizontalen, zylinderförmigen Mauer beweglich angebracht. Auf diese Weise konnte die Vorrichtung auch der Bestimmung des Azimuts dienen, das ist der Winkel, der sich am Horizont zwischen einer Himmelsrichtung und der Bahn eines Gestirns bildet; er gibt Aufschluss über die Himmelsrichtung eines beobachteten Objekts.

Etwa vierzig Jahre später entstand in Persien wohl noch eine weitere Sternwarte, die etwa drei Jahrzehnte in Betrieb gewesen sein und viele große Gelehrte angezogen haben soll. An welchem Ort sich diese Sternwarte genau befand, weiß die Wissenschaftsforschung leider nicht, möglicherweise auch in Ray.

Sternwarten in Nordafrika

In Nordafrika erreichten Sternwarten nie denselben hohen Entwicklungsstand wie im östlichen Teil der islamischen Welt. Dennoch gab es sie auch hier, erstmals wohl im Kairo des frühen 12. Jahrhunderts unter dem Fatimidenherrscher al-Mansūr. Offenbar war es gar nicht so leicht, den kupfernen Beobachtungsring mit einem nie dagewesenen Durchmesser von 5 Metern für diese Sternwarte herzustellen. Ein muslimischer Historiker berichtet im 15. Jahrhundert über diese Schwierigkeiten: Der zuständige Wesir habe die Arbeiten an dem Ring täglich kontrolliert. Doch am Tag der Vollendung, als das heiße Kupfer in die Form gegossen wurde, stellte sich heraus, dass darin an einer Stelle etwas Feuchtigkeit zurückgeblieben war – das heiße Kupfer brachte diese Stelle zum Springen und so geriet der Ring nicht vollkommen. Der Wesir war über das Misslingen überaus erzürnt und warf dem zuständigen Astronomen Ibn Qaraqa vor, den Kreis zu groß angelegt zu haben. Daraufhin soll Ibn Qaraqa mit dem schönen, astronomisch beseelten Satz geantwortet haben: «Wenn ich ihn so groß hätte machen können, dass sich sein eines Ende bei den Pyramiden, das andere auf dem Tannūr [einem Ort bei Kairo] befunden hätte, so hätte ich dies getan. Je größer die Instrumente sind, um so genauer ist das Arbeiten mit ihnen. Wie klein sind doch die Instrumente im Vergleich zu der Welt des Himmels.»[1]

Die Sternwarte von Marāgha

Im Jahr 1258 eroberten die Mongolen die Stadt Bagdad, deren abbasidische Sternwarte mittlerweile 450 Jahre alt war. Die Idee, nun unter mongolischer Herrschaft ein neues Observatorium zu errichten, geht wahrscheinlich auf Nasīr ad-Dīn at-Tūsī zurück, den berühmten Philosophen, Theologen und Naturforscher persischer Abstammung, dem wir schon in Kapitel 3 begegnet sind. Die Einrichtung entstand im heutigen Iran an den südlichen Ausläufern des Sahand-Gebirges in der Provinz Ost-Aserbaidschan und seine kühne Architektur markiert den Höhepunkt der arabisch-islamischen Astronomie.

Die Beobachtungsstation wurde etwa 500 Meter nördlich der letz-

4. DIE GROSSEN STERNWARTEN 71

ten Häuser der Stadt auf einem Hügel errichtet, der noch heute *Rasad dāghi*, Sternwartenberg, heißt. Die Längsrichtung des Hügels liegt genau in dem für die Astronomie so wichtigen Meridian, auch Mittagskreis oder Mittagslinie genannt. Das ist der größte Kreis der Himmelskugel und verbindet als gedachte Linie alle Orte auf der Erde, an denen gleichzeitig Mittag ist. Wie der Horizont liefert der Meridian dem astronomischen Koordinatensystem einen wichtigen Bezugskreis, von dem aus die Winkel zu den Bahnen der Himmelsobjekte gemessen werden können.

Die Sternwarte von Marāgha war 512 Meter lang, 220 Meter breit und 110 Meter hoch. Der gesamte Sternwartenhügel wurde durch eine fast 40 Meter lange und etwas über einen Meter dicke Mauer in zwei Teile geteilt. Auf dem nördlichen, etwa 220 Meter langen und gen Norden schmaler werdenden Teil stand der Zentralturm mit einem Durchmesser von 28 Metern. Leider ist von dem darin installierten Sextanten und den beidseitig gebauten Treppen nur ein kleiner Teil übrig geblieben. Vermutlich maß der Radius des Gerätes zwischen 10 und 12 Metern. Die Räume im zentralen Turm auf beiden Seiten des Sextanten waren vermutlich Arbeitszimmer und Wohnräume der Astronomen. Der südliche Teil des Observatoriums umfasste auf 280 mal 220 Metern alle Gebäude sowie die Plätze, die für die Beobachtungsinstrumente vorgesehen waren. Ausgrabungen lassen ein Steinpflaster, eine große, für die persische Architektur typische Halle, eine Bibliothek und fünf kreisförmige Einheiten erkennen. Dort standen wahrscheinlich fünf zylindrische Türme, in denen astronomische Beobachtungen mit speziellen großen Instrumenten vorgenommen wurden, gebaut von dem vielseitigen Astronomen Muʾayyad ad-Din al-ʿUrdī.

Leider sind die Instrumente der Sternwarte restlos verloren gegangen – bis auf eine Ausnahme: Durch glückliche Umstände blieb ein prachtvoller Himmelsglobus erhalten, der 1279 von einem Sohn

72 DIE ARABISCHE ASTRONOMIE

Himmelsglobus der Sternwarte von Marāgha. Im Bild gut sichtbar ist der Mittagskreis – es ist der große Außenkreis, der um die Kugel verläuft. In der unteren Hälfte ist dieser Mittagskreis mit kleinen runden, je 5 Grad voneinander entfernten Löchern versehen. Indem man einen Achsenstift einsteckte, konnten Rotationen für verschiedene Polhöhen bewirkt werden.

al-ʿUrdīs angefertigt wurde. Er gelangte 1562 nach Dresden und befindet sich seit 250 Jahren dort im Mathematisch-Physikalischen Salon, einem Museum der Staatlichen Kunstsammlungen Dresden. Die Kugel liefert – eingelegt mit Silber und Gold – reiche astronomische Informationen wie Ekliptik, Äquator mit Gradeinteilung, zwölf Breitenkreise, Umrisse und Schattierung der Sternbilder, die Namen der Sternbilder, der Himmelszeichen und von Einzelsternen, Gradeinteilungen und vieles mehr.

Von allen anderen Instrumenten hinterließ al-ʿUrdī zum Glück eine so exakte Beschreibung, dass viele Geräte am Institut für Geschichte der Arabisch-Islamischen Wissenschaften in Frankfurt am Main nachgebaut werden konnten.

4. DIE GROSSEN STERNWARTEN 73

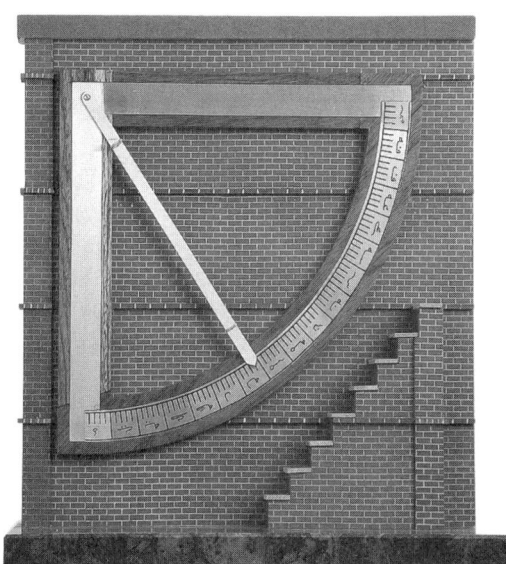

Modell eines Mauerquadranten, wie er um 1260 für die Sternwarte von Marāgha gebaut wurde

Wohl um 1260 erhielt die Sternwarte einen über eine Treppe begehbaren Mauerquadranten. Er diente zur Bestimmung der Sonnenhöhe, der Schiefe der Ekliptik und der Breite des Beobachtungsortes. Im Gegensatz zu den kleineren Quadranten, die in der Hand gehalten oder auf einem Dreibein aufgestellt wurden (siehe Abb. S. 93), war der Mauerquadrant fest auf einer in Nord-Süd-Richtung gebauten Mauer montiert. Durch diese exakte Ausrichtung auf den Meridian konnten Gestirne, insbesondere Fixsterne, bei ihrer Kulmination (also dem höchsten und tiefsten Punkt auf ihrer Bahn) sicher erfasst und auch ihre Durchgangszeit genau gemessen werden. Die stabile Aufstellung und die großen Dimensionen erhöhten die Messgenauigkeit erheblich. Im Mittelpunkt des Kreises, der den Quadranten bestimmt, war ein drehbarer Arm, eine sogenannte Alhidade, angebracht, von arabisch *al-ʿidāda*, «Lineal». Die Länge der Alhidade entsprach dem Radius des Kreises und betrug 2,5 Meter.

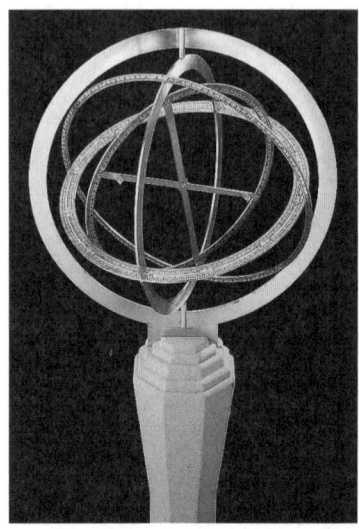

a) Armillarsphäre zur Bestimmung von Sternkoordinaten

Zu den charakteristischen Instrumenten der Sternwarte von Marāgha gehörte auch das «Instrument mit den beiden Quadranten» *(alāla dhāt ar-rubʿain)*. Muʾayyad ad-Din al-ʿUrdī hat in seiner Beschreibung betont, dass er es selbst entwickelt habe. Das Instrument diente der Ermittlung von Sternhöhen. Sein besonderer Vorteil bestand darin, dass zwei Beobachter ihre Beobachtungen gleichzeitig durchführen konnten. Auch in Marāgha wurde Teamarbeit groß geschrieben.

Ein weiteres Instrument war die Armillarsphäre *(dhāt al-halaq)*. Sie diente meist zur Bestimmung von Sternkoordinaten, konnte aber auch bei der Lösung anderer astronomischer Aufgaben helfen. Das lateinische Wort *armilla* bedeutet Armreif, *sphaera* ist die Kugel. Armillarsphären – bisweilen auch als «Weltmaschinen» bezeichnet – bestehen aus mehreren gegeneinander drehbaren Metallringen, die zusammen die Form einer Kugel bilden. Sie sind meist in ein Gestell montiert und dienen dazu, die Bewegung von Himmelskörpern dar-

b) Solstitial-Armille zur Bestimmung der Neigung der Ekliptik

c) Äquinoktial-Armille zur Bestimmung des Eintritts der Sonne in die Tagundnachtgleiche

zustellen. Die Erde und der gedachte Beobachter befinden sich im Mittelpunkt des Instruments.

Die Solstitial-Armille, die von al-ʿUrdī auf Ptolemäus zurückgeführt wird, nutzte man, um die Neigung der Ekliptik zu ermitteln. Dazu wurde auf einer Säule ein Ring von 2,5 Metern Durchmesser befestigt und in der Meridianebene aufgestellt. Im Innern des Gerätes befindet sich eine Stange, in deren Mitte eine drehbare Alhidade, also eine Peilhilfe angebracht ist. Mit einer Solstitial-Armille konnte man die Polhöhe ermitteln, indem man die Sterne am Himmelsnordpol ins Visier nahm und den höchsten und tiefsten Punkt ihrer Bahn beobachtete. Hier finden wir also wieder dieselbe Art Polhöhenbestimmung wie mit dem Jakobsstab (vgl. Abb. S. 133).

Die Äquinoktial-Armille – ein Instrument, das Ptolemäus schon erwähnte – diente zur Bestimmung des Eintritts der Sonne in die Tagundnachtgleiche. Der Bautyp von al-ʿUrdī bestand aus einem vertikalen Meridianring mit Skala und einem im rechten Winkel daran befestigten Ring, Äquatorring genannt, der nach der Ebene des Äquators ausgerichtet wurde. Das Instrument wurde nach der ermittelten Breite des Beobachtungsortes aufgestellt, deren Betrag dem Abstand des Äquators vom Zenit des Beobachters entspricht.

Die theoretische Arbeit der Astronomen an der Sternwarte von Marāgha bestand vor allem darin, das ptolemäische Modell zu vereinfachen und es mit dem aristotelischen Modell in Einklang zu bringen, das gleichmäßig runde Umlaufbahnen der Planeten voraussetzte. So entwickelte zum Beispiel der Astronom Ibn asch-Schātir an dieser Sternwarte Modelle für die Bewegungen des Mondes und des Merkurs, die den Modellen von Kopernikus (1473–1543) hundert Jahre später auffallend ähnlich sehen.

An der Sternwarte von Marāgha kam es auch zu einer folgenreichen Verschmelzung von Wissen. Zwei große Astronomen konnten hier eng zusammenarbeiten: Nasīr ad-Dīn at-Tūsī aus dem Osten der islamischen Welt und Muhyī ad-Dīn al-Maghribī aus ihrem Westen integrierten in Maraga die östlichen Längengrade, die von einem durch Bagdad gehenden Nullmeridian aus gezählt wurden, und die westlichen Längengrade, die von einem westlich von Toledo verlaufenden Nullmeridian aus gezählt wurden. Was das genau bedeutet und welche Folgen die Vereinheitlichung der Längengrade für Geografie und Kartografie hatte, werden wir später noch sehen.

Die Sternwarte von Istanbul

Ende des 16. Jahrhunderts entstand auch in Istanbul eine Sternwarte. Ihr Standort lag vermutlich nahe dem heutigen Taksim-Platz, dem

4. DIE GROSSEN STERNWARTEN   77

Der Wissenschaftlerkreis um Taqī ad-Dīn nach einer alten Handschrift

Eine alte Handschrift zeigt die Wissenschaftler in der Sternwarte von Istanbul bei der Arbeit mit dem Mauerquadranten.

zentralen Verkehrsknotenpunkt Istanbuls im Stadtteil Beyoğlu. Die Idee, eine Sternwarte zu errichten, geht auf den vielseitigen Gelehrten Taqī ad-Dīn zurück und orientierte sich an den Vorgängerinnen in Marāgha und Samarkand. Taqī ad-Dīn stammte aus Kairo (daher sein arabischer Name Taqī ad-Dīn al-Misri) und war nach Istanbul übergesiedelt, um sein Wissen und Können in den Dienst des osmanischen Sultans Murād III. zu stellen. Neben der Astronomie befasste er sich mit vielen weiteren Wissenschaftszweigen, er war auch Ingenieur und erfand unter anderem die Dampfturbine. Mit großdimensionierten astronomischen Instrumenten und neuen Be-

4. DIE GROSSEN STERNWARTEN 79

Wissenschaftler in der Sternwarte von Istanbul arbeiten an einer Sternhöhenmessung.

obachtungen wollte der Forscher die Daten der veralteten astronomischen Tabellen aktualisieren.

Leider konnte Taqī ad-Dīn sein Forschungsvorhaben nicht verwirklichen. Denn der Sultan gab zwar seiner Bitte statt und ließ die kostspielige Sternwarte errichten, doch schätzte er ihren wissenschaftlichen Wert nicht richtig ein: Als Neider Taqī ad-Dīns behaupteten, der Astronom habe es in Wirklichkeit darauf abge-

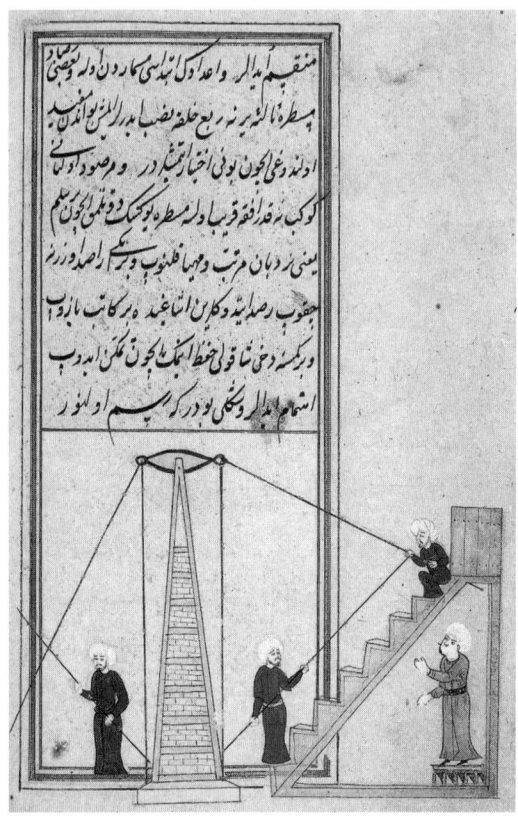

Wissenschaftler arbeiten in der Sternwarte von Istanbul am Instrument mit den beiden Schenkeln.

sehen, astrologische Horoskope zu erstellen, die den Staat zerstören würden, befahl der Sultan 1580 den Abriss der nur drei Jahre zuvor erbauten Sternwarte. Taqī ad-Dīn überlebte die Katastrophe nur um wenige Jahre und starb 1585. Heute weiß man, dass in eben dieser Zeit die arabisch-islamischen Wissenschaften zu stagnieren begannen. Verschwunden sind leider auch die Instrumente der Sternwarte von Istanbul. Dennoch sind uns ihre Bewandtnis und ihre Bedeutung bekannt – dank einer anschaulichen Beschreibung Taqī ad-Dīns.

Wie in Marāgha baute man auch in der Sternwarte von Istanbul einen Mauerquadranten in Meridianrichtung. Er war 7 mal 7 Meter groß und diente zur Ermittlung der täglichen Kulmination der Sonne und der Höhe der Planeten im Mittagskreis.

Unter der Leitung von Taqī ad-Dīn entstand auch eine Einrichtung zur Bestimmung von Sternhöhen. Der zylinderförmige Bau, der die Messvorrichtung trug, war etwa 6 Meter hoch; der Durchmesser dürfte etwa 5 Meter betragen haben.

Spektakulär war das sogenannte «Instrument mit den beiden Schenkeln». Bei seiner Konstruktion lehnten sich Taqī ad-Dīn und seine Mitarbeiter offensichtlich an eine ähnliche Vorrichtung in der Sternwarte von Marāgha an, hatten jedoch andere Aufgaben im Sinn, weshalb sie ihre Einrichtung anders gestalteten und doppelt so groß anlegten. Hier in Istanbul diente das Instrument mit den beiden Schenkeln dazu, die Positionen der Gestirne bei Tag und Nacht in allen Himmelsrichtungen zu beobachten. Die beiden Sehnenlineale waren, zusammen mit den beiden Querlinealen und den beiden senkrechten Linealen, drehbar gelagert, so dass die Beobachtung des Sternenhimmels über der Horizontebene nach allen Richtungen möglich war. Um die Beobachtung der Gestirne mit niederen Höhen zu gewährleisten, benutzte man eine Treppe, wobei die Beobachtungen von zwei Wissenschaftlern durchgeführt wurden, während ein dritter, unterhalb stehender Forscher die Messergebnisse aufzeichnete.

Die Sternwarte von Samarkand

Der mongolische Fürst muslimischen Glaubens Ulugh Beg, der von 1394 bis 1449 lebte, begeisterte sich schon als junger Prinz für die Wissenschaften. Er initiierte den Bau einer Sternwarte, deren Überreste bis Anfang des 20. Jahrhunderts als verschollen galten. 1908 zog ein russischer Beamter mit einer alten Urkunde im Gepäck los und stieß tatsächlich auf den erhalten gebliebenen, unterirdischen

Der Sextant der Sternwarte von Samarkand, der nach der Ausgrabung teilweise restauriert wurde. Im Modell der Anlage (Maßstab etwa 1:30) ist der ins Erdreich führende Bogen vorn im Bild zu sehen.

Teil des Sextanten. Die riesigen steinernen Sextanten wurden aus Gründen der Statik und Stabilität in die Tiefe gebaut; auch lässt sich das Licht so besser «einfangen».

Nach ausführlichen archäologischen Grabungen kann sich die Forschung heute ein recht genaues Bild von der Anlage in Samarkand machen. Die Sternwarte lag auf einem flachen Hügel und war von imposanten Ausmaßen: Ihre Breite betrug in ost-westlicher Richtung etwa 85 Meter, in nord-südlicher Richtung war sie beeindruckende 170 Meter lang. Die archäologischen Spuren zeigen ein kreisförmiges Fundament mit einem Durchmesser von 46 Metern. Die Höhe

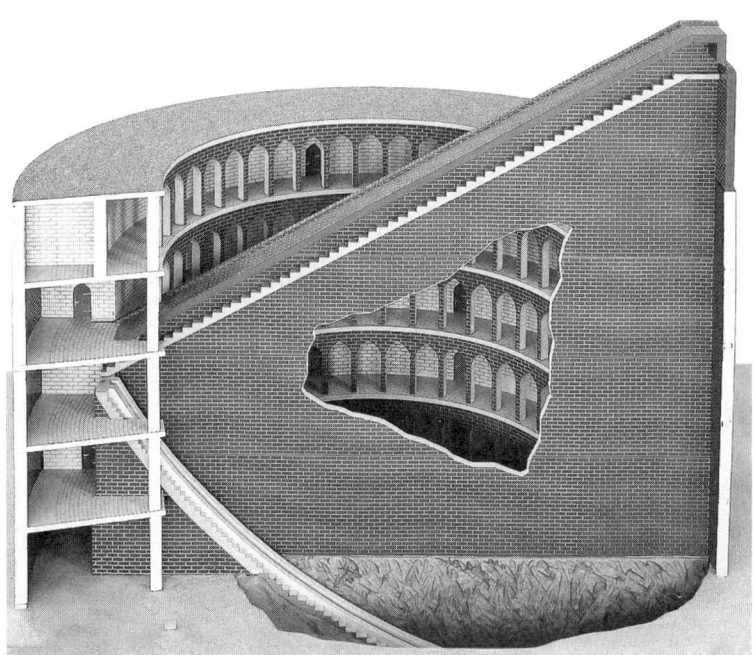

des zylinderförmigen Gebäudes muss um die 30 Meter betragen haben. Es ist anzunehmen, dass hier eine große Vielfalt astronomischer Instrumente zum Einsatz kam.

Sternwarten im Mogulreich von Indien

Als der Eroberer Babur aus dem Geschlecht der Timuriden Teile des Indischen Subkontinents besetzte und 1526 eine Regentschaft begründete, die später als «Mogulreich» bezeichnet werden sollte, verlagerte sich die politische Macht in der muslimischen Welt nach Indien. Dasselbe geschah mit der astronomischen Forschung, so dass die Sternkundler Indiens die Arbeit der Samarkander Astronomenschule bis in die Anfänge des 18. Jahrhunderts hinein fortführen

Modell der Sternwarte von Jantar Mantar in Delhi (Maßstab 1:100)

konnten. Den Höhepunkt bildeten die spektakulären Aktivitäten des Hindugelehrten und Staatsmannes Jai Singh Sawā'i, der von 1686 bis 1743 lebte. Angeregt durch den Ruhm der so großzügig dimensionierten Sternwarte von Samarkand ließ er zwischen 1722 und 1739 große Observatorien bauen. Die erste, Jantar Mantar, entstand in Delhi. Danach folgten Anlagen in Jaipur, Benares, Ujjain und Madura, alle ausgestattet mit Instrumenten von gewaltigen Ausmaßen. Die größte Sternwarte entstand in Jaipur und beherbergte vierzehn Bauwerke, die astronomischen Aufgaben dienten. Die 27,5 Meter hohe und 44,80 Meter lange Sonnenuhr, *Samrāt Yantra*, konnte die Zeit auf etwa 2 Sekunden genau anzeigen. Unter ihren beiden Wänden war jeweils unterirdisch ein Sextant eingebaut. Die Anlage von Jaipur wurde 1901 restauriert und 1948 zu einem Nationaldenkmal Indiens erklärt. 2010 erkannte die UNESCO sie als Weltkulturerbe an.

In diesem Kapitel haben wir die Großforschungsreinrichtungen der arabisch-islamischen Astronomie kennengelernt, die Sternwarten. Ihre Überreste zeugen noch heute von dem starken gesellschaftlichen und politischen Willen, die naturwissenschaftlichen Erkenntnisse zu systematisieren und zu institutionalisieren – alles das waren Grundvoraussetzungen auch für das Großprojekt einer Kartografierung der damals bekannten Erde.

5. Astronomische Instrumente

«Wer nun glaubt, dass jedermann Messungen auf Befehl ohne vorherige Übung ausführen kann und dass jedes Messinstrument richtige Ergebnisse liefert, ist im Irrtum. Wer solche erzielen will, muss zunächst lange Zeit auf das Studium der Instrumente und die Übung im Messen verwenden, bis endlich seine Messung auf dem Wissen um die Genauigkeit seines Instrumentes und auf seiner Erfahrung im Messen beruht.» *Ibn Yūnus (etwa 951–1009)*

Die astronomische Forschung des arabisch-islamischen Kulturraums arbeitete aber nicht allein mit riesigen Quadranten und Sextanten, sondern benutzte auch eine Vielfalt von kleineren astronomischen Geräten. Einige von ihnen hatte man direkt oder indirekt von den Griechen geerbt: das ebene Astrolabium, die Armillarsphäre – beide werden wir in ihrer Funktionsweise und Entwicklungsgeschichte genauer kennenlernen – und den Himmelsglobus. In arabischer Hand wurden diese Geräte allerdings stetig weiterentwickelt; auch ganz neue Bautypen entstanden. Wer das Museum des Institutes für Geschichte der Arabisch-Islamischen Wissenschaften in Frankfurt besucht, wird sich der Schönheit und Anmut der arabischen astronomischen Instrumente kaum entziehen können. Gleichzeitig wurden diese Messgeräte jedoch mit höchster mathematischer Präzision gefertigt. In diesem Kapitel stellen wir eine kleine Auswahl der Instrumente vor.

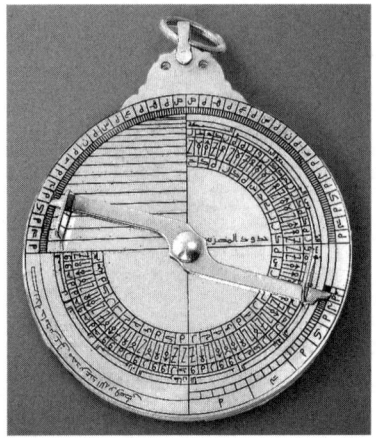 

Nachbildung aus geätztem Messing eines Astrolabiums des Astronomen Hāmid ibn 'Alī al-Wāsitī. Er lebte wahrscheinlich in der ersten Hälfte des 10. Jahrhunderts und war einer der bedeutendsten Astrolabienbauer.

Die Optimierung der Astrolabien

Eines der populärsten Instrumente war von der Antike bis in das 18. Jahrhundert hinein das Astrolabium, ein Sternhöhenmesser. Das Wort Astrolabium stammt aus dem Griechischen und bedeutet wörtlich so viel wie «Stern-Nehmer». Mit dem meist scheibenförmigen astronomisch-geodätischen Messgerät konnten Astronomen den von der Erde aus sichtbaren, sich drehenden Himmel darstellen. Es ließen sich Gestirne anvisieren, Uhrzeiten bestimmen sowie geodätische Messungen und trigonometrische Berechnungen durchführen. Erst das Teleskop löste das Astrolabium ab.

Sternhöhenmesser gab es in vielen verschiedenen Ausfertigungen und sie eröffneten eine Vielfalt an Berechnungsmöglichkeiten. Mit ihrer Hilfe ließen sich die wichtigsten Stellungen der Sterne auf einen Blick bestimmen, sofern der Astronom einige astronomische Daten kannte, wie etwa die Höhe eines Sternes, die Höhe der Sonne über dem Horizont oder die Zeit, die seit dem Aufgang der Sonne vergangen war. Dann drehte er die – in das Astrolabium flach hinein projizierte – Himmelskugel in die entsprechende Lage, bildete also das Himmelsgeschehen mit dem Astrolabium nach und konnte nun die verschiedensten astronomischen und natürlich auch astrologischen Aufgaben lösen, indem er einfach ablas, was das Astrolabium ihm zeigte; rechnen musste er dabei kaum.

In seiner einfachsten Form war das Astrolabium vermutlich schon den Griechen im 2. oder vielleicht sogar schon im 4. vorchristlichen Jahrhundert bekannt. In die arabisch-islamische Kultur gelangte es von den geistigen Zentren des östlichen Mittelmeerraumes aus, also dem heutigen Syrien und Iran, wo man die griechischen Wissenschaften pflegte. Spätestens in der ersten Hälfte des 8. Jahrhunderts verbreitete sich das Gerät dann wohl auch im arabisch-islamischen Kulturkreis. Die Geschichte des Astrolabiums zeigt, wie früh die Araber begannen, die Astronomie kreativ weiterzuentwickeln, denn schon ab dem 8. und 9. Jahrhundert erschienen Bücher über das Astrolabium und seine verschiedenen Varianten.

Ebene Geräte projizieren den Sternenraum vom Pol aus auf die Ebene des Äquators und somit eine Kugel auf eine Ebene – daher tragen sie oft auch die Bezeichnung «planisphärische Astrolabien». Vorder- und Rückseite eines solchen Astrolabiums können unterschiedlich genutzt werden. Auf der Vorderseite gibt es eine Grundplatte, die an ihrem Außenrand eine 24-Stunden-Skala trägt (manchmal sind es auch zweimal 12 Stunden oder 360°). Dazu kommt meist ein frei drehbares Lineal. Die Grundplatte hat ein Loch in der Mitte, so dass verschiedene bewegliche Scheiben darauf angebracht werden können. Jede dieser Scheiben zeigt dann den Horizont, den Äquator und andere für den Beobachter wichtige Orientierungslinien am Himmel. Da diese sich mit der geografischen Breite ändern, gelten die auswechselbaren Scheiben (zumindest bis zur Erfindung des Universalastrolabiums, siehe weiter unten) jeweils nur für eine bestimmte geografische Breite. Beweglich und frei über der Grundplatte drehbar ist eine netzartig durchbrochene Sternenscheibe angebracht – die Spinne oder Rete. Sie zeigt die Jahresbahn der Sonne, also die Ekliptik an, und zwar meist in Form von Tierkreiszeichen, denn von der Erde aus gesehen ändert die Sonne im Laufe des Jahres ihre Position relativ zum Fixsternhimmel, durchläuft also den Ekliptikkreis. Die kleinen Spitzen am Ende der Rete symbolisieren die rund zwanzig hellsten Sterne am Himmel.

Stellte der Astronom nun – als eine von Dutzenden von Messmöglichkeiten – die Rete auf Datum und Uhrzeit ein, so konnte er die Positionen der Sterne bestimmen, oder er konnte umgekehrt aus der Position eines Sterns oder der Sonne Uhrzeit oder Himmelsrichtungen ablesen. Meist wurde bei einem Messvorgang jedoch zuerst die Rückseite des Astrolabiums verwendet, zum Beispiel um die Höhe der Sonne oder eines Sterns über dem Horizont zu bestimmen. Dazu diente die Alhidade, ein drehbarer Arm, der an beiden Enden mit einem Lochvisier ausgestattet war. Man hängte das Astrolabium senkrecht auf, visierte durch die beiden Löcher ein Gestirn an und konnte an der Skalenscheibe unmittelbar die Winkelhöhe des Gestirns ablesen.

Das ebene Astrolabium. Schon in der ersten Hälfte des 9. Jahrhunderts begnügten sich die Araber nicht mehr mit den überlieferten Astrolabien ihrer Vorgänger, die sich ausschließlich auf die Darstellung des Nordhimmels konzentriert hatten. Nun entwickelten sie auch ein südliches Astrolabium sowie Mischformen. Einige Varianten sind uns durch die detaillierte Beschreibung von al-Bīrūnī in seiner handschriftlich überlieferten Abhandlung zur Konstruktion unterschiedlicher Astrolabientypen *Kitāb al-Istiʿāb* überliefert.

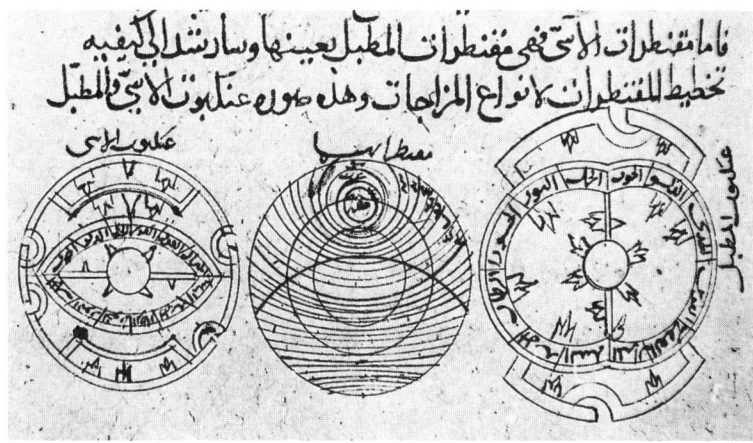

Der Universalgelehrte al-Bīrūnī beschreibt hier verschiedene Varianten des nördlichen und südlichen Astrolabiums. Rechts ist die Rete des «trommelförmigen Astrolabiums» zu sehen, links die Rete des «myrtenförmigen Astrolabiums».

Zu den bekanntesten Astrolabienbauern seiner Zeit gehörte Nastūlus, der wahrscheinlich an der Wende vom 9. zum 10. Jahrhundert in Bagdad wirkte. Sein berühmtestes Astrolabium fertigte er im Jahr 927; es gilt als das älteste erhaltene Gerät seiner Art.

Astrolabien mit Universalscheibe. Im 11. Jahrhundert entwickelten Astronomen des arabisch-islamischen Kulturkreises dann auch universelle Astrolabien. Diese Geräte kamen ohne die Einlegescheiben aus, die man zuvor auf die Erfordernisse bestimmter Breitengrade zugeschnitten hatte. Den ersten Schritt in diese Richtung tat wohl der andalusische Mechaniker und Ingenieur ʿAlī ibn Chalaf al-Murādī. Das Astrolabium, das seinen Namen trägt, wurde in späteren Jahrhunderten *schakkāzīya* genannt.

Etwa zur selben Zeit entstand in Andalusien ein weiteres Astrolabium mit gleicher Projektion, das in Europa unter dem Namen *sa-*

90 DIE ARABISCHE ASTRONOMIE

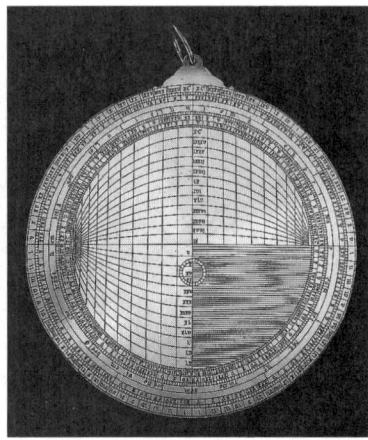

Universalscheibe von Ibrāhīm az-Zarqālī. Rekonstruktion nach der Abbildung und Beschreibung in den Libros del saber de astronomía.

phæa bekannt ist. In der arabisch-islamischen Welt ist es jedoch mit dem Namen des großen Astronomen Ibrāhīm az-Zarqālī verbunden und wird *safīha zarqālīya* genannt; die neuzeitliche Forschung hat es «Universalscheibe» getauft. Wir kennen das vielseitige Instrument aus den *Libros del saber de astronomía*, einer Sammlung von «Schriften des astronomischen Wissens», die andalusische Gelehrte im 13. Jahrhundert im Auftrag von König Alfonso X. von Kastilien erstellten. Az-Zarqālīs Universalscheibe besteht aus einer einzigen Scheibe, auf die Himmel und Horizont so geschickt projiziert sind, dass die Scheibe in allen Breitengraden genutzt werden kann. Die Rückseite der Universalscheibe gleicht der eines gewöhnlichen Astrolabiums, allerdings kann ein kleiner Kreis darauf noch den Lauf des Mondes darstellen.

Az-Zarqālīs Universalscheibe und seine Texte hatten eine große Nachwirkung auf die weitere Entwicklung des Astrolabiums in Europa; ein Thema, das uns in Kapitel 6 noch ausführlicher beschäfti-

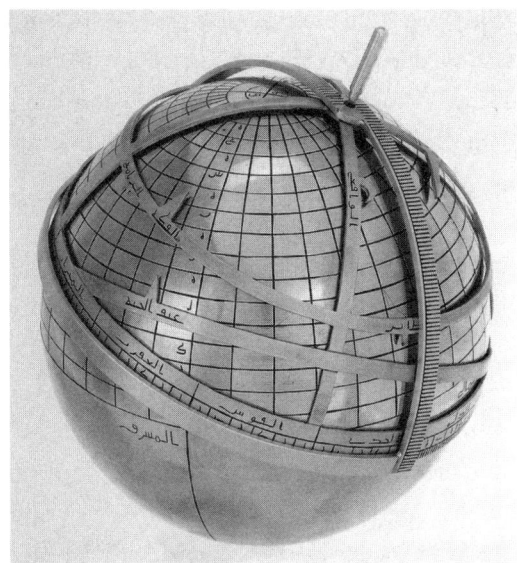

Sphärisches Astrolabium von Abū ar-Raihān al-Bīrūnī (973–1048)

gen wird. Aber auch im arabisch-islamischen Kulturkreis war die Universalscheibe ein großer Erfolg, bis Ahmad ibn as-Sarrādsch an der Wende vom 13. zum 14. Jahrhundert in Syrien sein erstes Astrolabium baute: ein Instrument, das die Vorteile eines konventionellen Astrolabiums mit denen einer Universalscheibe in sich vereinte. Es verkörpert die höchste mathematisch-astronomische Qualität, die das Astrolabium in Ost und West erreichte. Durch glückliche Umstände ist das Original erhalten geblieben, heute wird es im Benaki-Museum in Athen aufbewahrt.

Kugelastrolabien. Das sphärische oder Kugelastrolabium gehört wohl zu den originären Erfindungen der Araber. Es wurde wahrscheinlich in der zweiten Hälfte des 9. Jahrhunderts von dem großen arabischen Astronomen al-Battānī erfunden und danach jahrhundertelang optimiert. Als räumliche Himmelsmodelle sind Kugelastrolabien überaus anschaulich, wenn man die tägliche Bewegung des

Himmelsgewölbes gegenüber dem irdischen Horizontkoordinatensystem darstellen möchte. Doch im täglichen Umgang hatte das ebene Astrolabium seine Vorteile, vor allem weil es sich gegenüber dem Kugelastrolabium leichter transportieren ließ; außerdem waren die Messungen weniger stoßempfindlich.

Das Linearastrolabium. Das lineare Astrolabium (*asturlāb chatti*) besteht aus einem Stab, der die Projektion eines planisphärischen Astrolabiums darstellt. Mit dem Gerät – auch «Stab des at-Tūsī» (*'asā at-Tūsī*) genannt – wollten Astronomen Beobachtungen, die sie normalerweise mit dem planisphärischen Astrolabium vornahmen, nun auch mit Hilfe eines Rechenlineals möglich machen. Erfunden hat das Gerät der persische Gelehrte Scharaf ad-Dīn at-Tūsī, der nebenbei auch in der Geschichte der Mathematik eine wichtige Rolle als Wegbereiter für die Lösung numerischer Gleichungen beliebigen Grades spielt.

Das Linearastrolabium stellt den Schnitt des Meridiankreises mit der Horizontebene auf der Einlegescheibe eines gewöhnlichen Astrolabiums dar. Die Abstände der Kurven von 0° bis 180° wurden aus dem Kreis auf diesen Stab übertragen. Wollte der Astronom beispielsweise die Höhe der Sonne ermitteln, so visierte er sie über Kerben oder Löcher auf dem Stab an. Mit Hilfe von Fäden, an deren Ende teilweise Bleigewichte befestigt waren, und der Skala auf dem Stab konnte er dann den Höhenwinkel berechnen.

Der transportable Quadrant und das umfassende Instrument

Um die Höhe und die Position von Sternen zu messen, griff der Astronom auch zu einem Quadranten – einem Viertelkreis, der mit einer Gradeinteilung, einer Ablesevorrichtung, einem Visier und einem

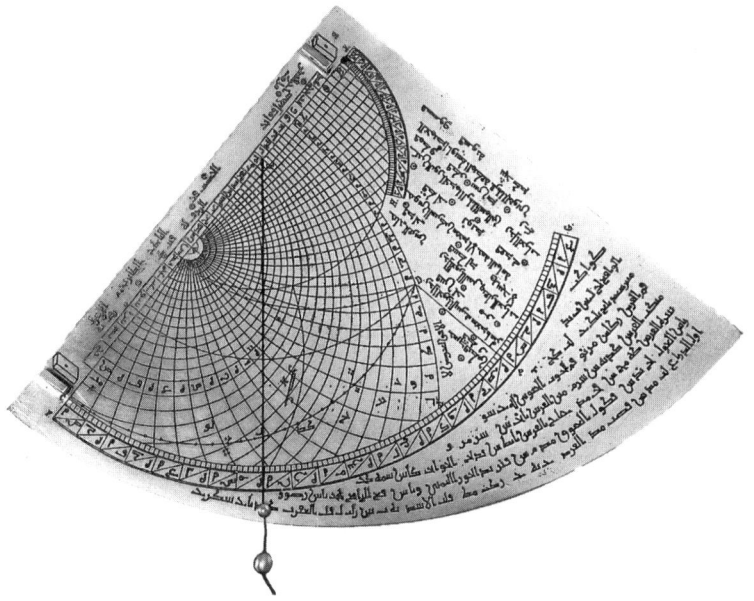

Sinusquadrant von Mohammed ibn Ahmad al-Mizzī von 1334. Das hier gezeigte Modell wurde im Museum des Frankfurter Instituts für Geschichte der Arabisch-Islamischen Wissenschaften in Anlehnung an ein in St. Petersburg erhaltenes Original aus graviertem Messing nachgebaut.

Senklot versehen war. Visierte er den Stern dann über Kimme und Korn an, so zeigte ihm das herabhängende Lot über der Gradeinteilung auf dem Viertelkreis den Höhenwinkel an. Genauer als solche transportablen Quadranten arbeiteten die großen und fest stehenden Mauerquadranten in den Sternwarten (siehe Kapitel 4).

Der Erfinder des sogenannten umfassenden Instruments (*al-āla asch-schāmila*) war der berühmte Mathematiker und Astronom Abū Mahmūd al-Chudschandī in der zweiten Hälfte des 10. Jahrhunderts. Das Gerät bestand aus einer hohlen Halbkugel, die den unter dem Horizont liegenden Teil der Himmelssphäre darstellte, ihr Rand mit den Gradeinteilungen war der Horizont selbst. Innen in die Halbkugel eingraviert war das Horizontkoordinatensystem mit seinen Parallel- und Vertikalkreisen zum Horizont. Eine in die Halbkugel eingebaute Scheibe war in 360 Grade geteilt. Sie drehte sich um den Mittelpunkt der Halbkugel wie die Ekliptikebene und stellte die sich drehenden Tierkreissternzeichen dar. Der Name «umfassendes Instrument» kommt nicht von ungefähr, denn das Gerät war eine Art Multifunktionsinstrument: Als Kombination aus einem Quadranten (oder der Rückseite eines Astrolabiums) mit einer Himmelskugel ermöglichte es die verschiedensten Winkel- und Höhenmessungen, hatte aber gegenüber dem Quadranten den Vorteil der räumlichen Anschaulichkeit. Der Astronom konnte die in das Gerät eingelassene Scheibe für jede geografische Breite einstellen, ganz einfach indem er die damit verbundene Achse in einem Schlitz der Halbkugel verschob.

Rubinkästchen und Torquetum

Das «Kästchen der Rubine für alle Arten der Zeitmessung» *(sandūq al-yawāqit al-dschāmiʿ li aʿmāl al-mawāqit)*, das auf unterschiedliche Breitengrade eingestellt werden kann, wurde von dem berühmten Astronomen ʿAlī ibn Ibrāhīm ibn asch-Schātir 1366 in Damaskus gebaut. Es stellt einen wichtigen Schritt in der Entwicklungslinie eines Instrumentes dar, das in Europa als «Torquetum» bekannt wurde. Das Rubinkästchen hatte zwei Sonnenuhren – eine polare, bei der das Zifferblatt parallel zur Erdachse lag, und eine äquatoriale, bei der das Zifferblatt parallel zur Äquatorebene lag. Mit Hilfe der zweiten Sonnenuhr ließ sich der Stundenwinkel nach dem Stand der Sonne oder eines Sterns außerhalb der Äquatorzone ermitteln.

Ein Astronom bediente das tragbare Kästchen wahrscheinlich, in-

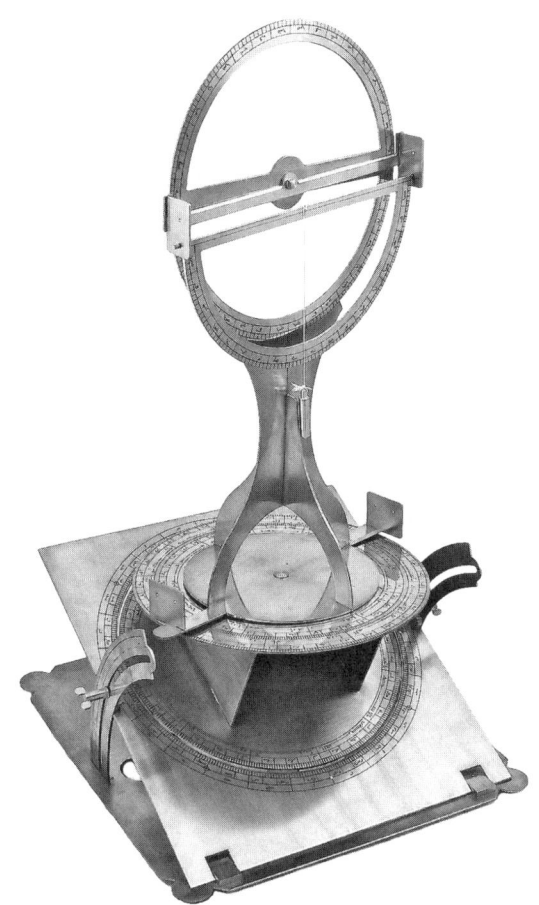

Nachbau eines Torquetums mit arabischer Schrift und arabischen Zahlen. Das Instrument ist um drei Achsen verstellbar; der Breitengrad lässt sich justieren.

dem er es nach dem Meridian ausrichtete, wobei ihm wohl ein Kompass half, der auf dem Boden des Gerätes installiert war. Dann öffnete er den oberen Deckel um 180 Grad und hob die südliche Kante der unteren (verschiebbaren und abhebbaren) Platte auf den Breitengrad des Beobachtungsortes an. Danach beobachtete er, wie die Schattenlänge zu- oder abnahm. Die Schnittpunkte des Schattens mit der nördlichen oder südlichen Zeitkurve zeigten ihm den Verlauf der örtlichen Stunden an. Bei geschlossenem Kästchen erfüllte der Deckel die Aufgaben eines Astrolabiums. In den folgenden Jahrhunderten entstanden sowohl in der islamischen Welt wie auch in Europa zahlreiche Nachfolger und Weiterentwicklungen des Kästchens.

Das Torquetum wurde im 12. Jahrhundert von dem andalusischen Astronomen Dschābir ibn Aflah erfunden und erfreute sich nach seiner Weiterentwicklung ab dem 15. Jahrhundert in Europa und hier besonders in Deutschland großer Beliebtheit und Verbreitung. Ein Torquetum erlaubte dem Astronomen viele Winkelmessungen, weil sich die Neigung der drei eingebauten Platten verändern lässt. Diese Platten stellen die Himmelsebenen Horizont, Äquator und Ekliptik drehbar übereinander dar. Damit vereinigt ein solches Gerät die Funktionen einer Armillarsphäre und eines Astrolabiums. Mit Hilfe eines Torquetums konnte der Astronom nicht nur die Größe des Meridianbogens zwischen den beiden Wendekreisen bestimmen, sondern auch die Höhe des Mondes, den Zeitpunkt der beiden Tag- und Nachtgleichen, die Positionen von Himmelsgestirnen und die Uhrzeit.

Äquatorien

Die Bezeichnung «Äquatorium» geht auf das lateinische Wort *æquatio* («Gleichung») zurück. Mit einem Äquatorium konnten Astronomen Planetenstände im Tierkreis bestimmen, und zwar auf mechanisch-geometrische Weise – ganz ohne mathematische Berechnungen. Schon früh hatten Himmelsbeobachter bemerkt, dass die Winkelgeschwindigkeiten der Planeten nicht konstant sind, wenn man sie von der Erde (als mutmaßlichem Mittelpunkt des Universums) aus beobachtet. Darum nahmen sie an, dass die Planeten sich auf komplizierten kreisförmigen Bahnen um die Erde und um sich selbst bewegen. Der Vater dieser Vorstellung war vermutlich Apollonios von Pergæ. Im 2. nachchristlichen Jahrhundert fasste Claudius Ptolemäus das antike Wissen über die Planetenbewegungen zusammen und entwickelte eine Methode, die Stellungen der Sterne für einen beliebigen Zeitraum zu berechnen. Dafür waren jedoch äußerst komplizierte und fehleranfällige Berechnungen mit mehreren Variablen nötig – Äquatorien dienten nun dazu, diesen Schritt zu umgehen.

Gefertigt aus Pergament, Papier, Holz oder Metall, teilweise auch mit Uhrwerken ausgestattet, übertragen Äquatorien die ptolemäische Planetentheorie in ein zweidimensionales Modell. Die Kreisbahnen werden dabei durch bewegliche Scheiben dargestellt. Der Ort des Planeten (auf seiner gedachten Kreisbahn) wird von dem Gerät mit Hilfe eines Lineals oder Fadens auf die Ekliptik projiziert, also auf die (von der Erde aus gesehene) Bahn der Sonne vor dem Fixsternhintergrund im Laufe eines Jahres. Die Sonnenbahn resultiert natürlich tatsächlich aus dem Umlauf der Erde um die Sonne.

Der Erfinder des Instruments war nach aktuellem Kenntnisstand der große Mathematiker und Astronom Abū Dschaʿfar al-Chāzin im 10. Jahrhundert. Er selbst nannte sein Gerät *zīdsch as-safāʾih*, «Tafel in Form von Scheiben». Ein einziges Exemplar ist in Teilen erhalten, es befindet sich heute im Besitz des Museums für Indische Kunst in Berlin. Die Vorderseite des Instruments kann als konventionelles Astrolabium, die Rückseite als Äquatorium genutzt werden, wobei leider einige dafür erforderliche Teile fehlen. Das Instrument oder seine Beschreibung erreichte schon früh Andalusien, wo die Gelehrten es einfach *safīha* («Scheibe») nannten. Der Wissenschaftsgeschichte sind aus den folgenden Jahrhunderten zahlreiche schriftliche Beschreibungen von Äquatorien erhalten. Sie lassen darauf schließen, dass das Gerät bis zum 17. Jahrhundert in vielen Formen weit verbreitet war.

Ohne Zweifel den Höhepunkt der Äquatorien-Entwicklung markierte ein Instrument des großen persischen Mathematikers und Astronomen Dschamschīd ibn Masʿūd al-Kāschī, der 1429 starb. In seinen Schriften beschrieb er detailliert ein Gerät namens *tabaq al-manātiq*, das wohl in Funktionalität und Übersichtlichkeit unübertroffen blieb. Auf einer Scheibe – ohne zusätzliche lose Teile – vereinigte es alle Operationen, die ein Astronom zur Bestimmung von Länge und Breite der Planeten, der Sonne und des Mondes zu einer gegebenen Zeit und zur Berechnung von Sonnen- und Mondfinsternissen brauchte. Kein anderes bekanntes Instrument aus der arabisch-islamischen Welt bot so viele Funktionen.

6. Wie die arabische Astronomie im Abendland weiterlebte

«Wie es der kaiserlichen Erhabenheit ansteht, so zog er daher in großer Glorie und es folgten ihm die vielen Quadrigen mit Gold und mit Silber beladen, mit Byssus und Purpur, mit Gemmen und köstlichem Gerät. Er führte mit sich Kamele, Maultiere und Dromedare, Affen und Leoparden, auch viele Sarazenen und dunkle Äthiopier, die sich auf mancherlei Künste verstanden und als Wache dienten für Gelder und Schätze.» *Über den Zug Friedrichs II. durch Deutschland im Jahr 1235, aus Anlass seiner Hochzeit mit Isabella von England*

Gegen Ende des 11. Jahrhunderts kam es zu einer der bedeutendsten Fügungen der Wissenschaftsgeschichte: Drei wichtige Wissens- und Kulturzentren der arabisch-islamischen Welt gerieten fast gleichzeitig in christlich-lateinische Hände – mit all ihren Kulturgütern, allen technischen und wissenschaftlichen Errungenschaften. 1085 eroberte Alfons VI. von Kastilien Toledo. 1091 entriss Roger I. den Arabern Sizilien. Von 1099 bis 1291 geriet ein großer Teil Syriens, darunter die Kulturzentren zwischen Antiochia und Jerusalem, für etwa zweihundert Jahre (mit Unterbrechungen) unter die Herrschaft der lateinischen Kreuzfahrer.

100 DIE ARABISCHE ASTRONOMIE

Das Wissen wandert: Sizilien, Kreuzfahrer, Byzanz und Spanien

In der folgenden Zeit wanderte das arabisch-islamische Wissen über die großen Wege von Spanien, Sizilien und Byzanz nach Europa. Hier, an den Berührungspunkten der arabisch-islamischen und der christlich-lateinischen Kultur, kam es zum Transfer arabischer Errungenschaften – einem Transfer, der viele Jahrhunderte dauern sollte.

Ein Gelehrter soll beispielhaft zeigen, wie die Rezeption und Assimilation der arabisch-islamischen Wissenschaften auf dem Weg über Sizilien vor sich ging: Leonardo von Pisa, besser bekannt als Fibonacci, wurde um 1170 in Pisa geboren und starb dort nach 1240. Er gehörte zum Gelehrtenkreis um Kaiser Friedrich II. und gilt als erster großer Mathematiker des christlichen Westens. Sein Vater leitete im heutigen Algerien eine Handelskolonie der Stadt Pisa, deshalb kam Fibonacci mit arabischen Gelehrten in Kontakt und unternahm Reisen nach Ägypten, Syrien, Griechenland, Sizilien und Südfrankreich. Zurück in seiner Heimatstadt verfasste er fünf Schriften über Arithmetik, Algebra und Geometrie. Fibonaccis Bücher waren zwar nicht die ersten über diese Themen in lateinischer Sprache, doch sie glänzten mit ihrer besonderen Anschaulichkeit und Vielseitigkeit, was ohne Zweifel auf seine innigen Kontakte mit der arabischen Kultur zurückzuführen war. Bekannt ist heute vor allem die nach ihm benannte «Fibonacci-Folge», eine unendliche Folge natürlicher Zahlen, bei der die Summe zweier aufeinanderfolgender Zahlen jeweils die nächste Zahl bildet. Fibonacci war offenbar der erste Mathematiker des Abendlandes, der den Begriff Null mit dem Wort *cephirum* aus arabisch *sifr* entlehnte – woraus dann italienisch *zero* wurde. Im Jahre 1202 taucht bei ihm der Bruchstrich zur Trennung von Zähler und Nenner auf, was darauf schließen lässt, dass er bei westarabischen Mathematikern auch die dort gebräuchliche Verwendung des

Bruchstriches kennengelernt hatte. Fibonaccis Quellen waren sicherlich Übersetzungen arabischer Werke. Möglicherweise hatte er mathematische Werke auch im arabischen Original kennengelernt und sogar selbst mit nach Pisa gebracht.

Bedeutende Wissensvermittler zwischen Ost und West waren auch die Kreuzfahrer samt ihrer Nachkommen, die sich dauerhaft in den Ländern am östlichen Mittelmeer ansiedelten. Vor Ort lernten diese sogenannten Orientlateiner, wenn auch durch kriegerische Auseinandersetzungen oft gestört, die wissenschaftlichen und technischen Geräte des arabisch-islamischen Kulturraums kennen, oft im direkten Kontakt mit Experten und arabischsprachigen christlichen Lehrern. Im 12. und 13. Jahrhundert, als die arabisch-islamischen Wissenschaften in Theorie und Praxis ihren Höhepunkt erreichten, entstand auf diese Weise eine Brücke über das Mittelmeer zwischen den Zentren der islamischen Welt und Süditalien. Nicht nur Bücher wanderten über diese Brücke, auch Landkarten, medizinisches Wissen und Heilverfahren, Fertigungsprozesse für Waffen und Werkzeuge und unzählige technische Instrumente. All dieses Know-how brachten die Orientlateiner mit zurück ins Abendland – darunter gewiss auch astronomische Geräte.

Auch über das Byzantinische Reich gelangte, möglicherweise schon ab dem 9. Jahrhundert, arabisch-islamisches Wissen in den Westen. Davon zeugt eine Reihe von Übersetzungen aus dem Arabischen in das Byzantinisch-Griechische. Es kamen auch neue Bücher in Umlauf, die zwar die Namen altgriechischer Gelehrter als Autoren trugen, aber auf arabischem Material fußten. Ein schönes Beispiel dafür, auf welche Wissenschaftskultur Menschen aus dem Byzantinischen Reich in der islamischen Welt trafen, bietet die Stadt Täbris, heute eines der wichtigsten kulturellen Zentren der iranischen Aserbaidschaner. 1265 wurde Täbris zur Hauptstadt des großen Reiches der mongolischen Ilchane. Diese Dynastie, die zum Islam konvertierte, herrschte von 1256 bis 1335 über ein Reich, das zeitweise ganz Persien, Mesopotamien und große Gebiete Zentralasiens und Anatoliens umspannte. In der Hauptstadt Täbris fanden Gelehrte aus Ost und West und Vertreter verschiedener Kulturen eine Heimat und einen Ort der Begegnung.

Der Universalgelehrte Raschīd ad-Dīn, eine der bedeutendsten Figuren der Geistesgeschichte, hinterließ uns in seinen Werken und in seiner Korrespondenz mit Persönlichkeiten der islamischen und außerislamischen Welt ein lebendiges Bild vom kulturellen und wissenschaftlichen Leben der Stadt. Er gründete im Stadtviertel Rabʿ-i Raschīdī Wohnstätten für Menschen unterschiedlicher Kulturen. In den Lehr- und Forschungsanlagen studierten nach seinen Angaben an die 7000 Studenten aus allen Teilen des Reiches. Mehr als 400 Wissenschaftler bewohnten eigene Quartiere und gingen, staatlich bezahlt, der Forschung und Lehre nach. Um das Viertel Rabʿ-i Raschīdī zu erhalten, gründete Raschīd ad-Dīn verschiedene fromme Stiftungen im Iran und in Anatolien. Unter Aufsicht der Stiftungsverwaltung lebten in diesem Viertel von Täbris auch Künstler und Handwerker aus den verschiedensten Ländern. Die Byzantiner, die hier wohnten, unterhielten vielfältige Kontakte in den Westen. Mit ihnen wanderte die Kunde von solch interessanten Orten und von den Fertigkeiten, Werkzeugen, Instrumenten, Forschungsvorhaben und Debatten, die man dort pflegte, allmählich auch nach Europa.

Eine ganz wichtige Rolle für den Wissenstransfer von Ost nach West spielte auch der Weg über Spanien. In Barcelona konnten Wissenschaftshistoriker einen Sammelband zu naturwissenschaftlichen Themen sicherstellen, der bereits aus dem 10. Jahrhundert stammt. Man fand darin unter anderem Schriften über den Bau und die Verwendung von Astrolabien sowie einen Text über geometrische Fragen. Dass diese Schriften Übersetzungen und Adaptionen arabischer Vorlagen sind, steht außer Zweifel. Der älteste namentlich bekannte

6. WIE DIE ARABISCHE ASTRONOMIE IM ABENDLAND WEITERLEBTE 103

Der persische Astronom al-Farghānī, latinisiert Alfraganus, bei seiner Arbeit, 9. Jahrhundert. Der Holzschnitt stammt aus dem 14. Jahrhundert und zierte eine Übersetzung seines populären Handbuches der Astronomie, das sich bis ins 17. Jahrhundert hinein bei den Astronomen des Abendlandes großer Popularität erfreute. Die erste Übersetzung stammt von Johannes Hispaniensis, einem im 12. Jahrhundert überaus produktiven, zum Christentum konvertierten Juden aus der Stadt Toledo.

Übersetzer hieß Lupitus von Barcelona: Schon 984 übertrug er eine arabische astronomische Schrift unter dem Titel *Liber de astrologia* in die lateinische Sprache. Diesem Pionier folgte eine solche Zahl von Übersetzern aus dem Arabischen in das Lateinische und Hebräische, dass sie hier gar nicht alle genannt und gewürdigt werden können. Berühmte und weniger berühmte Namen von religiösen Vertretern, Übersetzern, Philosophen, Astronomen und Astrologen – viele von ihnen Christen, viele Juden – ziehen sich quer durch die Jahrhunderte. Nach und nach führten sie den reichen arabisch-islamischen Wissensschatz in West- und Nordeuropa ein.

Es dauerte lange, bis Europa alles das aufnehmen und der eigenen Kultur anverwandeln konnte, schließlich war die lateinische Kultur auf Werke, wie die Araber sie hervorgebracht hatten, nicht vorbereitet. Aber noch länger hätte es wohl gedauert, wenn die Europäer die Mathematik, die Astronomie, die Medizin, die Nautik, die sie nun aus islamischer Hand erhielten, allein hätten erdenken und entwickeln müssen. Es gab ganze Wanderungsbewegungen von Wissensdurstigen nach Spanien, beispielsweise Anfang des 12. Jahrhunderts aus dem angelsächsischen Raum, auf der Suche nach neuen mathematischen und astronomischen Erkenntnissen aus dem reichen arabischen Fundus. Und bereits um die Mitte des 13. Jahrhunderts bildete sich die Debatte der islamischen Astronomen um das Für und Wider der ptolemäischen Vorstellungswelt auch in Europa ab und bereitete so die «kopernikanische Wende» vor.

Kopernikus: auf den Schultern arabisch-islamischer Vorgänger

Am Beispiel des berühmten Nikolaus Kopernikus lässt sich gut zeigen, wie wichtig der Einfluss arabischer Astronomen auf die abendländische Astronomie war. Kopernikus lebte von 1473 bis 1543, war ein Domherr im Fürstbistum Ermland in Preußen und widmete sich in seiner freien Zeit der Astronomie, Mathematik und Kartografie. Er gilt als derjenige, der das geozentrische Weltbild gestürzt hat zu Gunsten der modernen Vorstellung des um die Sonne kreisenden Planetensystems. Erst in der zweiten Hälfte des 20. Jahrhunderts begannen Wissenschaftshistoriker zu realisieren, dass sich womöglich auch der große Kopernikus auf die Vorarbeiten arabisch-islamischer Astronomen gestützt hat (die ihn über persisch-byzantinische Vermittlung mühelos erreicht haben konnten) und dass er Daten und Tabellen aus arabischen Quellen nutzte (die ihm in lateinischen Übersetzungen und Kompilationen zugänglich waren). Kopernikus muss aber auch die Leistungen späterer islamischer Astronomen des 13. und 14. Jahrhunderts gekannt haben, obgleich ihre Werke, soweit die Wissenschaftsgeschichte es weiß, nicht in das Lateinische übersetzt worden waren. Auf arabische Vorgänger ging schließlich die grundlegende Idee zurück, dass die Astronomie sich darum bemühen müsse, das von Ptolemäus beeinträchtigte Prinzip der gleichförmigen Bewegung der Planeten wiederherzustellen. Diese Idee führte Kopernikus zu seinem entscheidenden Schritt – der Hinwendung zum heliozentrischen Weltbild. Mehr noch: Auch die Lösungsversuche und die entsprechenden Modelle der arabischen Gelehrten müssen zu Kopernikus gelangt sein. Dafür sprechen die Gemeinsamkeiten zwischen den mathematischen Berechnungen des Domherrn und denen der arabischen Astronomen vor ihm, die gleichfalls versucht hatten, das Prinzip einer gleichförmigen Bewegung der Planeten wieder zu etablieren. So akzeptierten sowohl Kopernikus als auch der persische Gelehrte Naṣīr ad-Dīn aṭ-Ṭūsī und sein wichtiger Schüler Quṭb ad-Dīn asch-Schīrāzī (1236–1311) ohne Vorbehalt das Prinzip, dass jedes Planetenmodell einen Bewegungsmechanismus benötigt, bei dem gleiche Strecken von gleichen Vektoren mit gleicher Winkelgeschwindigkeit zurückgelegt werden – eine wichtige Grundannahme, um zu einem mathematisch präzisen Vorhersagemodell für die Planetenbewegungen zu kommen. Auch das Mondmodell von Kopernikus entspricht genau dem von Ibn asch-Schātir – wir erinnern uns: der mit dem Rubinkästchen –, und beide unterscheiden sich in ihren Dimensionen wesentlich von dem des Ptolemäus. Das Merkurmodell von Kopernikus ist, mit geringfügigen Änderungen bei den Längen der Vektoren, ebenfalls dasselbe wie das von Ibn asch-Schātir. All dies ist nicht wirklich verwunderlich. Im 15. Jahrhundert waren die Leistungen von Naṣīr ad-Dīn aṭ-Ṭūsī und Ibn asch-Schāṭir in Krakau, wo Kopernikus studierte, gut bekannt, wie Quellen bezeugen. Warum aber gelang es den arabisch-islamischen Astronomen nie, mit dem geozentrischen Weltbild zu brechen und der Erkenntnis Raum zu geben, dass die Erde sich um die Sonne dreht? Die Gründe dafür waren keineswegs dogmatischer Natur, sondern es fehlte ihnen schlicht an Beobachtungstechniken, die es ihnen erlaubt hätten, das physikalische Universum anders als vom subjektiven Standpunkt der Erde aus zu erkunden. Die tatsächliche Beweisführung, dass die Sonne im Mittelpunkt unseres Sonnensystems steht, begann erst mit Galileo Galilei, der an der Wende vom 15. zum 16. Jahrhundert ein Fernrohr in den Weltraum richtete, das ihm eine ausreichende Blicktiefe bescherte. Damit erst bekam die Forschung eine Ahnung von der gigantischen Zahl der Sterne im All – und selbst Galileo hielt zunächst nicht das, was er aus der Beobachtung der Sterne ableitete, sondern das Hin- und Herwogen von Ebbe und Flut für den geeigneten Beweis, dass sich die Erde in einer Flugbewegung um die Sonne befinde. Auch wenn es in populärwissenschaftlichen und selbst fachwissenschaftlichen Publikationen noch immer selten erwähnt wird: Selbst in der abendländischen Astronomie setzte sich das kopernikanische System keineswegs im Handstreich durch. Mehr als ein Jahrhundert waren die Ideen des Kopernikus eine rein philosophische Angelegenheit, während sich die beobachtende Astronomie dafür wenig interessierte. Warum? Weil die praktische Astronomie zur Stützung dieses neuen Systems keinen entscheidenden Beweis beibringen konnte. Selbst ein so großer Astronom wie Tycho Brahe in der zweiten Hälfte des 16. Jahrhunderts konnte sich nicht dazu entschließen, Kopernikus beizupflichten: Er begnügte sich mit der Vorstellung, die oberen Planeten seien Trabanten der Sonne und die Sonne kreise mit dem Mond zusammen um die Erde.

6. WIE DIE ARABISCHE ASTRONOMIE IM ABENDLAND WEITERLEBTE 107

Beobachtungsinstrumente aus arabischer Hand

Auch in der praktischen, beobachtenden Astronomie ist der Einfluss der arabisch-islamischen Vorgänger deutlich sichtbar. Am Weg der Astrolabien von Ost nach West lässt sich das gut nachvollziehen. Vom Beginn des 13. Jahrhunderts bis in das 16. Jahrhundert hinterließen Astrolabien mit Universalscheibe (siehe Kapitel 5) in Europa ihre Spuren. Diese zeigen allerdings auch, wie unvollständig und uneinheitlich die Überlieferung astronomischen Wissens nach Europa verlief: Während einige europäische Astrolabien kunstvoll und präzise gefertigt wurden – etwa die Geräte von Walter Arsenius und von Erasmus Habermel aus dem späten 16. Jahrhundert – belegen andere Exemplare Ungenauigkeiten oder gar ein elementares astronomisches Unverständnis der Instrumentenbauer, selbst wenn sie handwerklich gut ausgeführt waren.

Erhalten geblieben ist unter anderem eine Schrift des christlichen Astronomen Lupitus von Barcelona, der im späten 10. Jahrhundert lebte. Es enthält die Zeichnung eines Astrolabiums und stützt sich dabei auf das Astrolabium-Büchlein von al-Chwārizmī aus dem 9. Jahrhundert. Die auf der netzartig durchbrochenen Sternenscheibe, der Rete, erscheinenden 27 Sternennamen sind bis auf zwei arabisch in lateinischer Schrift, ebenso die Namen der Linien ungleicher Stunden. Die 360-Grad-Skala auf dem Rand des Gerätes ist dreifach ausgeführt: in arabischen Buchstabenzahlen, in einer lateinischen Transkription und in lateinischen Zahlen. Der Kalenderkreis (365 Tage) auf der Rückseite ist hingegen nur in arabischen Buchstabenzahlen ausgeführt, allerdings fehlerhaft.

Auch das Äquatorium, das in Kapitel 5 genauer vorgestellt wurde, gelangte aus dem arabisch-islamischen Kulturraum in das christliche Abendland. Im außerspanischen Europa tauchte dieses Instrument

 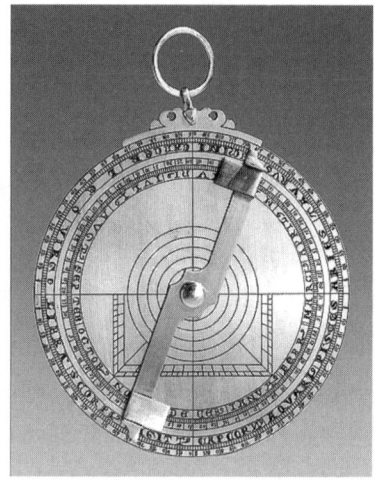

Astrolabium in Anlehnung an ein Original, das angeblich 990 in Frankreich hergestellt wurde und Papst Silvester II. zugeschrieben wird. Das Original kann jedoch nur ein arabisches Astrolabium aus dem 10. Jahrhundert gewesen sein. Alle Zahlen und die Namen der Fixsterne auf der Spinne, am Rand der Mater und auf den Einlegescheiben sind in arabischer Schrift geschrieben. Nur die beiden Breitengrade 30° und 42° wurden zusätzlich mit europäischen Ziffern versehen. Auf der Rückseite befinden sich Kalendarien und Schattenquadrant. Das Original befindet sich im Museum für Wissenschaftsgeschichte in Florenz.

in der zweiten Hälfte des 13. Jahrhunderts auf und die zahlreichen erhaltenen Beschreibungen zeigen, dass es bis zum 17. Jahrhundert in vielen verschiedenen Formen weit verbreitet war. Mit großer Wahrscheinlichkeit wanderten das Instrument sowie Schriften mit seiner Beschreibung sogar mehrfach aus dem arabisch-islamischen Kulturkreis nach Europa, wo sie Techniker und Astronomen über viele Jahrhunderte beschäftigten. Dabei konnte man eigentlich, zumindest in der islamischen Welt, die mit dem Astrolabium durchgeführten Bestimmungen rechnerisch genauer durchführen. In Europa hat das Gerät zwar nie das Niveau arabischer Bautypen erreicht, doch zeugen die erhaltenen Instrumente und Abbildungen davon, dass sich Europa vor allem in seinen technischen Fertigkeiten rasch weiterentwickelte, während die theoretische Durchdringung der Astronomie länger dauerte.

Dieses europäische Hinterherhinken zeigt sich zum Beispiel auch in der Arbeit des Astronomen und Mathematikers Campanus von Novara, der etwa 1260 die Schrift *Theorica planetarum* verfasste – die früheste Abhandlung außerhalb Spaniens über die Planetenbewegungen. Darin beschreibt Campanus ein Instrument zu ihrer Berechnung. Heute ist bekannt, dass er sich vorwiegend auf arabische Quellen stützte, die allerdings schon damals veraltet waren und überholte Entwicklungsstufen des Äquatoriums referierten. Trotzdem verbreitete sich der Text in zahlreichen Kopien. Ein moderner Nachbau von Campanus' kompliziertem Äquatorium hat gezeigt, dass es damaligen Forschern in Europa wahrscheinlich gar nicht möglich gewesen wäre, das Gerät in der Praxis zu verwenden. Es hätte einen enormen Aufwand bedeutet, sechs Instrumente mit je mehreren ineinander drehbaren Scheiben zu bedienen, die einander durch unterschnittene Ränder festhielten, zumal schon die kleinste Abweichung zur Blockade des ganzen Apparats führte. Möglicherweise dachte Campanus aber auch an ein Instrument von riesenhaften Ausmaßen.

Als letztes Beispiel für europäische «Übertragungsfehler» sei noch ein erhalten gebliebener französisch-gotischer mechanischer Kalender in arabischer Tradition erwähnt. Die zweistelligen Zahlen der Monatstage sind linksläufig geschrieben, was den Eindruck erweckt, der Instrumentenbauer habe sich bemüht, mit seinen Ziffern arabische Zahlbuchstaben wiederzugeben. Allerdings wusste er wohl nicht, dass diese im Gegensatz zur arabischen Schreibschrift rechtsläufig geschrieben werden.

Tycho Brahe und die Sternwarte von Hven

Kommen wir abschließend zu einem der berühmtesten frühen Astronomen des Abendlandes, Tycho Brahe (1546–1601). Schon als Jugendlicher interessierte er sich für Mathematik und Astronomie. Später errichtete er unter dem Schutz des dänischen Königs Friedrich II. auf der Insel Hven (heute Ven) die Sternwarte Uraniborg, was so viel wie «Himmelsburg» bedeutet. Der Grundstein der Sternwarte wurde im August 1576 gelegt. Tycho Brahe hatte sich schon während seines Studiums in verschiedenen europäischen Städten durch seine ausgezeichneten Fähigkeiten zur Herstellung astronomischer Geräte einen Namen gemacht – und auf diese Instrumente und die sehr präzisen Messungen, die er damit vornehmen konnte, stützt sich auch sein bis heute hohes Ansehen im Abendland. Vor allem vier Geräte werden dabei hervorgehoben: seine beiden drehbaren Azimutal-Quadranten, sein Mauerquadrant, sein astronomischer Sextant zur Abstandsmessung und seine Äquatorial-Armillarsphäre. Bei der wissenschaftshistorischen Bewertung dieser in der Tat beeindruckenden Instrumente ging die abendländische Nachwelt des Astronomen allerdings stets von der Frage aus, inwieweit diese Geräte in der griechischen Astronomie schon bekannt waren. Mögliche Vorgänger im arabisch-islamischen Kulturkreis ließ man einfach außer Acht – und tut es bis heute.

Doch abendländische Astronomen und sicher auch Tycho Brahe erfuhren zeitnah von der Gründung der Istanbuler Sternwarte, von ihren Instrumenten und auch von ihrer Zerstörung, denn solche Nachrichten wanderten damals bereits rasch von Ost nach West. Um eine sichere Quelle zu nennen: Bekannt ist, dass Stephan Gerlach, der Seelsorger des kaiserlichen Gesandten in Istanbul, in seinem *Türckischen Tagebuch* unter dem Eintrag vom 13. November

6. WIE DIE ARABISCHE ASTRONOMIE IM ABENDLAND WEITERLEBTE

Tycho Brahe und Mitarbeiter bei der Arbeit mit dem Quadranten und weiteren Instrumenten, von denen nicht alle in den Bereich der Astronomie gehören. Die Szene erinnert an ähnliche Darstellungen von Arbeiten in der Istanbuler Sternwarte.

1577 ausführlich über die Gründung der Sternwarte berichtete und schon am 29. September des Jahres einen entsprechenden Brief an den deutschen Altphilologen und Historiker Martin Crusius geschrieben hatte, der als Professor an der Universität Tübingen für eine rasche Verbreitung dieser Nachrichten sorgte.[2] Ausführlicher noch als Gerlach berichtete sein Nachfolger Salomon Schweigger über die Sternwarte, nachdem er sich von 1578 bis 1581 als Seelsorger in Istanbul aufgehalten hatte; auch erwähnt er in seinem berühmten Reisebericht mit dem Titel *Newe Reyßbeschreibung auß Teutschland nach Constantinopel*, der 1608 erschien, mehrere ihrer Instrumente.

Betrachten wir nun einige der Instrumente von Tycho Brahe im Detail. Die Idee, die Zeit mithilfe einer tragbaren Uhr als eigenes Element in die Beobachtungen einzubeziehen, hat Tycho Brahe mit Taqī ad-Dīn gemeinsam. Auch der Mauerquadrant war im arabisch-islamischen Kulturkreis schon längst, nämlich seit dem 10. Jahrhundert, bekannt. Wir finden dieses Gerät auch unter den groß dimensionierten Instrumenten der Sternwarten von Marāgha und Istanbul. Der Mauerquadrant aus Messing von Tycho Brahe, wahrscheinlich im Jahr 1587 gebaut, war in Meridianrichtung installiert und mit zwei beweglichen Augenvisieren versehen. Beobachtet wurde von einem der beiden Visiere durch einen vergoldeten Zylinder, der in einer Maueröffnung befestigt war. Mit dem 4 Meter langen Halbmesser und der fein eingeteilten Skala konnte Tycho Brahe mit seinem Gerät weitgehend genaue Messergebnisse von Sternhöhen erzielen.

Auch Tycho Brahes astronomischer Sextant zur Abstandsmessung hatte große Ähnlichkeit mit einem Instrument, das in der Istanbuler Sternwarte installiert war. Die Verwendung des Sextanten zu astronomischen Beobachtungen war im arabisch-islamischen Kulturkreis seit dem 10. Jahrhundert bekannt, als der Astronom al-Chudschandī

6. WIE DIE ARABISCHE ASTRONOMIE IM ABENDLAND WEITERLEBTE

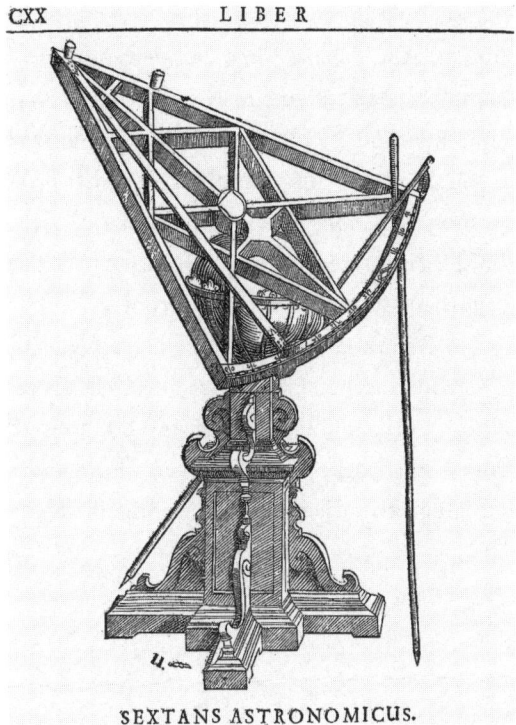

SEXTANS ASTRONOMICUS.

Diesen Sextanten – hier in einer Zeichnung aus dem 16. Jahrhundert – hat Tycho Brahe in drei weitgehend identischen Versionen gebaut. Er ist frei beweglich an einer relativ großen Kugel befestigt, die in einer Schale ruht. Das ermöglichte dem Beobachter, ihn vertikal, horizontal, in Ost-West-Richtung und umgekehrt zu bewegen und so nicht nur Höhen im Meridian, sondern auch Entfernungen der Gestirne voneinander und damit ihre Positionen zu bestimmen.

damit die Schiefe der Ekliptik vermaß. Tycho Brahes Sextant war nicht nur ganz ähnlich konstruiert und diente denselben astronomischen Aufgaben wie das Pendant in Istanbul, es war auch ebenfalls mit zwei Holzstäben versehen, um den drehbaren Sextanten in der richtigen Stellung gegen den Boden abzustützen.

Abschließend sei bemerkt. dass auch Tycho Brahes große Äquatorial-Armillarsphäre nichts anderes als eine Vereinfachung des Armillen-Instruments war, das die Muslime verwendeten.

In der Zusammenschau sind die Instrumente von Hven ohne jeden Zweifel Nachbauten und leichte Variationen von Vorbildern in den Sternwarten von Marāgha und Istanbul – ebenso groß dimensioniert, um eine möglichst hohe Messgenauigkeit zu erzielen. Erfahren hat Brahe von diesen Instrumenten auf eben jenen Wegen, die oben beschrieben wurden: mit dem breiten Strom arabisch-islamischer Gelehrsamkeit in Richtung Westen. Ein Unterschied fällt ins Auge: Während die astronomischen Geräte aus arabisch-islamischer Hand stets überaus klar und gradlinig gestaltet waren, stattete Tycho Brahe seine Variationen mit starken Verzierungen und Schnitzereien aus, die ihrer Benutzung vermutlich nicht immer dienlich waren.

Verachten und verschweigen

Kommen wir noch einmal zurück auf den oben erwähnten Salomon Schweigger, evangelischer Prediger, Orientreisender und Koranübersetzer. In seinem Reisebericht erzählt er auch von Taqī ad-Dīn, dem Gründer der Istanbuler Sternwarte – und er tut dies mit einer Gehässigkeit, die aufhorchen lässt. Als «Gauckler» und «heilosen Mordtmann» bezeichnet er den arabischen Forscher. Taqī ad-Dīn sei in Europa gewesen und habe sich die Schriften von Ptolemäus und anderen berühmten Griechen heimlich von einem Juden erklären lassen.[3] Natürlich hatte Schweiggers Behauptung mit der Realität nichts zu tun, und der Aufenthalt Taqī ad-Dīns in Europa war frei erfunden. Doch die Schärfe lässt aufhorchen, mit der hier eine Gegnerschaft zum arabisch-islamischen Kulturkreis formuliert und unterstrichen wird. Diese Feindseligkeit hatte schon im 13. Jahrhundert begonnen. In der zweiten Hälfte des 16. Jahrhunderts kam nun das zunehmende Überlegenheitsgefühl der europäischen Wissenschaften hinzu. An dieser Stelle finden wir nun auch eine Erklärung dafür, warum der große Beitrag der arabischen Mathematiker, Astronomen und Techniker sich nicht nachhaltig in das abendländische Bewusstsein eingeschrieben hat: Man ignorierte, genau wie Salomon Schweigger es tat, die Urheberschaft und Originalität der arabischen Wissenschaftler. Ab dem 14. Jahrhundert griff im Westen ein geradezu aggressiver Antiarabismus um sich. Darum wurden viele arabische Schriften das ganze Mittelalter hindurch unter falschem Namen publiziert; nicht selten wies man antike griechische Autoren fälschlich als Urheber aus. Wissenschaftshistoriker konnten beispielsweise zeigen, dass die Schrift *Demonstrationes Campani super theoricas* keineswegs von Campanus von Novara stammt, dem oben erwähnten italienischen Mathematiker, Astronomen und Arzt, der an der Wende vom 13. zum 14. Jahrhundert lebte und dem diese Schrift damals zugeschrieben wurde. Tatsächlich stammt sie aus dem 14. Jahrhundert, stützt sich hauptsächlich auf Darstellungen von Ibn al-Haitham und machte seine Ideen breiten Kreisen bekannt. Auch die bekannte Schrift *Subtilissimæ quæstiones in Libros de cælo et mundo* des deutschen Mathematikers und Logikers Albert von Sachsen, der als Albrecht III. im 14. Jahrhundert lange Zeit Bischof von Halberstadt war, stützt sich auf diese Schrift und damit auf die astronomischen Vorstellungen von Ibn al-Haitham. Der teils unredliche, teils dilettantische Umgang mit den arabischen Quellen, das Neben- und Durcheinander von parallelen Übersetzungen, falschen Autorennamen und Kompilationen aller Art führten nicht zuletzt auch dazu, dass sich etliche Fehler in die erstarkende abendländische Astronomie einschlichen – Fehler, die noch lange durch das Fach geistern sollten. Die tatsächlichen arabischen Autoren und Entdecker aber gerieten in Vergessenheit.

DRITTER TEIL

DIE ARABISCHE NAUTIK

7. Die Kunst der arabischen Seefahrt

«Wisse, dass es drei Klassen von Navigatoren gibt: Solche, mit deren Fahrt es einmal gut geht und ein andermal nicht, deren Antwort einmal richtig ist und dann wieder falsch. Diese verdienen die Bezeichnung ‹Meister› nicht. In der zweiten Klasse sind die durch praktisches Wissen und Erfahrung bekannten Navigatoren. Sie sind geschickt und beherrschen die Routen, die sie befahren haben, doch geraten sie nach ihrem Tod in Vergessenheit. Die dritte Klasse ist die höchste. Wer ihr angehört, ist sehr bekannt, beherrscht alle Seeoperationen und verfasst Schriften, von denen man zu seiner Zeit und auch später noch Nutzen hat.» *Ahmad ibn Mādschid, 15. Jahrhundert*

Muslimische Seefahrer pendelten schon im 7. Jahrhundert zwischen China und der arabischen Welt – ein Seeverkehr, der sich im Laufe vieler Jahrhunderte intensivierte. Die ältesten erhaltenen Dokumente über diese Seewege stammen aus dem 15. Jahrhundert, aber wahrscheinlich reicht die Geschichte dieser Handelsrouten weit vor die Zeit der muslimischen Araber zurück und ist mehrere Jahrtausende alt. Es hat wohl auch schon vor dem 15. Jahrhundert ein Schrifttum über nautische Regeln und Kenntnisse gegeben, über Routen, Häfen und Entfernungen im Indischen Ozean. Doch leider gingen diese Texte verloren, wurden durch modernere Schriften verdrängt. Die beiden bedeutendsten Repräsentanten der fortschrittlichen arabisch-islamischen Nautik lebten an der Wende vom 15. zum 16. Jahrhundert; wir werden sie später kennenlernen. Ein bemerkenswerter Bericht vom Ende des 9. Jahrhunderts ist allerdings erhalten. Er stammt von Ahmad al-Yaʿqūbī. Der Historiker und Geograf erzählt von Schiffen, die regelmäßig in dem maghrebinischen Atlantikhafen Māssa südlich von Agadir neben der dortigen Bahlūl-Moschee vor Anker gegangen seien, beladen mit Handelswaren für Kunden in China. Diese Schiffe seien nach orientalischer Art «genäht» gewesen. Dies ist ein sehr altes Konstruktionsprinzip, bei dem die Schiffsplanken zunächst miteinander verzapft wurden; durch vorgebohrte Löcher wurden dann Stricke geführt, mit deren Hilfe man die Planken zusammenband.

Al-Yaʿqūbīs Bericht bedeutet nichts anderes, als dass die Araber damals offenbar regelmäßig die gesamte Westküste Afrikas hinunter und um das Kap der Guten Hoffnung gesegelt sind, um Waren nach China zu transportieren. Es mag für abendländische Ohren erstaunlich sein, doch schon Herodot berichtet von einer phönizischen Umsegelung Afrikas im Auftrag des Pharaos Necho II., der von 610 bis 595 vor Christus regierte! In islamischer Zeit war die Umsegelung Afrikas nicht nur eine wohlbekannte Tatsache, sondern es bestand eben auch ein gut etablierter Handelsweg zwischen Südmarokko und Südchina. Den Seeweg um das Kap der Guten Hoffnung herum und anschließend quer über den Indischen Ozean hat also nicht Vasco da Gama, der von etwa 1469 bis 1524 lebte, «entdeckt», vielmehr nutzte er schlicht die wohlbekannten Wege der arabisch-islamischen Handelsschifffahrt.

Auch auf dem Mittelmeer gab es eine rege arabische Schifffahrt. Schon in der Frühzeit des Islams begannen Muslime, mit eigenen Flotten Inseln im Osten des Mittelmeers anzugreifen und zu erobern. Innerhalb kurzer Zeit wuchsen sie im südlichen Mittelmeer und später im gesamten mediterranen Raum zu einer gefürchteten Seemacht heran. Während des gesamten 9. und 10. Jahrhunderts wurde das Mittelmeer quasi zum Meer der Muslime. Von 891 bis 973 befand sich die Küste Frankreichs von Marseille bis Nizza unter der Herrschaft der Araber. Im Jahr 846 griffen Araber Rom an und nahmen den Vatikan ein. Nachdem sie einige weitere Städte erobert hatten, zogen sie sich nach Süden zurück. Wir werden später in diesem Buch noch ausführlich beleuchten, wie weit diese Seefahrer ihren Aktionsradius nach und nach ausdehnten, bis sie schließlich auch in Kontakt mit jener Landmasse kamen, die heute Amerika genannt wird.

Während sich die Wissenschaftsgeschichte schon zu Beginn des 19. Jahrhunderts mit der arabisch-islamischen Nautik auf dem Indischen Ozean befasst hat, ist über über die Seefahrttechnik der Muslime auf dem Mittelmeer und dem Atlantik leider immer noch wenig bekannt. Man weiß aber, dass sich entlang der Küsten der Iberischen Halbinsel bis zur Nordwestküste Afrikas auch auf dem Atlantik schon früh eine bedeutsame arabisch-islamische Seefahrt entwickelte, die bis zur Herrschaft der muslimischen Berber-Dynastie der Almohaden im 12. und 13. Jahrhundert andauerte.

Segeln nach den Sternen

Es liegt auf der Hand, dass die Anwohner der westlichen und der östlichen Küsten des Indischen Ozeans lange Zeit entlang der Küstenlinien in Verbindung blieben und Handel miteinander trieben. Irgendwann müssen sie sich ermutigt gefühlt haben, auch auf hoher See größere Strecken zurückzulegen. Welche Seefahrer dies erstmals versuchten, wann genau das passierte und welche Mittel ihnen anfangs zur Verfügung standen, können die Historiker leider nicht sagen.

Arabische Quellen lassen vermuten, dass Seeleute sich zur Orientierung auf dem offenen Indischen Ozean der Auf- und Untergänge einiger Fixsterne, der Position des Nordsterns und weiterer Sterne bedienten, die sich in der Nähe des Himmelspols befinden und nicht untergehen (Zirkumpolarsterne). Dieses Orientierungssystem wurde immer weiter entwickelt, bis sich die Seefahrt schließlich auf den Nord- und den Südstern und 15 Fixsterne festlegte, um einen angepeilten Kurs bei Nacht einzuhalten. (Die Auf- und Untergangspunkte dieser Fixsterne hatten einen Abstand von etwa 11° 15' zueinander, was zu einer Teilung des Horizontkreises in 32 Teile führte. Das wird beim Thema Kompass später noch wichtig werden.)

Weil es unter Astronomen und mathematischen Geografen zum Standard wurde, die Erdoberfläche vom Äquator aus nach Norden und nach Süden in je 90 Gradschritte und der Länge nach in 360 Gradschritte zu teilen, dürfte es für die Seefahrt nahegelegen haben, auch die Position auf hoher See nach Graden einzuteilen. Bis dahin hatte man die Strecke wohl nur grob anhand der Zeit geschätzt, die seit dem Ablegen verflossen war. Nun begannen die arabisch-islamischen Nautiker mit einem astronomischen Grundsatz zu arbeiten, der schon den alten Griechen bekannt gewesen war. Er lautet: «Die Polhöhe eines Ortes auf der Erdoberfläche entspricht seinem Breitengrad.» Dies sei kurz erklärt: Sowohl die Sonne wie auch die Fixsterne ziehen, beobachtet man sie von der Erde aus, am Himmel eine elliptische Bahn. Warum? Weil die Erde rotiert. Je weiter nördlich ein Fixstern seine Bahn zieht, umso enger wird diese Bahn, bis sie schließlich stillsteht, weil die Rotationsachse der Erde genau auf diesen Stern zeigt. An dieser Stelle sehen wir den Polarstern der Nordhalbkugel. Je näher ein beobachtender Mensch zum Äquator reist, desto tiefer stehen für ihn die Himmelspole – die «Polhöhe» verändert sich also. Damit liefert die Polhöhe ein direktes Maß für die Entfernung des Beobachtungsortes vom Nord- oder Südpol auf der Erde – also für seinen geografischen Breitengrad. Um es noch ein wenig exakter zu machen: Mit Polhöhe ist der Höhenwinkel des

Himmelsnordpols über dem mathematischen Horizont gemeint. Der mathematische Horizont wiederum ergibt sich, wenn man den Beobachter am Ort der Messung gedanklich an den Erdmittelpunkt versetzt.

Die Sache ist aber noch etwas komplizierter: Nautiker haben lernen müssen, dass der Pol als abstrakter Punkt nicht mit dem Polarstern zusammenfällt, sondern dass der Polarstern einmal am Tag einen (scheinbaren) Kreis um den Pol zieht mit einem sich im Laufe der Zeit ändernden Radius von etwa 3°25'. Deshalb muss man bei der Messung der Polhöhe diese sich bei der Rotation ändernde Höhe des Polarsterns in Betracht ziehen. Seit dem 9. Jahrhundert kannten die arabischen Astronomen dazu ein Verfahren: Sie halbierten die Differenz zwischen den oberen und unteren Kulminationshöhen der Zirkumpolarsterne und berechneten so den tatsächlichen Abstand vom Himmelspol.

Doch Seefahrern auf fahrenden, schwankenden Schiffen standen die Messmethoden stationärer Astronomen nicht im vollen Umfang zur Verfügung. Sie mussten diese Aufgabe bewältigen, indem sie weitere Festpunkte am Himmel beobachteten, darunter zwei Sterne im Sternbild des Kleinen Bären und bestimmte Auf- und Untergangszeiten des Mondes. Auf diese Weise konnten sie die Polhöhe ebenfalls recht genau ermitteln und daraus bei Fahrten von Nord nach Süd und umgekehrt ihren Breitengrad auf hoher See bestimmen.

Doch was tun, wenn der Himmel bewölkt war? Eine Orientierung nach den Sternen oder der Sonne war dann nicht mehr möglich. In diesem Fall brauchte man ein anderes Hilfsmittel: den Kompass. Von ihm soll weiter unten noch die Rede sein.

Längengradbestimmung auf hoher See

Wir haben schon in Kapitel 3 davon gehört, dass es Europa nach langen Bemühungen und vielen Misserfolgen erst Mitte des 18. Jahrhunderts gelang, das Längengradproblem zu lösen. Angesichts zahlloser Schiffskatastrophen und Tausender verirrter und ertrunkener Seeleute lobte das britische Parlament Anfang des Jahrhunderts eine große Geldsumme für denjenigen aus, der eine Methode zur exakten Positionsbestimmung auf hoher See lieferte. Während die großen Astronomen jener Zeit die Lösung vergeblich in der Beobachtung des Himmelsgeschehens suchten, erzielte den Durchbruch schließlich in der Mitte des Jahrhunderts ein einfacher Tischler mit dem Namen John Harrison: Er brachte sich selbst den Bau von Uhren bei und konstruierte einen Chronometer, der auch auf schwankendem Grund exakt genug lief, um zuverlässige Zeitbestimmungen möglich zu machen. Daraus ließ sich dann auf Fahrten von Ost nach West und umgekehrt der Längengrad bestimmen.

Eine schöne Geschichte. Doch eigentlich gab es die exakte Bestimmung von Längengraden damals schon seit Jahrhunderten, sie war eine der bedeutendsten Errungenschaften der arabisch-islamischen Seefahrt. Auch diese nautische Großtat der Araber hat die abendländische Wissenschaftsgeschichte nicht einmal zur Kenntnis genommen.

Wie können Wissenschaftshistoriker wie Fuat Sezgin wissen, dass die Araber die Kunst der Längengradbestimmung beherrschten? Eine wichtige Quelle sind die Werke von Sulaimān al-Mahrī. Er lebte von 1480 bis 1550, querte als Schiffskapitän und Navigator den Indischen Ozean und schrieb wichtige Bücher über das Navigieren auf hoher See. Damals kannten die arabisch-islamischen Seefahrer und Navigatoren, die für den Kurs ihrer Schiffe verantwortlich waren, zwar noch immer die herkömmliche astronomische Methode, Längendifferenzen mit Hilfe von Mondfinsternissen und der fortlaufend korrigierten «Gissung» zu messen, also der Schätzung nach Kurs und Distanz. Darauf mochten sie sich aber nun nicht mehr verlassen. Sulaimān al-Mahrī beschreibt, wie sie als vorzügliche Kenner der in ihrem Kulturkreis gepflegten Astronomie und Mathematik nun auch trigonometrische Verfahren einsetzten; sie maßen Distanzen auf hoher See mathematisch-astronomisch und unterschieden sorgfältig zwischen solchen mathematisch gewonnenen Werten (hisābī) und Erfahrungswerten (tadschrībī).

Um zumindest eine Ahnung davon zu geben, welch elaborierte Berechnungen arabisch-islamische Nautiker anstellten, sollen die verschiedenen Navigationsverfahren an dieser Stelle einmal genauer beschrieben werden.

Verfahren 1: Einfache Bestimmung von Breitengraden. Wenn ein Schiff in Nord-Süd-Richtung oder umgekehrt unterwegs war, musste der Nautiker Breitengrade ermitteln. Das war die erste und einfachste Messung. Dazu nutzte er den Polarstern und die Zirkumpolarsterne. Deren höchste und tiefste Positionen («obere und untere Kulminationshöhen») lieferten ihm erst am Ort der Abfahrt und dann unterwegs unterschiedliche Polhöhen. Aus der Differenz zwischen den beiden Messungen ergab sich der neue Breitengrad beziehungsweise die zurückgelegte Strecke, die in Grad oder nach dem Daumenmaß *isbaʿ* angegeben wurde.

Verfahren 2: Streckenmessung bei Fahrten quer zum Meridian. Wenn das Schiff nicht in strikt nord-südlicher Richtung, sondern schräg zum Meridian unterwegs war, ermittelte der Nautiker zunächst die Polhöhe des Abfahrtsortes. Dann war eine gewisse Strecke auf einem festgelegten Kurs zurückzulegen. Der Kurs musste sich dabei entweder nach einem der Weisungspunkte der in 32 Teile geteilten Kompassscheibe richten oder nach dem Auf- oder Untergangspunkt eines der bekannten 15 Fixsterne. Dann ermittelte der Nautiker wieder die Polhöhe. Die Differenz dieser Messungen lieferte ihm eine Seite und einen der beiden benachbarten Winkel eines rechtwinkligen Dreiecks. Die Hypotenuse, also die dem rechten Winkel gegenüberliegende Seite, war dann die Strecke, die ermittelt werden sollte.

Verfahren 3: Längengradbestimmung auf hoher See. Wenn Schiffe das Meer in Ost-West-Richtung oder umgekehrt querten, musste der Nautiker Distanzen zwischen Orten gleicher geografischer Breite an den Küsten ozeanischer Gewässer messen, mit anderen Worten: Es ging um Streckenmessung parallel zum Äquator, also um die anspruchsvolle Ermittlung von Längengraden. Der Navigator operierte zunächst, wie in Verfahren 2 beschrieben: Er fuhr eine gewisse Strecke schräg zum Meridian und maß diese aus. Dann schlug er (in einem bestimmten Winkel) einen neuen Kurs ein, der gegenläufig zur bisherigen Fahrtrichtung verlief – und zwar bis er genau die Polhöhe erreichte, die er beim Ablegen registriert hatte. Mit den eingehaltenen Kurswinkeln und der ermittelten Polhöhendifferenz simulierte der Navigator zwei rechtwinklige Dreiecke mit einer gemeinsamen Seite, die aus der ermittelten Polhöhendifferenz bestand. Um die Längendifferenz zwischen den beiden gegenüberliegenden Küstenpunkten zu errechnen, musste der Seefahrer das Kreuzen zwischen den beiden ermittelten Polhöhen nun so lange fortsetzen, bis er den gewünschten Küstenpunkt erreichte. Durch Addition der Basislängen der Dreiecke konnte er die Gesamtstrecke in Längenmaßen oder in Graden errechnen. Dieses Verfahren, *tiriffā* genannt, war im echten Sinn des Wortes eine Triangulation auf hoher See – rund fünfhundert Jahre, nachdem Abū ar-Raihān al-Bīrūnī ein Triangulationsverfahren auf dem Land angewendet hatte, um die Entfernung

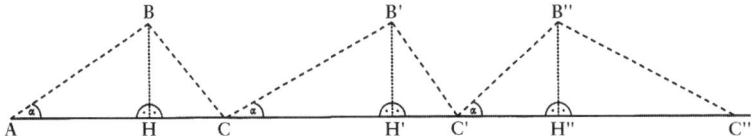

Methode zur Messung von Distanzen auf hoher See. Zunächst bestimmte der Nautiker die Breitengrade durch die Messung der Polhöhe. Nach Messung des Breitengrades am Punkt A wies er dem Schiff mit dem Winkel α die Richtung zu Punkt B, ermittelte den Breitengrad und darüber die Entfernung BH. Dann änderte das Schiff den Kurs und reiste nach C (am Breitengrad des Ausgangspunktes). Die Entfernung AC = AH + HC fand man auf trigonometrischem Wege und setzte die Triangulation bis zum erwünschten Zielort fort.

zweier Orte, damals Bagdad und Ghazna, auszumessen (siehe Kapitel 11).

Für den Umgang mit diesen Verfahren war außer gewissen astronomischen Kenntnissen die Beherrschung trigonometrischer Regeln erforderlich. Mit der Trigonometrie, die im arabisch-islamischen Kulturbereich weit entwickelt worden war und sich einer recht großen Verbreitung erfreute, konnte natürlich nicht jeder Seefahrer ohne Weiteres umgehen. Wem die Kenntnisse fehlten, der bestimmte die schräg zum Meridian zurückgelegten Strecken mit Hilfe von Tabellen. In ihren Büchern listeten die arabischen Nautiker lange Tabellen für kleine und große Distanzen im Indischen Ozean auf. Ihre Daten und Berechnungen stimmen mit heutigen Werten zum großen Teil sehr gut überein und zeugen von einer mathematischen Erfassung des Indischen Ozeans, die der Wirklichkeit erstaunlich nahekam; nur in wenig befahrenen Gebieten enthielten die Tabellen gröbere Fehler.

Vermessung riesiger Meeresstrecken

Wie erfolgreich die Nautiker bei ihren Entfernungsmessungen operierten, zeigt wiederum das Werk von Sulaimān al-Mahrī. Ein Abschnitt darin befasst sich ausschließlich mit Entfernungen zwischen der Ostküste Afrikas und den Inseln Sumatra und Java. Der Autor listet 60 Distanzangaben zwischen Kaps, Golfen, Inseln und Häfen im Indischen Ozean auf, die sich auf gleichen geografischen Breiten befinden. Die Daten erfassen den Indischen Ozean zwischen 4° 24' nördlicher und 5° 21' südlicher Breite und liefern uns rein nautischmathematisch ermittelte Koordinaten eines großen Teils dieses Meeres. Die damals gemessenen Werte sind erstaunlich realitätsnah. Natürlich gibt es einige Ausreißer, die aber an der Gesamtqualität der Daten kaum etwas ändern. Man muss sich klar machen: Hier wurden keine dichtbesiedelten Regionen vermessen und auch nicht die Erfahrungswerte von Tausenden von Schifffahrten entlang einer Küstenstrecke zusammengetragen, sondern wir sehen hier die Messwerte riesiger Strecken, die zwischen 5500 und 8000 Kilometern Länge auf offenem Meer betragen, also transozeanische Längendifferenzen von 50° bis 75°. Die erstaunlich exakten Zahlen (siehe Tabelle) kann man darum auch schwerlich als Zufallsresultate betrachten, wie es teilweise in der Wissenschaftsgeschichte geschah – zumal sich die Abweichungen erst nach Jahrhunderten herausstellten, als man im Abendland überhaupt in der Lage war, die Präzision dieser Messungen zu übertreffen.

Es sei noch hinzugefügt, dass es sich bei den arabisch-islamischen Nautikern auf dem Indischen Ozean einbürgerte, Entfernungen mit dem Längenmaß *zām* anzugeben, das 23 851 Metern entsprach. Dieses Längenmaß war ein Achtel der Strecke, die man innerhalb eines Tages und einer Nacht mit dem Schiff zurücklegen konnte; dieses

7. DIE KUNST DER ARABISCHEN SEEFAHRT 129

	Ort an der afrikanischen Küste	Ort an der Küste von Sumatra/Java	al-Mahrī					Heutige Werte				
			B	Distanz in zām	Distanz in Graden	B	L	B	L	B	Distanz in Graden	Abweichung
1	Muqbil Atoll (Mareek?)	Mākufāng (Meulaboh?)	4° 24'	234	50° 09'	3° 46'	47° 15'	4° 10'	96° 09'	48° 54'	+1° 15'
2	Murūtī	Fansur (Barus)	2° 47'	248	53° 09'	(2° 47')	46° 21'	2° 02'	98° 20'	51° 59'	+1° 10'
3	Barāwa	Priaman	1° 10'	264	56° 34'	1° 02'	44° 02'	s 0° 36'	100°	55° 58'	+0° 36'
4	Malawān (Imāma)	Indrapura	s 0° 30'	278	59° 34'	s 0° 03'	42° 44'	s 2° 02'	100° 56'	58° 12'	+1° 22'
5	Kitāwa (Pale Insel)	Sundabari (Sillebar?)	s 2° 07'	292	62° 34'	s 2° 04'	41° 05'	s 4° 10'	102° 20'	61° 15'	+1° 19
6	Mombasa	Sunda	s 3° 44'	306	65° 34'	s 4° 04'	39° 40'	s 6°	106°	66° 20'	-1° 14'
7	Al-Dschazīra al-Chadra' (Pemba)	Bali	s 5° 21'	317	67° 56'	(s 5° 21')	39° 44'	s 8°	115°	75° 16'	-7° 20'

Entfernungen zwischen Orten in Afrika und Südostasien (mit korrespondierenden Breitengraden) nach Sulaimān al-Mahrī, bezogen auf moderne Karten

Achtel bedeutete eine Fahrzeit von drei Stunden, wie arabische Quellen angeben. Wir können daraus schließen, dass die Schiffe auf dem Indischen Ozean pro Tag eine Strecke von rund 190 Kilometern zurücklegen konnten, also mit einer Durchschnittsgeschwindigkeit von knapp 5 Knoten fuhren. Für die Fahrt zwischen Ostafrika und Sumatra entlang des Äquators, eine Strecke von 6330 Kilometern, brauchten sie also etwa 32 Tage.

Wetter und Gezeiten

Natürlich gehörte auch die Wetterkunde, die Meteorologie, zu den wichtigen Fachgebieten, wenn es um die erfolgreiche Navigation auf hoher See ging – ein Thema, das wir hier nur am Rande streifen können. Schon im 9. Jahrhundert blühte die arabisch-islamische Meteorologie auf und brachte neue Verfahren und Erkenntnisse hervor. Das lässt sich an dem arabischen Mathematiker, Musiker, Astronomen und Naturphilosophen Yaʿqūb al-Kindī sehr gut sehen; sein latinisierter Name lautet «Alkindus». In seinen Schriften behandelt al-Kindī sämtliche Themen der aristotelischen Meteorologie zwar in Anlehnung an Aristoteles und dessen Schüler Theophrast, doch findet er für viele Probleme unabhängige und überaus originelle Erklärungen, etwa für die Entstehung der Winde. Hier zieht Yaʿqūb al-Kindī das Gesetz der Ausdehnung von Körpern bei Erwärmung heran und erklärt: «Die Luft strömt von der Region, in welcher [sie] sich [auf Grund von] Wärme ausdehnt, nach der Richtung derjenigen Region, wo sich [die Luft durch] Kälte zusammenzieht.»[4]

Wenn die Sonne über der nördlichen Erdkugel stehe, dehne sich dort die Luft wegen der Wärme aus und ströme nach Süden, wo sie sich auf Grund der dort herrschenden Kälte zusammenziehe. Deswegen wehten die meisten Winde im Sommer von Norden her, im Winter aber umgekehrt, es sei denn, dass wegen der topografischen Beschaffenheit eines Gebietes Richtungsänderungen einträten. Diese Erklärung al-Kindīs für die Entstehung der Winde und ihrer Richtung deckt sich weitgehend mit dem, was Meteorologen auch heute zu diesem Thema sagen.

Auch die Anfänge der modernen wissenschaftlichen Erklärung für die Entstehung von Ebbe und Flut sind wohl schon in der ersten Hälfte des 9. Jahrhunderts zu finden, und zwar bei dem Naturphilosophen ʿAmr ibn Bahr al-Dschāhiz. Die Gezeiten, so erklärte er, entsprächen dem Maß der Anziehung und Abstoßung des Mondes auf das Wasser. Einer seiner Nachfolger formulierte sogar noch präziser: «... dass sich der Mond zum Meer wie der Magnet zum Eisenstein verhält, welcher es zu sich heranzieht, wie auch immer er sich dreht und wendet».[5]

Selbstbewusste Nautiker

Von den großen Experten der Nautik auf dem Indischen Ozean weiß die Wissenschaftsgeschichte aus späteren osmanische Quellen, die Auszüge aus ihren Werken präsentieren. Vor Sulaimān al-Mahrī war das vor allem Ahmad ibn Mādschid, der etwas früher, in der ersten Hälfte des 15. Jahrhunderts, lebte. Ibn Mādschid begriff die Nautik als «eine gleichermaßen theoretische wie empirische Wissenschaft». Auch in seiner eigenen Person vereinte er Theorie und Empirie: Viele Jahre lang war er selbst als Seefahrer zwischen Arabien, Indien und Südostasien unterwegs. In seinen Büchern nennt er die Breitengrade von hunderten von Orten im Raum des Indischen Ozeans und tritt uns als souveräner, selbstbewusster Nautiker mit gründlicher Kenntnis der Astronomie entgegen, bewandert in vielen weiteren Wissensgebieten seiner Zeit. Grundlage seiner Nautik war der Gebrauch des Kompasses und die Orientierung am Nordstern und an verschiedenen Fixsternen.

Wie er bei seinen Messungen konkret vorging und welche Komponenten seine Nautik umfasste, erfahren wir vor allem von seinem jüngeren Fachkollegen Sulaimān al-Mahrī. Auch der betont, wie oben schon erwähnt, die wichtige Verbindung von Theorie und Empirie. Als richtig und vertrauenswürdig solle gelten, was erprobt werde und mit der Theorie übereinstimme. Interessant ist seine Idee eines evolutionären Fortschritts der Wissenschaften, die sehr modern anmutet: Zwar könnten die Grundlagen der Nautik als annähernd gesichert gelten, dennoch unterliege das Fach, besonders in seinen Details, einem Gesetz der Entwicklung.

Von einem sprechen die beiden großen Nautiker des Indischen Ozeans so gut wie gar nicht: von Karten. Dieser Umstand hat manchem Kartografiehistoriker als Argument dafür gedient, die Araber hätten dieses Hilfsmittel bei der Seefahrt nicht gekannt oder nicht besessen. Inzwischen können Forscher wie Fuat Sezgin sicher sagen, dass auch die präzise graduierte Karte zu den Werkzeugen der arabischen Nautik gehörte (siehe Kapitel 11 und 12).

Sternhöhenmessung zur See: Der Jakobsstab

Sowohl Ibn Mādschid wie al-Mahrī beherrschten die unverzichtbare Astronomie, und beide verfügten auf ihren Schiffen natürlich über die astronomischen Hauptinstrumente zur Sternhöhenmessung wie das Astrolabium und den Quadranten. Allerdings war das Astrolabium eher zum Gebrauch auf dem Festland geeignet. An Bord eines schwankenden Schiffes musste man bei Höhenmessungen mit Fehlern von bis zu 5° oder 6° rechnen. Daher zogen die Navigatoren

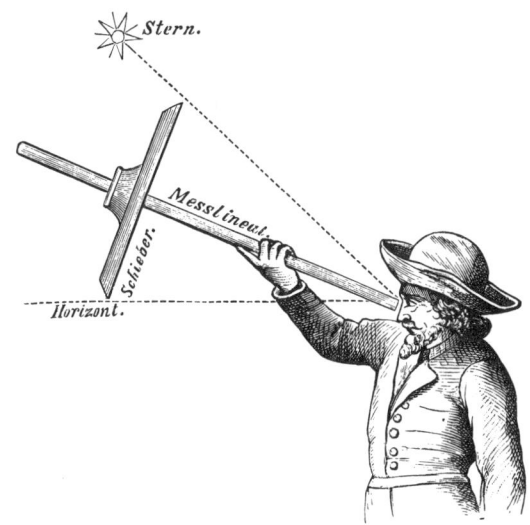

Benutzung des Jakobsstabs: Ein Navigator misst den Winkel zwischen einem Stern und dem Horizont.

andere Instrumente vor, besonders den Kompass und den Jakobsstab.

Von den Griechen beeinflusst, bedienten sich die arabischen Festland-Astronomen schon im 9. Jahrhundert zur Ermittlung der Höhe von Gestirnen eines Instrumentes mit dem Namen *dhāt asch-schuʿbatain* («Das mit den beiden Schenkeln»). Es wurde wahrscheinlich durch das genauere Astrolabium und andere neue Messvorrichtungen verdrängt. Größere Bedeutung erlangte es dann aber an Deck schwankender Schiffe bei der Ermittlung von Polhöhen. Auf Arabisch *chaschabāt* («Bretter») oder *hatabāt* («Holzplatten») genannt, erhielt es im Abendland die Bezeichnung Jakobsstab, wahrscheinlich in Anlehnung an den Wanderstab der Pilger entlang der Jakobswege. Der Jakobsstab bestand aus einem langen, in «Daumenbreiten» (*isbaʿ*) skalierten Stab und mehreren darauf verschiebbaren Querstäben. Um den Winkel zwischen einem Stern und dem Horizont zu messen, hielt der Navigator den langen Stab unter sein Auge und verschob den Querstab so lange, bis ein Ende den Horizont überdeckte und das andere den Stern. Die Skala am Längsstab zeigte ihm den Winkel an. Trigonometrische Berechnungen führten ihn zum Breitengrad nach der Polhöhe.

Der Kompass

Das zweite Hauptinstrument der Hochseenautik war der Kompass. Er diente den arabisch-islamischen Seefahrern auf dem Indischen Ozean nicht nur als Orientierungshilfe, sondern wurde auch eingesetzt, um Strecken auf hoher See zu ermitteln sowie Kartenmaterial zusammenzustellen und zu korrigieren. Arabische Quellen erlauben die Vermutung, dass arabische Seefahrer auf dem Indischen Ozean seit dem 10. oder sogar schon dem 9. Jahrhundert mit dem Kompass vertraut waren. Mit großer Wahrscheinlichkeit wanderte die Kenntnis der sich stets nach Norden ausrichtenden Magnetnadel als Orientierungsmittel von China aus in die muslimische Welt und wurde erst hier, bei der Nautik auf dem Indischen Ozean, systematisch für die Seefahrt eingesetzt.

Zwei verbreitete frühe Kompasstypen sind der Fischkompass und der Schwimmkompass. Der erste Name erklärt sich dadurch, dass eine herkömmliche Kompassnadel im arabisch-islamischen Kulturkreis wahrscheinlich meist die Form eines magnetisierten Fisches hatte. Dieser wurde in ein Gefäß mit Wasser gelegt und richtete sich in Nord-Süd-Richtung aus.

Von dem jemenitischen Herrscher al-Malik al-Aschraf, der sich im 13. Jahrhundert mit Astronomie, Medizin und Genealogie befasste, ist eine Schrift mit der Beschreibung eines recht weit entwickelten Schwimmkompasses erhalten: In einem runden, mit Wasser gefüllten Gefäß wird die Magnetnadel von einem leichten, mit Wachs oder Pech imprägnierten Stäbchen aus Feigenholz in der Art getragen,

a) Fischkompass. Wahrscheinlich hatte eine herkömmliche Kompassnadel im arabisch-islamischen Kulturkreis meist die Form eines magnetisierten Fisches. Dieser wurde in ein Gefäß mit Wasser gelegt und richtete sich in Nord-Süd-Richtung aus.

b) Schwimmkompass von al-Malik al-Aschraf

dass beide in ihrer Mitte in Kreuzform miteinander verbunden werden. Der Rand des Gefäßes ist in vier Abschnitte mit je 90 Grad geteilt, wobei jeder fünfte Grad durch einen Strich hervorgehoben wird. Mit einem Kompass dieser Art will al-Malik al-Aschraf auch Berechnungen des Horizontalwinkels (Azimut) vorgenommen haben, eigentlich eine Aufgabe des Astrolabiums.

Der Kompass verdrängte das ältere Orientierungssystem nach Fixsternen jedoch nicht vollständig, sondern vervollkommnete und erweiterte es. Die 32er-Teilung der Horizontebene des alten Systems, die wir oben schon kurz angeschnitten haben, wurde beibehalten und durch die Teilung in 360 Grad ergänzt.

Wer mit dem Kompass sicher navigieren möchte, muss sich der sogenannten Deklination bewusst sein, in der Nautik auch «Missweisung» oder «Ortsmissweisung» genannt: Ein Kompass zeigt zum magnetischen Pol der Erde, der aber mit dem geografischen Pol nicht identisch ist, denn Magnetpol und Erdpol liegen rund 1600 Kilometer voneinander entfernt – ein Abstand, der sich jährlich um mehrere Kilometer verändert. Zudem ist die Abweichung der Kompassnadel vom Ort abhängig, an dem man sich befindet. Als «Deklination» definiert man nun den Winkel zwischen der Richtung auf den geografischen Nordpol und der Richtung der magnetischen Feldlinien am Beobachtungsort. Nicht ganz sicheren Quellen lässt sich entnehmen, dass mindestens die beiden großen Nautiker Ibn Mādschid und Sulaimān al-Mahrī die Deklination der Magnetnadel kannten. Die Annahme wird dadurch gestützt, dass der osmanische Admiral Sidi ʿAlī, der im 16. Jahrhundert die Werke der beiden Nautiker zusammenfasste, sich mit der Abweichung vertraut zeigte und sie für Istanbul mit 7° bestimmte.

Die höchste Entwicklungsstufe des Kompasses findet sich im Indischen Ozean und wurde wahrscheinlich von Ibn Mādschid entwickelt. Ihre Aufhängung mit Hilfe eines Kupferrings folgt einem Prinzip, dessen Erfindung das Abendland später für sich reklamierte und als «kardanische Aufhängung» bezeichnete. Wir kommen gleich darauf zu sprechen.

Die arabischen Nautiker haben viel darüber geschrieben, wie sie den Kompass praktisch verwendeten – und über seinen Bau und seine Form weitgehend geschwiegen. Allerdings schließen, wie wir im folgenden Kapitel sehen werden, portugiesische Quellen diese Lücke, indem sie anschaulich über die verschiedenen Kompass-Typen unterrichten.

8. Die arabische Nautik und der Westen

«Als ihm Vasco da Gama das große hölzerne und andere, metallene Astrolabe zeigte, mit welchen er die Sonnenhöhe aufnahm, wunderte sich der Maure gar nicht darüber, sondern sagte, einige Steuermänner auf dem Rothen Meer bedienten sich dreieckiger Instrumente von Blech und Quadranten, ... er aber und die Seeleute von Cambaya und ganz Indien nähmen ... ihre Entfernung ... mit einem anderen Instrumente auf ... Dieses zeigte er ihm auch sogleich, und es bestand aus drei Platten.» *Der portugiesische Historiker João de Barros (1496–1570) über die Begegnung Vasco da Gamas mit dem muslimischen Seemann Malemo Caná*

Seit Jahrhunderten hält die abendländische Geschichtsschreibung an der Idee fest, die Portugiesen der frühen Neuzeit hätten ihre Seefahrerkünste und ihre detaillierten Karten von Afrika und dem Indischen Ozean in kürzester Zeit aus dem Nichts hervorgebracht. Es ist ohne Zweifel beachtenswert, dass das kleine Volk der Portugiesen, kaum dass es als Seemacht auf der Weltbühne erschienen war, eine Reihe nautischer Bücher publizierte und sich um die kartografische Darstellung Afrikas und des Indischen Ozeans verdient machte. Doch ohne Vorgänger geschah das nicht.

Schon im 15. Jahrhundert hatte die arabisch-islamische Nautik ein beachtliches Niveau erreicht. Eine vergleichbare Präzision der Berechnungen erzielte die europäische Seefahrt erst in der ersten Hälfte des 20. Jahrhunderts. Portugiesen und andere Europäer, die im 16. Jahrhundert den Indischen Ozean erreichten, konnten über die entwickelten Karten und die Kenntnisse und Methoden der muslimischen Nautiker wohl nur staunen. Ob es um die Bestimmung der geografischen Breite aus der Sonnenhöhe ging, um die Bestimmung der Polhöhe aus der Beobachtung des Polarsterns, um Schätzverfahren, mit deren Hilfe sich die zurückgelegte Strecke eines Schiffes messen ließ oder um verschiedenste nautische Tabellen – die weit entwickelte arabisch-islamische Nautik gab der europäischen Seefahrt vom 13. bis in das 18. Jahrhundert entscheidende Impulse.

Sogar einer der wichtigsten Schiffstypen des 15. Jahrhunderts gelangte wohl durch arabische Vermittlung nach Westeuropa: Die Karavelle ging wahrscheinlich aus der maghrebinischen Küstenfischerei hervor (arabisch *qarīb* bezeichnete ein kleines Küstenboot). Das von dreieckigen sogenannten «Lateiner-Segeln» bestimmte Rigg lässt sich seit dem 9. Jahrhundert belegen und ist ein Meilenstein in der Geschichte des Segelns, erlaubte es doch ein Manövrieren härter am Wind als die Rahtakelung.

Breitenbestimmung und nautische Tabellen aus arabischer Hand

«Wenn die Sonne in den südlichen Zeichen steht, welches sind Libra, Scorpio, Sagitari, Capricomo, Aquario und Pisces, und ist es zwischen dem 14. September und dem 11. März, so musst du wie folgt verfahren: Du nimmst die Sonnenhöhe, wie ich es schon gesagt habe, suchst in der Tafel die Deklination für den (Beobachtungs-)Tag. Alsdann addiere diese beiden Zahlen und ziehe sie von 90° ab; der Rest ist deine Entfernung vom Äquator. Am 10. November hast du die Höhe von 35°. Fügst du 19° 35' hinzu, welches die Deklination ist für den 27. Grad des Scorpions, so erhältst du 54° 35'. Wenn du diese von 90° abziehst, folgt 35° 25'.»[6]

So lautet die Anleitung in einer portugiesischen Schrift aus dem 16. Jahrhundert. Wissenschaftshistoriker waren lange der Ansicht, Texte wie dieser bewiesen, dass die darin beschriebenen nautischen Verfahren von den Portugiesen entwickelt worden seien. Doch war die Ermittlung der geografischen Breite aus der Sonnenhöhe ein geläufiges Verfahren viel früherer arabischer Seefahrer. Arabische Astronomen hatten es von den Griechen übernommen. Der Breitengrad von 34° 25', den die portugiesische Anleitung als Beispiel nimmt, deutet zudem auf eine Messung im nordafrikanischen Raum hin. Es handelt sich bei dem Zitat vermutlich um die Übernahme einer nicht genannten arabischen Quelle.

Auch die Tabellen der Sonnendeklination, die aus portugiesischer Hand erhalten sind, machen einen arabisch-islamischen Einfluss mehr als wahrscheinlich. Wofür wurden solche Tabellen gebraucht? Landläufig spricht man davon, dass die Sonne im Osten aufgeht, ihren höchsten Stand im Süden erreicht und im Westen untergeht. Doch eigentlich trifft dies nur auf zwei Tage des Jahres zu, nämlich den 21. März und den 23. September. Nur dann befindet sich die Sonne genau auf dem Himmelsäquator. Als «Deklination» wird nun der Winkelabstand der Sonne vom Himmelsäquator an allen anderen Tagen des Jahres bezeichnet. Weil sich der Wert der Deklination mit jedem Tag verändert, brauchte ein Nautiker auf hoher See zusätzlich zu Messinstrumenten und Karten auch Deklinationstafeln der Sonne. Mit ihrer Hilfe konnte er dann seine Position bei Seefahrten entlang der Küsten in südlicher oder nördlicher Richtung bestimmen.

Die im Anschluss an Ptolemäus von den Arabern entwickelten Tabellen waren sehr fein ausgearbeitet und detailliert. Derartige Tabellen gab es in Portugal zu Beginn der portugiesischen Indienfahrten noch nicht. Stattdessen verwendeten die Seeleute vereinfachte Tafeln mit abgerundeten Zahlen. Eine solche begegnet uns beispielsweise in den frühesten portugiesischen Schriften zur Nautik und sie zeigt, dass auch diese einfachen Tafeln arabischen Ursprungs waren: Diese spezielle Tafel stammt aus dem ursprünglich auf Hebräisch verfassten *Almanach perpetuum* von Abraham Zacuto. Um 1450 geboren, war er der letzte und größte jüdische Astronom und Mathematiker, der in arabisch-spanischer Tradition stand. Er muss die Deklinationstafel aus einer älteren Schrift übernommen haben. Die frühen portugiesischen Deklinationstafeln waren also letztlich popularisierte Übernahmen der Tafeln von Ibrāhīm az-Zarqālī, den wir als hervorragenden Astronomen des 11. Jahrhunderts kennengelernt haben.

Portugiesen segeln mit dem Polarstern

Portugiesische und spanische Schriften zur astronomischen Nautik beschreiben ausführlich, mit welchen Verfahren sich die Polhöhe aus der Beobachtung des Polarsternes ermitteln ließ. Dabei stützten sie sich auf ein Verfahrensprinzip, das den arabischen Astronomen seit dem 9. Jahrhundert wohlvertraut war: Man ermittelte die obere und untere Kulmination des Polarsterns und setzte die Polhöhe in den Mittelpunkt. Ebenso verfuhren dann auch die portugiesischen Seefahrer. Interessanterweise sind die portugiesischen Termini für den Polarstern und dessen Abstand zum Pol persischen Ursprungs. Auch lassen sich in den portugiesischen Schriften immer wieder Daten finden, die nicht auf aktuellen Neuberechnungen basieren können, sondern aus einem älteren arabischen Einfluss stammen müssen. In der Summe zeigt alles dies: Die Portugiesen stützten ihre Polhöhenbestimmung auf ein Verfahren, das ursprünglich auf Werke von al-

Chwārizmī und al-Battānī zurückgeht, die durch Übersetzungen ins Abendland gelangt waren.

Die frühen portugiesischen Schriften enthalten auch Tabellen mit Dutzenden von Breitengraden, die sich von der Insel São Tomé an der südlichen Westküste Afrikas bis hinauf zum Kap Finisterre erstrecken. Teilweise beziehen sich die aufgelisteten Breitengrade nicht nur auf Westafrika nördlich des Äquators, sondern auch auf den südlichen Teil Westafrikas sowie auf Gebiete Südasiens bis zum Süden des Malaiischen Archipels. Es wäre sicher ungerecht, wollte man behaupten, die portugiesischen Seefahrer und Nautiker seien Ende des 15. Jahrhunderts nicht in der Lage gewesen, den Breitengrad eines Ortes mit einer gewissen Genauigkeit zu ermitteln. Doch bleiben wir realistisch: Die portugiesischen Seefahrer hatten weder die Absicht noch ausreichend Zeit dazu, die Breitengrade markanter Inseln, Kaps und Flussmündungen an den Küsten von Afrika und Südasien sowie südostasiatischer Archipele zu bestimmen. Ihre Aufgabe bestand darin, zuvor festgelegte geografische Ziele zu erreichen. Wir müssen davon ausgehen, dass die Portugiesen ihre später euphemistisch als «Entdeckungsreisen» bezeichneten Fahrten mit Hilfe von Karten unternahmen, die sie bereits in den Händen hielten, weil andere sie zuvor erstellt hatten. Diese Karten waren mindestens bis Ostindien so genau, dass keine Notwendigkeit bestand, sie nachzumessen und zu verbessern (mehr zum Thema Karten ab Kapitel 10).

Nur gelegentlich überprüften die abendländischen Seefahrer ihren Standort, wenn sie mit dem Festland oder mit Inseln in Berührung kamen. Eine interessante Schilderung finden wir in den *Décadas da Ásia* («Dekaden von Asien»), einer Geschichte der Portugiesen in Indien und Asien, geschrieben von einem der ersten großen portugiesischen Historiker, João de Barros (ca. 1490–1570). Anschaulich erzählt de Barros, wie der berühmte portugiesische Seefahrer Vasco da Gama – sicherlich nicht als einziger Seefahrer jener Zeit – vorging, um auf offener See eine Höhenmessung vorzunehmen: «Vasco ist im Dezember 1497 sechs Monate nach seiner Abreise von Lissabon in der St. Helena-Bucht vor Anker gegangen, um eine Sonnenhöhe zu nehmen, denn da die Seeleute dieses Reiches bei diesem Gewerbe der Schifffahrt sich des Astrolabiums erst seit kurzer Zeit bedienten und die Schiffe klein waren, so traute er sich nicht wegen ihres Schwankens die Messung an Bord auszuführen, besonders mit einem Astrolabium von Holz von 3 Palmo (= 66 Zentimeter) Durchmesser, das man nach Art eines Kranes auf drei Pfähle aufhing, um die Sonnenlinie besser bestimmen und die wahre Höhe der betreffenden Orte richtiger und genauer feststellen zu können, obwohl sie auch kleinere von Messing hatten.»[7]

Die Unsicherheit der abendländischen Seefahrer schlug sich in stark fehlerbehafteten Messungen nieder, wie sich später am Beispiel von Christoph Kolumbus eindrucksvoll zeigen lässt.

Schätzung der zurückgelegten Strecke

Schauen wir ein weiteres nautisches Verfahren an, das für die sichere Navigation unerlässlich war, aber eben von den Portugiesen nicht erfunden, sondern übernommen wurde: die Schätzung einer von einem Schiff zurückgelegten Strecke. In frühen portugiesischen Schriften zur astronomischen Nautik finden sich Leitfäden für den Umgang mit einer sogenannten «Strichrose».

In den erhaltenen Leitfäden aus dem 15. und 16. Jahrhundert fällt zum einen auf, dass hier das Längenmaß der *legua* (das laut Fuat Sezgin wahrscheinlich auf arabisch-persische Einflüsse zurückgeht) der «Meile» vorgezogen wird. Die zweite Auffälligkeit betrifft die Strichrose selbst: Wie kommt es bei diesen Strichrosen zu einer Einteilung des Kreises in 32 Teile wie bei einem Kompass? Windrosen

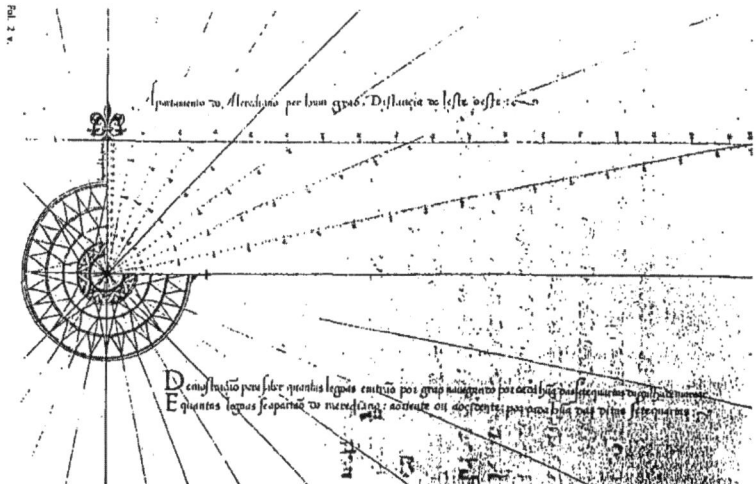

Strichrose des portugiesischen Kartografen Bartolomeu Velho in seiner Cosmografia von 1561

können hier nicht dargestellt sein, denn die wurden in 8 Abschnitte eingeteilt. Auffällig ist schließlich auch, dass zum Beispiel Andrea Bianco in seiner Kartensammlung von 1436 zwar Figuren mit Kreisen und Winkeln zeigt, die auf trigonometrische Berechnungsverfahren hinweisen, dann aber weder solche Verfahren noch die dazu notwendigen Tabellen aufführt. Statt dessen stellt er den Nutzern seiner Schrift eine Tabelle zur Verfügung, für deren Gebrauch es reicht, multiplizieren und dividieren zu können.

Alles das lässt sich ohne den arabisch-islamischen Ursprung dieses Wissens nicht erklären. Das Berechnungsverfahren, das den frühen abendländischen Tabellen und Abbildungen zugrunde liegt, ist natürlich nichts anderes als die *tiriffā* genannte Methode der arabisch-islamischen Nautiker zur Ermittlung von schräg zum Meridian verlaufenden Distanzen, die wir im vorigen Kapitel vorgestellt haben. Und die Teilung der Strichrose in 32 Teile geht natürlich auch auf arabische Nautiker zurück; wir haben den Grund dafür weiter oben beim Thema «Segeln nach den Sternen» kennengelernt.

Der Längengrad, die große Unbekannte

Gänzlich verschlossen blieb den Portugiesen die vielleicht bedeutendste Errungenschaft der arabisch-islamischen Nautik: die Ermittlung transozeanischer Längendifferenzen. Ihre astronomische Nautik beschränkte sich anfangs ausschließlich auf die Breitenbestimmung und ließ Längenbestimmungen völlig außer Acht. Das stellte zunächst auch kein Problem dar, denn die Route ihrer Entdeckungen längs der Westküste Afrikas verlief fast nur in Nord-Süd-Richtung.

Interessanterweise gelangte das oben beschriebene arabische Verfahren der Distanzmessung schräg zum Meridian durchaus nach Europa: Es wurde *toleta de marteloio* genannt und erreichte Italien im 15. Jahrhundert. Die Portugiesen haben dieses Verfahren wohl auch gekannt, doch fehlten ihnen anscheinend die notwendigen trigonometrischen Kenntnisse, um es theoretisch zu durchdringen und praktisch anzuwenden. Wie wenig die Portugiesen mit diesem Verfahren anfangen konnten, zeigt eine Messung, die Andrés de San Martin, der Pilot von Ferdinand Magellan, Quellen zufolge am 17. Dezember 1519 vorgenommen haben soll, und zwar bei einer Beobachtung der Konjunktion des Mondes mit dem Jupiter vor der Bucht von Rio de Janeiro. Das groteske Resultat ergab eine Längendifferenz zwischen Rio de Janeiro und Sevilla von 270° – tatsächlich sind es um die 37°. Dieser Vorfall zeigt deutlich: Wenn es darum ging, die eigene geografische Position zu ermitteln, beherrschten die Portugiesen gerade einmal die Bestimmung von Breitengraden aus der Sonnenhöhe. Das seit Jahrhunderten in der islamischen Welt immer erfolgreicher angewendete Verfahren, großräumige Längendifferenzen weitgehend genau zu bestimmen, war ihnen noch im 16. Jahrhundert gänzlich unbekannt und die portugiesischen Navigationsbücher aus der ersten Hälfte des 16. Jahrhunderts erwähnen auch keine Experimente in diese Richtung. Vor diesem Hintergrund ist es völlig unmöglich, dass die portugiesischen Seefahrer die Schöpfer jener perfekten Karten Afrikas und des Indischen Ozeans gewesen sein können, von denen oben schon kurz die Rede war. Die frühesten angeblich portugiesischen Karten von Afrika und dem Indischen Ozean sind älter als die älteste aus Portugal bekannte Zusammenstellung von astronomischen Problemen der Nautik. Selbst wenn man annimmt, dass es eine wissenschaftliche Nautik bei den Portugiesen schon gab, bevor darüber Texte geschrieben wurden, bliebe rätselhaft, wie schon so kurz nach den ersten portugiesischen Seefahrten in Richtung Afrika und Indischer Ozean Karten von bestechender Genauigkeit entstanden sein sollen.

Es gibt eine einfache Erklärung, warum weder die portugiesischen Herrscher noch ihre Mathematiker oder Seefahrer vor dem Problem standen, Karten Afrikas und des Indischen Ozeans zu erstellen (für die sie unter anderem auch Längengrade hätten messen können müssen): Sie wussten, dass, wenn sie erst einmal die Südostküste Afrikas erreicht hatten, erfahrene einheimische Lotsen auf sie warten und sie mit guten Instrumenten und geeigneten Karten weiterführen würden.

Lassen wir an dieser Stelle ein Zitat des berühmten Naturforschers Alexander von Humboldt auf uns wirken. Bis heute klingt fast revolutionär, was er von den Seefahrern der Insel Mallorca berichtet, die «seit dem dreizehnten Jahrhundert der Mittelpunkt aller wissenschaftlichen Kenntnisse in der schwierigen Kunst des Seefahrens» gewesen sei. Alexander von Humboldt wusste, «dass die Majorkaner und Catalonier sich der cartes de marear schon lange vor dem Jahre 1286 bedienten; dass man zu Majorka Instrumente verfertigte, ohne

Zweifel zwar noch sehr unvollkommen, die aber zur Bestimmung der Zeit und Polhöhe der Oerter an Bord der Schiffe dienten,» und dass sich von hier aus «die Kenntnisse, die ursprünglich von den Arabern entlehnt waren, zu den gesamten Anwohnern des Beckens des Mittelländischen Meeres» verbreiteten.

Die Übernahme von Jakobsstab und Quadrant

Zeichnen wir nun den Weg wichtiger nautischer Instrumente und Verfahren von Ost nach West nach.

Jakobsstab. Schon im vorhergehenden Kapitel haben wir den Jakobsstab kennengelernt, den die arabischen Nautiker auf dem Indischen Ozean benutzten. Bei den Portugiesen wurde dieses Instrument nun unter dem Namen *balestilha* bekannt. Lange hat die abendländische Wissenschaftsgeschichte gelehrt, der Jakobsstab sei eine Erfindung des jüdischen Astronomen, Mathematikers und Talmud-Gelehrten Levi ben Gerson (1288–1344) gewesen, der auch unter dem Namen Gersonides bekannt ist. Oft wurde die Erfindung auch dem spätmittelalterlichen Mathematiker, Astronomen und Verleger Johannes Regiomontanus (1436–1476) zugeschrieben. Beides ist nach heutiger Kenntnis falsch. Wissenschaftshistoriker haben bislang nicht den geringsten Anhaltspunkt für die Vermutung, dass die portugiesische Seefahrt den Jakobsstab verwendet hätte, bevor sie in direkten Kontakt mit der arabischen Nautik auf dem Indischen Ozean kam.

In seinen «Dekaden von Asien» schreibt João de Barros auch über die Begegnung Vasco da Gamas mit dem arabischen Seemann Malemo Caná an der Südostküste Afrikas. Der Muslim sei in den Dienst des Portugiesen getreten: «Als ihm Vasco da Gama das große hölzerne und andere, metallene Astrolabe zeigte, mit welchen er die Sonnenhöhe aufnahm, wunderte sich der Maure gar nicht darüber, sondern sagte, einige Steuermänner auf dem Rothen Meer bedienten sich dreieckiger Instrumente von Blech und Quadranten, mit denen sie die Höhe der Sonne und namentlich des Sterns aufnähmen, den sie besonders zur Schifffahrt brauchten, er aber und die Seeleute von Cambaya und ganz Indien nähmen, weil ihre Schifffahrt sich sowohl nach gewissen Sternen, von Nord nach Süd, als auch nach anderen großen Sternen, welche von Ost nach West über den Himmel ziehen, richtete, ihre Entfernung nicht mit ähnlichen, sondern mit einem anderen Instrumente auf, dessen er sich bediente. Dieses zeigte er ihm auch sogleich, und es bestand aus drei Platten.»[8] Der Name Malemo leitet sich übrigens von dem arabischen Wort *muʻallim* ab, das «Meister» bedeutet – als solche also empfanden die portugiesischen Seeleute ihre arabischen Kollegen auf hoher See.

Wissenschaftshistoriker wissen, dass die portugiesischen Seefahrer auf dem Indischen Ozean nach Vasco da Gama noch für mindestens zwei Jahrzehnte auf einheimische Lotsen angewiesen waren, denn ohne die *balestilha* ging es nicht – selbst wenn man Seekarten und andere Navigationsinstrumente besaß. Ab wann genau die Portugiesen das Instrument selbst zu verwenden wussten, ist zur Zeit noch unbekannt.

Springen wir an dieser Stelle noch einmal zurück zur Astronomie: Interessant in diesem Zusammenhang ist nämlich, dass der spätmittelalterliche Gelehrte Johannes Regiomontanus den Durchmesser des im Jahre 1472 erschienenen «Großen Kometen» nicht mit einem Astrolabium oder Quadranten, sondern mittels eines Jakobsstabs gemessen hat, der in 210 Teile skaliert war. In europäischen astronomischen Kreisen war diese Teilung unbekannt. Sie führt uns zu dem arabischen Längenmaß der Daumenbreite – *isbaʻ*. Dieses Maß war aus der Teilung des Kreises in 210 Teile entstanden, und wir kennen es gut von den arabisch-islamischen Nautikern im Indischen Ozean. Offenbar hat Regiomontanus schon vor den portugiesischen Expeditionen davon erfahren.

Davis-Quadrant. Der Jakobsstab wurde von John Davis (1550–1605) Anfang des 17. Jahrhunderts zu einem Gerät weiterentwickelt, das nach ihm die Bezeichnung «Davis-Quadrant» erhielt. Dieses verbesserte Instrument erwies sich als besonders praktisch: Mithilfe eines Davis-Quadranten wird, mit der Sonne im Rücken, der Horizont über das größere Kreissegment so anvisiert, dass der Lichteinfall über dem kleineren Segment damit genau übereinstimmt. Addiert man nun die beiden auf den Segmenten abzulesenden Winkelangaben, so erhält man den Höhenwinkel des jeweiligen Gestirns.

Der Quadrant. Diego Gomes aus Sintra ist der erste Portugiese, der 1462 erwähnt, er habe auf See einen Quadranten verwendet – bei der ältesten bekannten Polhöhenmessung der Portugiesen. Wenig glaubwürdig ist allerdings eine Tagebuchnotiz von Kolumbus, in der es heißt: «Ich habe die während meiner Fahrten südlich von Lissabon in Richtung Guinea verfolgte Route sorgfältig registriert. Gleichfalls habe ich öfter die Sonnenhöhe mittels Quadrant und weiterer Instrumente ermittelt und habe festgestellt, dass die Resultate mit denen des Alfragan (al-Farghānī) übereinstimmten, das heißt dass jeder Grad 56 2/3 Meilen beträgt. Wir können sagen, dass der Umfang der Erde im Äquator 20 400 Meilen ist.»[9]

Wie die meisten Aussagen von Kolumbus zu seinen astronomischen Beobachtungen kann auch diese Notiz nicht mit der Wirklichkeit in Einklang gebracht werden, sondern zeigt deutlich, dass Begriffe wie «Länge des Äquators» und «Messung der Sonnenhöhe» bei abendländischen Seefahrern gegen Ende des 15. Jahrhunderts und auch bei Kolumbus immer noch unverdautes, fremdes Gut wa-

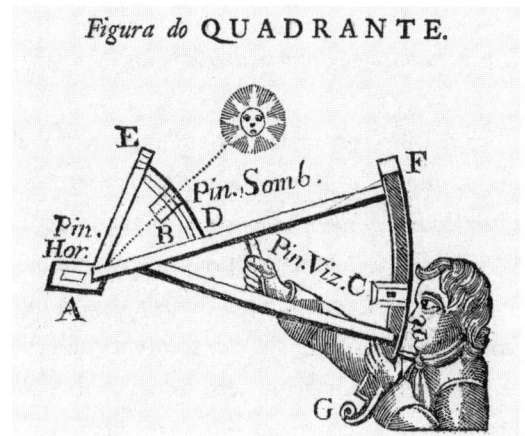

Nutzung des Davis-Quadranten. Skizze aus A. Wakeley: A Agulha de marear rectificada, London 1762

ren. Technisch ist es nämlich nicht möglich, was Kolumbus hier angeblich gemacht hat: mit einem Quadranten oder anderen Instrumenten auf einem schwankenden Schiff die Sonnenhöhe zu messen und dann, gestützt auf die Schätzung der zurückgelegten Strecke, die Länge eines Meridiangrades zu errechnen, um dann genau wie al-Farghānī auf 56 2/3 Meilen zu kommen.

In einer weiteren Tagebuchnotiz bezieht sich Kolumbus auf Beobachtungen des Portugiesen Bartolomeu Dias, der 1487/88 als erster Europäer die Südspitze Afrikas umsegelt hatte. Laut Kolumbus besaß Bartolomeu Dias auf seiner Fahrt ein Astrolabium, mit dem er die Sonnenhöhe maß. Dabei ermittelte er die Breite des Kaps der Guten Hoffnung mit −45°, also um rund 11° zu weit südlich. Das zeigt, dass er noch weit davon entfernt war, mit Hilfe eines Astrolabiums einigermaßen annehmbare Breitengrade messen zu können. Interessanterweise deutet Kolumbus auch an, Bartolomeu sei bei seiner Westafrikafahrt mit einer vorhandenen Seekarte unterwegs gewesen; deren Herkunft bleibt allerdings unerwähnt.

Der Kompass gelangt in den Westen

Auch der Kompass hat Europa mit großer Wahrscheinlichkeit durch den Kontakt der Kreuzfahrer mit dem arabisch-islamischen Kulturraum erreicht. Den Arabern wird allerdings in der abendländischen Wissenschaftsgeschichtsschreibung wieder einmal nur die Rolle von «Vermittlern» zugestanden, wurde der Kompass doch in China erfunden. Die arabischen Weiterentwicklungen bleiben bei den meisten Wissenschaftshistorikern unerwähnt. Dass abendländische Seefahrer und Gelehrte den Kompass über die Araber kennenlernten, legt ein 1270 verfasstes Sendschreiben von Petrus Peregrinus de Maricourt nahe. Dieser französische Gelehrte hatte nicht nur an einem Kreuzzug teilgenommen, sondern auch die Belagerung des heutigen Lucera in Apulien im Jahr 1269 miterlebt; eben hier hatte gut vier Jahrzehnte zuvor Friedrich II. seine arabische Leibwache aus Sizilien angesiedelt. Petrus Peregrinus beschäftigte sich in seinem Sendschreiben nun mit einer Reihe von Themen wie etwa dem physikalischen Magnetismus, dem Trägheitsgesetz sowie Fragen der Optik, Astronomie und Chemie. Alle diese Themen lassen sich unschwer in arabischen Texten wiederfinden. Das gilt auch für die beiden Kompasstypen, die Peregrinus in einem Brief an einen Freund beschreibt: einen Schwimmkompass und einen Nadelkompass.

Ebenfalls über Süditalien scheint im 15. Jahrhundert auch der weiterentwickelte Kompass der arabischen Nautik auf dem Indischen Ozean nach Europa gelangt zu sein. Der älteste portugiesische Bericht darüber geht auf Vasco da Gama zurück. Überrascht erzählt er, dass die arabischen Seefahrer «Magnetnadeln nach Art der Genuesen» neben Quadranten und Seekarten verwendeten. Der fortgeschrittene arabische Kompasstyp hatte Europa also schon vor der ersten portugiesischen Expedition erreicht.

Die eindrucksvollste und ausführlichste Beschreibung der Kompasstypen, die portugiesische Seefahrer bei ihren arabischen Kollegen auf dem Indischen Ozean kennenlernten, hinterließ der portugiesische Historiker Hieronymus Osorius (1506–1580). Er informiert uns sogar über die drei wichtigsten Entwicklungsstufen des Kompasses. Seine Angaben haben eine vollständige Rekonstruktion aller drei Typen ermöglicht.

Der erste Typ mutet schon ganz modern an. Er besteht aus einer auf einen Stift gesetzten Nadel in einem runden, von einem Glasdeckel abgeschlossenen Gefäß. Die zweite Entwicklungsstufe des Kompasses, «mit dem sie noch genauer den Kurs halten konnten», beschreibt Osorius so: «Aus Eisendraht machen sie nun eine Figur mit gleichen Seiten, aber ungleichen Winkeln, in Form eines deformierten Rhombus. Daran kleben sie von oben und von unten je ein kreisrundes Stück Pappe (carta). Mit der hinzugefügten Kraft des Magneten richten sie die Figur so ein, dass einer der spitzen Winkel nach Norden, der andere nach Süden zeigt, und von den stumpfen Winkeln der eine nach Osten und der andere nach Westen. Die Länge des Durchmessers dieser Scheibe (orbis) überschreitet nicht die Länge der [rhombischen] Figur. Die Scheibe hat nun in ihrer Mitte einen kupfernen Nabel, der so gemacht ist, wie wir es von der Mitte der regula gesagt haben. Durch jenen Nabel wird die Spitze des Stiftes gesteckt und hält so die Scheibe in der Schwebe, die nicht nur wie jene regula funktioniert, über die wir gesprochen haben, sondern auch die Richtungen aller Winde, durch die die Schiffe getrieben werden, optisch zeigt. Auf der oberen Pappe werden nämlich Norden, Süden, Osten, Westen und die Richtungen dazwischen genauestens eingezeichnet (describuntur).»[10]

In der Regel hat dieser Kompasstyp einen Glasdeckel mit graviertem Messingkranz und eine beschriftete Pappscheibe. Die Scheibe ist mit 32 Weisungspunkten im Abstand von 11°25' markiert, die

a) Einer der frühen Kompasstypen der arabisch-islamischen Nautiker auf dem Indischen Ozean

b) Der weiterentwickelte Kompass aus dem Indischen Ozean

die ungefähren Auf- und Untergänge von 15 Fixsternen und die beiden Pole anzeigen. Unter der Pappscheibe ist ein fischförmig gebogener Eisendraht drehbar auf einem senkrechten Messingdorn befestigt.

Der dritte und am weitesten entwickelte Kompasstyp blieb in Europa sogar bis zum 19. Jahrhundert in Umlauf – bis im 20. Jahrhundert die Magnetnadel von der Kartonscheibe getrennt und auf einen Stift oberhalb der Scheibe gesetzt wurde. Mit großer Wahrscheinlichkeit standen Kolumbus mehrere Kompasstypen zur Verfügung, darunter wohl auch solche mit «kardanischer» Aufhängung. Das wichtigste Merkmal dieses dritten Kompasstyps bestand darin, die gesamte 32-teilige Kompassscheibe so zu lagern, dass sie sich mit der von unten daran befestigten Magnetnadel drehte. Dafür hängte man das gesamte, die Scheibe mit der Magnetnadel tragende Gefäß in eine zylindrische Vorrichtung. Man nannte dieses System «kardanisch» nach dem italienischen Renaissance-Humanisten, Arzt, Philosophen und Mathematiker Gerolamo Cardano, der im 16. Jahrhundert lebte.

c) Der am höchsten entwickelte Kompass mit schwankungsresistenter Aufhängung, wie er von den Arabern an das Abendland weitergereicht wurde

d) Früher europäischer Schiffskompass. Die halbkugelförmige Kompassdose ist kardanisch mittels Kupferring aufgehängt. Der fischförmig gebogene Eisendraht ist darin drehbar zwischen zwei Spitzen befestigt.

Die kardanische Aufhängung oder Lagerung erfolgt mithilfe von zwei sich schneidenden und rechtwinklig zueinander montierten Drehlagern. Dabei befindet sich der Schwerpunkt des zu lagernden Objektes unterhalb des Schnittpunktes der Drehachsen und macht deshalb die Schwankungen seiner Umgebung nicht mit. Das war ein enormer Fortschritt: Ganz gleich, wie sich das Schiff hob und senkte – die clevere neue Aufhängung hielt die Kompassscheibe so in der Schwebe, dass die Himmelsrichtung auch bei einer extremen Schräglage des Schiffes gemessen werden konnte. Der Historiker Osorius lobte: «Obwohl die ganze Vorrichtung unten aus Kupfer und schwer ist, stößt sie nirgendwo an. Sie wird von allen Seiten angetrieben, in der Mitte zu bleiben. Und da sie herabhängt und beweglich ist und dadurch im Gleichgewicht bleibt, ist sie auch bei starkem Wellengang immer genau ausgerichtet. So geschieht es, dass nichts passiert, was dieses Instrument von der Richtung nach Norden abhalten kann.»[11]

Aus den Schriften von Gerolamo Cardano geht allerdings klar hervor, dass er selbst diese trickreiche Vorrichtung gar nicht erfunden hat – er hat sie nur erstmals im Abendland erwähnt. In seiner Beschreibung ging es auch nicht um einen Kompass, sondern um die Frage, wie der Kaiser möglichst bequem sitzen konnte: «Man hat die Erfindung gemacht, den Stuhl des Kaisers so einzurichten, dass derselbe beim Fahren trotz aller Schwankungen immer unbeweglich und bequem sitzt. Es geschieht dies durch eine besondere Verbindung von Bügeln. Denn wenn drei bewegliche Ringe so miteinander verbunden werden, dass sich die Zapfen des einen oben und unten, die des anderen rechts und links, und die des dritten vorn und hinten befinden, so muss eine solche Vorrichtung, da eine jede Bewegung immer nur um höchstens drei Achsen erfolgt, bei jeder Lage des Reisewagens vollkommen in Ruhe bleiben. Das Princip ist den Lampen entlehnt, die, man mag sie halten wie man will, doch das Öl nicht verschütten.»[12]

Der Kompasstyp mit schwankungsresistenter Aufhängung stellte weit mehr dar als die «Vermittlung» einer chinesischen Erfindung: Es war der am weitesten entwickelte Kompass, den die portugiesischen Seefahrer im Gebiet des Indischen Ozeans kennenlernten – und er stammte von arabischen Konstrukteuren. Ganz ähnlich sahen dann auch die frühesten europäischen Schiffskompasse aus, waren es doch Kopien arabisch-islamischer Vorlagen.

VIERTER TEIL

ARABISCHE GEOGRAFIE UND KARTOGRAFIE

9. Die arabische Reisegeografie

«Ich fragte immer wieder jeden Menschen aus fremden Ländern, als ich ihm begegnete, nach seinem Land und seiner Hauptstadt, ich fragte ihn nach seinem Wohnort, seinem Leben, nach den Agrarverhältnissen, nach den Bewohnern, nach ihren Nationalitäten, ich fragte nach allem Möglichen, nach den Getränken, Kleidungen, Religionen, Konfessionen, nach ihren Herrschern, nach den Reiserouten, Distanzen, nach ihren Nachbarländern ...» *al-Yaʿqūbī, 9. Jahrhundert*

Schon in der ersten Hälfte des 9. Jahrhunderts wagten sich arabische Reisende bis nach Byzanz, in den Westen Zentralasiens und erkundeten den Indischen Subkontinent. Sie hinterließen beeindruckende Reiseberichte, die dank glücklicher Umstände zum Teil erhalten geblieben sind. In den folgenden Jahrhunderten nahm die beschreibende Geografie, die sich mit fremden Kulturen, Landschaften und Städten befasste, einen beeindruckenden Umfang an. Diese beschreibende Geografie ging jahrhundertelang ihren eigenen Weg, unbeeinflusst von der mathematisch-astronomisch basierten Erkundung der Erdoberfläche. Vielleicht weil sich die Reiseberichte der mittelalterlichen Araber so ungemein lebendig und lebensnah lesen, wandten sich westliche Arabisten dieser Leistung wesentlich früher und intensiver zu als anderen Wissenschaftsgebieten. Das Frankfurter Institut für Geschichte der Arabisch-Islamischen Wissenschaften hat den

Studien, Übersetzungen und Texteditionen des Forschungszweiges eine eigene Publikationsreihe mit dem Titel «Islamic Geography» gewidmet, die mehrere Hundert Bände umfasst. Tauchen wir nun ein in die Reisen, Dokumentationen und Erzählungen einiger der wichtigsten beschreibenden Geografen der arabisch-islamischen Kultur.

Wurzeln der beschreibenden Geografie

Die frühen Araber waren an indischer Kultur und Wissenschaft überaus interessiert, hier findet sich eine der Wurzeln der beschreibenden Geografie. Wie wir in diesem Buch schon mehrfach gehört haben, holte der abbasidische Kalif al-Manṣūr schon im 8. Jahrhundert indische Gelehrte nach Bagdad und ließ das bedeutendste astronomische Buch der Inder in die arabische Sprache übersetzen. Auch der abbasidische Politiker Yaḥyā ibn Chālid, der 805 starb, ließ Inder nach Bagdad kommen, dieses Mal waren es Mediziner, und er schickte sogar einen Gelehrten nach Indien mit dem Auftrag, ein Werk über die Religion der Inder zu verfassen.

Eine weitere Wurzel der arabischen Reisegeografie findet sich in dem regen Handel und Verkehr, den die islamische Welt seit dem 7. Jahrhundert mit China unterhielt. Der älteste arabische China-Reisende, den die Forschung kennt, hieß Tamīm ibn Baḥr al-Muṭawwiʿī. Er beschrieb – lange vor Marco Polo, der erst im 13. Jahrhundert lebte – eine Reise nach China auf dem Landweg. Den erhaltenen Fragmenten zufolge muss sie ihn zwischen 821 und 824 in das Reich der Mitte geführt haben.

Auch die arabische Poesie zählt zu den Ursprüngen der beschreibenden Geografie, denn in ihren Versen liebten es die arabischen Völker schon vor dem Islam, die Namen von Bergen, Oasen und Wasserstellen zu rezitieren.

Und natürlich bot auch die rasche Ausbreitung des Islams einen wichtigen Grund, sich mit den eroberten Ländern in aller Ausführlichkeit zu befassen. Vor dem Islam hatten sich die Außenkontakte der Araber aus Zentralarabien auf ihre nächsten Nachbarn beschränkt: auf der Arabischen Halbinsel, in Persien, Byzanz, Ägypten und Äthiopien. Nach ihren Eroberungszügen reichte ihr Herrschaftsgebiet gegen Ende des ersten Jahrhunderts der neuen islamischen Zeitrechnung bereits bis zu den Pyrenäen. In den riesigen Gebieten, die sie eroberten, wurden die Araber mit den Sitten und Religionen, der Wirtschaft, Technik, Geschichte und den Landschaften der eroberten Länder konfrontiert.

Die erst von Medina und später von Damaskus aus regierenden Kalifen mussten im Lauf der Zeit immer mehr wissen über die eroberten Länder, die Besonderheiten des Klimas und der Landschaften dort, über wirtschaftliche und finanzielle Ressourcen vor Ort und die ethnischen und sozialen Besonderheiten der Bevölkerungen. So ist es nicht erstaunlich, dass die älteste bekannte geografische Beschreibung aus arabischer Feder schon im Auftrag des zweiten Kalifen ʿUmar ibn al-Chattāb entstand: Nach der berühmten Schlacht von Qādisīya im Jahr 636, die erheblich zum Ende des persischen Sassanidenreiches beitrug, bat der Kalif den verantwortlichen Feldherrn um eine Beschreibung des Ortes.

In der Frühzeit des Islams entstanden Werke wie *Fath* («Eroberung») oder *Futūh* («Eroberungen»), deren Verfasser, konvertierte Gelehrte aus dem Mittelmeerraum, jeweils ein bestimmtes Land oder eine Region präsentierten. Mit der Eroberungsliteratur gelangten auch die kosmologischen Ideen und die topografischen Kenntnisse der eroberten Völker in die muslimische Kultur. Ein frühes Zeugnis dafür ist die fast schon kartografische Beschreibung der Erdoberfläche, die ʿAmr ibn al-ʿĀs zugeschrieben wird, einem der jüngsten Gefährten des Propheten, der 684 starb. In seiner

Beschreibung stellte er sich die Erde wie die fünf Teile eines Vogels vor:

«Kopf, zwei Flügel, Brust und Schwanz. Den Kopf bildet China, hinter China lebt ein Volk, welches Wāq-Wāq heißt, hinter Wāq-Wāq befinden sich unzählige Völker, einen Flügel bildet Indien, hinter Indien gibt es keine Menschen; den linken Flügel bilden die Hazaren, hinter den Hazaren leben zwei Völker, die Manschak und Māsak heißen, hinter denen gibt es Ya'dschūdsch und Ma'dschūdsch [Gog und Magog], deren Bewandtnis nur Gott kennt; den Kopf der Welt bilden Mekka, Medina, Syrien, der Irak und Ägypten; der Schwanz erstreckt sich von Alexandria nach Westen.»[13]

Im 9. Jahrhundert kam im arabisch-islamischen geografischen Schrifttum dann eine neue Literaturgattung auf, die sich der Anthropogeografie und ihren Nebenzweigen, der historischen Geografie, der Stadt- und Lokalgeografie und der Reisegeografie, widmete. Arabisch-islamische Autoren erzählten von Transoxanien und Zentralasien, Persien und dem Kaukasus, Konstantinopel und Rom, berichteten von Slawen, Bulgaren, Russen, Oghusen und Normannen. Sie interessierten sich intensiv für Länder außerhalb der muslimischen Welt und erwähnten auch Regionen weit im Norden, sogar das nördliche Eismeer.

Ibn Churdādhbih: «Fliegende Fische mit Eulenköpfen»

Die älteste erhaltene arabische Ländergeografie stammt von Ibn Churdādhbih. Er war Lexikograf, Literat, Historiker, Musiktheoretiker und Geograf und wurde wahrscheinlich Anfang des 9. Jahrhunderts in Bagdad geboren. Sein literarisches und musikalisches Talent führte ihn an den abbasidischen Hof; beruflich bekleidete er das Amt eines hohen Postbeamten. Sein geografisch weit ausgreifendes Werk schildert Reiserouten zwischen den großen Städten Persiens ebenso wie den Seeweg nach Indien; es befasst sich mit Syrien, Ägypten, Nordafrika, dem Reich der Idrisiden in Marokko und dem der Umayyaden in Spanien. Von den Küsten Europas wusste er nur, dass dorthin keine Schiffe führen und niemand Waren von dort nach Bagdad importiere. In seinem Buch wechseln sich trockene Steuerstatistiken ab mit Versen, die einzelne Städte preisen. Unter die mündlichen Zitate von Kaufleuten und Schiffskapitänen mischen sich Sagen und Legenden, etwa über die Stadt Rom, und in vielen Passagen gerät das Buch überaus packend und lebendig:

«Das große Ostmeer liefert ausgezeichnete Ambra. Es gibt große Fische darin, die 100–200 Ellen lang werden. Die Seeleute fürchten sich gar sehr vor ihnen und schlagen Bretter gegeneinander, um durch das Gedröhn die Fische zu vertreiben. Es gibt in diesem Meer fliegende Fische mit Eulenköpfen, eine Elle lang, und einen Fisch von 20 Ellen Länge, der in seinem Bauch einen anderen Fisch hat und so weiter, vier Fische ineinander. Dann gibt es Seeschildkröten, manche von 20 Ellen im Umkreis, die tausend Eier im Leib haben und deren Panzer ausgezeichnetes Schildpatt liefert.»[14]

Interessant ist, dass Ibn Churdādhbih die mathematische Geografie mit ihren Koordinaten fast völlig außer Acht ließ, obwohl er selbst angab, die Geografie des Ptolemäus ins Arabische übersetzt zu haben und obwohl er die Ma'mūn-Geografie zweifellos kannte. Man sieht hier, wie unabhängig sich die Traditionsstränge der beschreibenden und der mathematischen Geografie in der arabischsprachigen Welt entwickelten.

«Ich fragte immer wieder jeden Menschen»

Ein weiteres Beispiel dafür, wie weit die beschreibende Ländergeografie schon im 9. Jahrhundert entwickelt war, ist der Geograf Ahmad ibn Ishāq al-Yaʿqūbī. Über sein Leben ist wenig bekannt; wahrscheinlich wurde er in Bagdad geboren und siedelte später nach Armenien um. Seine ganze Familie stand im Staatsdienst, und seine Arbeit als Beamter der Abbasiden führte al-Yaʿqūbī auf langjährige Reisen nach Asien und Afrika, auf denen er sich intensiv für archäologische, ethnologische und wissenschaftshistorische Themen interessierte. Neben anderen Werken verfasste al-Yaʿqūbī das Buch *Kitāb al-Buldān*: die vielleicht erste Geografie der arabischsprachigen Welt, deren Autor sich auf persönliche Reiseerfahrungen stützte. Im Vorwort des Buches erzählt al-Yaʿqūbī, wie akribisch und gründlich er bei seinen Recherchen vorging:

«Ich fragte immer wieder jeden Menschen aus fremden Ländern, als ich ihm begegnete, nach seinem Land und seiner Hauptstadt, ich fragte ihn nach seinem Wohnort, seinem Leben, nach den Agrarverhältnissen, nach den Bewohnern, nach ihren Nationalitäten, ich fragte nach allem Möglichen, nach den Getränken, Kleidungen, Religionen, Konfessionen, nach ihren Herrschern, nach den Reiserouten, Distanzen, nach ihren Nachbarländern ... Ich pflegte alles schriftlich niederzulegen, was ich von denjenigen erfuhr, die mir zuverlässig erschienen ... Während des Verfassens dieses Buches, das sehr lange Zeit beanspruchte, pflegte ich immer wieder das nachzutragen, was ich Neues erfuhr durch die neuen Begegnungen.»[15]

Al-Yaʿqūbī machte in seinem Werk aber auch jene atemberaubende Randbemerkung, die wir schon in Kapitel 7 gehört haben: Er wies auf einen Seeweg zwischen Marokko und China hin – eine offenbar traditionsreiche Handelsroute um den gesamten afrikanischen Kontinent und das Kap der Guten Hoffnung herum, Hunderte von Jahren, bevor Vasco da Gama den Seeweg nach Indien «entdeckte».

«Die Welt und ihre Wunder»

Kein Reisebericht im eigentlichen Sinne, aber umfangreiche naturphilosophische, historische und geografische Werke sind von ʿAlī ibn al-Husain al-Masʿūdī überliefert, der in Bagdad zu Hause war und 956 starb. Er verfasste sie während eines etwa dreißig Jahre währenden Wanderlebens, in dem er die Welt aus eigener Erfahrung kennenlernen wollte. In den Schriften, die von ihm erhalten sind, erfahren wir weder, ob er im Auftrag reiste noch wie er seine Reisen finanzieren konnte, auch nicht, wie viele Länder er besucht hat, da viele seiner Werke verloren gegangen sind. Wahrscheinlich bereiste er Persien, Indien, Sansibar, Madagaskar, Arabien und Nordafrika. In zusammenfassenden Passagen seines Werkes *Kitāb at-tanbīh wa'l-ischrāf*, auf Deutsch etwa «Das Buch der Nachrichten und Nachweise», beschreibt er selbstbewusst, wie umfangreich er allein mit Blick auf die Geografie und Astronomie sein Werk konzipierte:

«Wir haben die Meere der Welt beschrieben, die Stellen angegeben, wo sie beginnen und aufhören, und dabei diejenigen, die eine Verbindung miteinander haben, von denen unterschieden, die keine solche Verbindung haben, ebenso diejenigen mit Gezeiten von denen, die keine Gezeiten haben. Wir haben ihre Maße in Längen und Breiten angegeben, ebenso die Buchten, die jedes Meer bildet, die wichtigsten Flüsse, die in sie münden, und die größten Inseln, die in ihnen liegen. …

Wir haben außerdem die großen Flüsse behandelt, ihre Quellen und Mündungen und die Maße ihrer Längen auf der Oberfläche der

Erde von ihrem Ursprung bis zu ihrem Ende. Wir haben die verschiedenen Meinungen über Form und Aufbau der Erde wiedergegeben und das, was die Weisen der Völker, die Philosophen und andere, über ihre Einteilung und das Viertel, das bewohnt ist, berichten und über ihre Krümmung, ihre Hoch- und Tiefebenen, die Divergenzen der Menschen darüber, wie die Erde feststeht, und über die Einflüsse der Sterne auf die Menschen. ... Wir haben die sieben Klimata beschrieben, mit ihrer Länge und Breite und mit Angabe der Teile, die bewohnt, und derjenigen, die nicht bewohnt sind, und deren Maße. ...

Wir haben die Laufbahnen der Planeten angegeben, den Aufbau ihrer Sphären und ihre unterschiedlichen Bewegungen, ihre Entfernungen, ihre Konjunktionen und Oppositionen und die Art und Weise ihrer Vorwärts- und Rückwärtsbewegungen; außerdem die Arten ihres Einflusses in der Welt des Werdens und Vergehens, durch den alles, was ist, entstanden ist. Wir haben untersucht, ob diese Einflüsse als Folge eines Willens geschehen oder nicht, ferner wie dieses geschieht und warum; ob die Bewegungen der Sphären und der Sterne alle aus Notwendigkeit oder freiwillig stattfinden und ob in der äußersten Sphäre eine physisch wirkende Kraft besteht, die auf die verursachten Dinge, die sie umfasst und umgibt, einwirkt.»

Al-Masʿūdī deckt geradezu enzyklopädisch eine große Zahl an Wissensbereichen ab, darunter islamische Geschichte, Theologie und Rechtsprechung, die Einteilung der Erde in Klimata, Länge und Breite der Länder, die Geschichte und Gegenwart der Völker der Erde. Er kennt die geografischen Werke von Marinus und Ptolemäus sowie wichtige arabische Werke zur Erdkunde, darunter die Ma'mūn-Geografie. Länderkundliche Beschreibungen verteilen sich über sein gesamtes monumentales Werk und besonders interessant sind seine anthropogeografischen Ideen. So hat er bei seiner Aufzählung der sieben Völkergruppen der Erde eine Vorstellung von der Einheit der

Semiten, also der Araber und Juden, ohne jedoch einen eigenen Terminus für sie zu kennen. Außerdem formuliert er Ideen über den Zusammenhang von Klima und Kultur. Je weiter nördlich die Menschen lebten, davon ist er überzeugt, umso kälter und rauer seien ihre Gebräuche, auch ihren religiösen Überzeugungen mangele es an einer festen Grundlage, weil ihnen «die Wärme fehlt». Und in einem erstaunlich modern anmutenden Wissenschaftsverständnis geht al-Masʿūdī davon aus, dass die wissenschaftliche Forschung von Generation zu Generation auf natürliche Weise Fortschritte mache: «So erklärt sich der Zuwachs in den Wissenschaften, indem der Spätere findet, was der Erste nicht gefunden hat.»

Die Blüte des 10. Jahrhunderts

In der beschreibenden Geografie engagierten sich mehr und mehr Gelehrte und schon bald erlebte die neue Disziplin eine erstaunliche Blüte und brachte im 10. Jahrhundert einige der größten Persönlichkeiten – nicht nur in der Geschichte der arabisch-islamischen Geografie, sondern des Faches insgesamt – hervor. Dazu gehört al-Maqdisī, der zwischen 946 und 1000 gelebt haben muss. Er stammte wahrscheinlich aus einer renommierten Familie und zeigt sich in seinen Büchern hochgebildet und gleichermaßen vertraut mit Architektur, Naturwissenschaften, Theologie und Rechtswesen. Überdies war er ein stilistisch überaus begabter Schriftsteller. Wie al-Masʿūdī hatte auch al-Maqdisī den Wunsch, die Länder der Erde aus persönlicher Anschauung vor Ort zu beschreiben. Mit zwanzig Jahren nahm er sein phänomenales geografisches Werk in Angriff, schrieb daran, während er reiste, zwei volle Jahrzehnte weiter und schloss die erste Redaktion des Buches erst im Alter von vierzig Jahren ab. Seine Reiseziele waren der Arabische Osten (Palästina, Syrien),

Ägypten, der Maghreb, die Arabische Halbinsel, Persien und Teile Zentralasiens.

An dem Werk fasziniert vor allem die systematische Präzision, mit der al-Maqdisī seine Themen präsentiert. Der Autor erlegte sich selbst Prinzipien auf, an die er sich peinlich genau hielt; beispielsweise legte er für bestimmte Beschreibungen in seinem Buch ein genaues Vokabular fest, das er dann durchgängig im ganzen Buch verwendete. Seinen Ansatz beschreibt al-Maqdisī selbst so:

«Mein Buch besteht aus drei Teilen, wovon der erste davon erzählt, was ich selbst gesehen, der zweite, was ich von vertrauenswürdigen Personen gehört, und der dritte, was ich in Büchern gefunden habe. Keine einzige Bibliothek, groß oder klein, habe ich unbenutzt gelassen, keine theologische Richtung gab es, die ich nicht kennenlernte, keinen frommen Mann, mit dem ich nicht verkehrte, keinen Prediger, den ich nicht hörte, bis ich das erfahren hatte, was ich kennenzulernen gekommen war.»[16]

Wir erfahren von al-Maqdisī auch, dass er die mehrfachen Ermahnungen im Koran, der Mensch solle durch Reisen die Erde kennenlernen, als Auftrag empfand, ferne Länder zu besuchen und die gesammelten Erkenntnisse seinen Glaubensbrüdern schriftlich zugänglich zu machen. Der Orientalist Aloys Sprenger, der Mitte des 19. Jahrhunderts ein Manuskript des Buches von al-Maqdisī in Indien aufspüren konnte, bezeichnete ihn voller Bewunderung als «den größten Geografen, den es je gegeben hat». Es habe vielleicht nie einen Mann gegeben, der so viel gereist sei, so scharf beobachtet und zugleich das Gesammelte so planmäßig verarbeitet habe wie al-Maqdisī. Spätere arabische Reisende legten zwar noch größere Entfernungen zurück, doch kaum einer ging bei seinen Recherchen so aufwendig, so gründlich und abenteuerfreudig vor wie er: Wo immer al-Maqdisī hinkam, mischte er sich unter Land und Leute, nahm die örtlichen Sitten und Gebräuche an und schlüpfte in die unterschiedlichsten Rollen, um fremde Kulturen hautnah kennenzulernen. Lesen wir einen Ausschnitt aus seinem Werk in der Übersetzung von Aloys Sprenger:

«Gar viele Namen habe ich geführt, als: Makdisi («der aus Jerusalem»), Palästinenser, Ägypter, Chorasaner, Maghrebiner, Koranrezitator, Sufi, Heiliger, Klausner, Pilger, Rechtsgelehrter, Schreiber, Buchbinder, Kaufmann, Sittenredner, Führer, Gebetsausrufer, Prediger, Fremdling, Iraker, Bagdader, Syrer, Hanafit, Belletrist, Mietsmann, Theologiestudent, Lehrling, Erbrechtskundiger, Meister, Weiser, Scheich, Präsident, Reitersmann, Gesandter; und all dies, weil ich so viele Länder besucht habe und in so verschiedenen Orten mich aufgehalten habe. ... Ich habe Suppe mit den Sufis, Brei mit den Mönchen und Schiffskost mit den Matrosen genossen; ich ward sogar einmal des Abends aus der Moschee geworfen, irrte in der Steppe herum und wanderte ratlos durch die Wüste. ... Ich machte meine Aufwartung bei Richtern und Großen, mächtige Fürsten und Minister gaben mir Gehör, dann schloss ich mich wieder einer Räuberbande an oder saß als Kleinhändler auf dem Markte. Ich saß gefangen und wurde als Spion in den Kerker geworfen. Ich habe den Seekriegen der Byzantiner in ihren Galeeren beigewohnt und das nächtliche Geläute der christlichen Glocke vernommen. Das eine Mal gewann ich den Lebenserwerb durch Buchbinderei, das andere Mal bezahlte ich einen Trunk Wasser mit Silber.»

So sehr war al-Maqdisī von der Idee beseelt, dass nur ein Bericht aus eigener Anschauung in der Geografie gültig sein könne, dass er sogar davor zurückschreckte, Zitate früherer oder zeitgenössischer Geografen in sein Buch einzuflechten, denn er hielt schon das Zitieren für ein Plagiat.

Das Indienbuch des al-Bīrūnī

In die Geschichte der beschreibenden Geografie gehört auch der große Universalgelehrte al-Bīrūnī, der im 10. und 11. Jahrhundert lebte und uns in diesem Buch mehrfach begegnet, vor allem als Begründer der mathematischen Geografie. Al-Bīrūnī schrieb aber auch ein bedeutendes Werk über Kultur, Wissenschaften, Religionen und Gebräuche Indiens mit dem Titel *Tahqīq mā li-l-Hind*, in das seine langjährigen Recherche- und Forschungsarbeiten vor Ort einflossen. Auch und gerade mit dem enormen zeitlichen Abstand, den wir heute zu diesem Gelehrten haben, zeigt sich al-Bīrūnī in seinem Indienbuch als Kultur- und Wissenschaftshistoriker mit einer bewundernswerten und geradezu mustergültigen Wahrheitsliebe, einem kritischen Geist, einer präzisen Beobachtungsgabe und einer erstaunlichen Weltoffenheit. Das dokumentiert er schon in der Einleitung: «Dieses Buch ist nicht polemisch, sondern nur ein einfacher Tatsachenbericht. Ich werde die Theorien der Hindus entwickeln, wie sie sind, und werde in Verbindung damit ähnliche Theorien der Griechen nennen, um die Verwandtschaft zwischen beiden aufzuzeigen.»

Nüchtern, klar, unaufgeregt, so objektiv wie möglich – das ist die Leitlinie, der al-Bīrūnī in seinem Werk gewissenhaft folgt. Präzise macht er kenntlich, wo er nur ungenaues Wissen hat oder weist auf Widersprüche in seinen mündlichen und schriftlichen Quellen hin. Al-Bīrūnīs Buch steht in der Tradition einer geistigen Haltung, die schon die frühabbasidische Zeit kennzeichnete: Man wollte fremde Kulturen und Religionen ohne Scheuklappen und Vorurteile kennenlernen und sich mit dem Gegenüber in seinem eigenen Selbstverständnis vertraut machen. Viele arabisch-islamische Reisebücher waren von dieser Haltung getragen, wenn auch die Meisterwerke al-Masʿūdīs und al-Bīrūnīs herausragen. Al-Bīrūnīs «Chronologie orientalischer Völker» (al-Āthār al-bāqiya) erreicht ein Niveau, das in den folgenden Jahrhunderten kaum noch übertroffen wurde.

Dennoch gab es natürlich auch nach al-Bīrūnī große beschreibende Geografen in der arabisch-islamischen Welt. Abū 'Ubaid al-Bakrī aus Andalusien gehörte dazu, der im 11. Jahrhundert das erste uns bekannte umfangreiche, alphabetisch geordnete geografische Lexikon zusammenstellte. Mohammed ibn Ahmad ibn Dschubair aus Valencia unternahm im späten 12. Jahrhundert von seiner Heimat aus drei Reisen, von denen eine ihn bis nach Arabien führte. Fast täglich hielt er seine Beobachtungen über Kultur, Kunst, Architektur, Verwaltung oder Ethnologie schriftlich fest und schuf so Dokumente, die zu den interessantesten der arabischen Anthropogeografie gehören.

Ein Höhepunkt der geografischen Lexikografie ist das «Lexikon der Länder» des arabischen Geografen griechischer Abstammung Yāqūt al-Hamawī ar-Rūmī. 1179 in eine byzantinische Familie in Kleinasien geboren, wurde er als Sklave nach Bagdad verkauft, erhielt eine islamische Erziehung und wurde 1199 in die Freiheit entlassen. Yāqūt ging auf Reisen, verdingte sich unterwegs als Händler, Bibliothekar und Kalligraf und lernte Ägypten, Syrien, den Irak und die zentralasiatischen Regionen Chorasan und Choresmien kennen. Er schrieb zwei Bücher im Bereich der Geografie. In einem davon erfasste er geografische Homonyme, also gleich lautende Wörter mit unterschiedlichen Bedeutungen. Das andere, ein geografisches Sachwörterbuch, hat den stolzen Umfang von 3500 Seiten. Sachwörterbücher hatten sich in der islamischen Welt seit dem 10. Jahrhundert entwickelt; Yāqūts Werk bildet einen Höhepunkt dieser Literaturgattung. Weil er für seine Recherchen verschiedene Lexika und zahllose Texte aus der mathematischen Geografie, der Regionalgeografie und der Reiseliteratur zu Rate zog, hinterließ er der Kultur- und Wissenschaftsgeschichte der arabisch-islamischen Welt eine unschätzbare Quellensammlung. Wie weit sich geografische Lexika in arabischer Sprache schon im 12. Jahrhundert entwickelt hatten, lässt sich ermessen, wenn man Yāqūts Buch in Qualität und Umfang mit dem ersten geografischen Lexikon vergleicht, das es im Europa der Neuzeit gab – der wesentlich kleineren lateinischen *Synonymia geographica* aus dem Jahr 1578, verfasst von dem flämischen Geografen und Kartografen Abraham Ortelius.

Ibn Battūta, der Weltreisende

Den Abschluss und Höhepunkt unserer Wanderung durch die arabisch-islamische Reisegeografie des Mittelalters bildet der lange verkannte Muhammad ibn Ibrāhīm ibn Battūta aus Tanger, der heute als einer der größten Weltreisenden gilt. Ibn Battūta war Marokkaner. 1325 verließ er als 22-Jähriger seine Heimatstadt, um eine Pilgerreise nach Mekka und Medina anzutreten, so wie sie damals üblich war.

Doch statt einer einfachen Pilgerschaft begann für Ibn Battūta ein atemberaubendes Reiseleben: Er durchquerte auf drei großen Reisen mehr als 40 Länder auf der heutigen Weltkarte. Sie führten ihn nach Nordafrika, Ägypten, Arabien, Ostafrika bis nach Mosambik, Anatolien, Byzanz, Südrussland bis zum 55. Breitengrad, wo die Kama in die Wolga mündet, nach Zentralasien, Indien, auf die Malaiische Halbinsel und bis nach China. Unterwegs traf Ibn Battūta mächtige Staatsmänner ebenso wie einfache Leute, er häufte Reichtümer an, erlitt mehrfach Schiffbruch, sah dabei Freunde und Ehefrauen sterben (von denen er mehrere hatte), wurde ausgeraubt und wäre fast in der Wüste verdurstet. Was als Pilgerreise angefangen hatte, war bald schon angetrieben von einer unstillbaren Reiselust und dem Drang, fremde Welten kennenzulernen. Insgesamt verbrachte er

27 Jahre im Ausland und legte dabei mehr als 120 000 Kilometer durch die gesamte islamische Welt zurück.

Ibn Battūta ist ohne Zweifel der größte Weltreisende, den Altertum und Mittelalter jemals hervorbrachten – ein Forschungsreisender, der rund dreimal so viele Länder zu Gesicht bekam wie Marco Polo einige Jahrzehnte vor ihm. Drei Jahre nach der Rückkehr von seiner letzten Reise bat ihn sein Gönner Sultan Abū ʿInān, seine Erlebnisse und Beobachtungen in Buchform zu veröffentlichen. Ibn Battūta nannte sein umfangreiches Werk schlicht *Rihla* – «Die Reise». Die wache Beobachtungsgabe des Weltreisenden und sein Sinn für historische, geografische, ethnologische und kulturhistorische Reflexionen machen dieses Werk zu einem unschätzbaren geografiehistorischen Dokument.

Die Reise von Ibn Battūta blieb leider bis zu Beginn des 19. Jahrhunderts in Europa unbekannt und wurde in der Wissenschaftsgeschichte danach oft kritisch beurteilt; Ibn Battūta neige zu Wundergläubigkeit und Übertreibungen, hieß es. Heute gehen wir mit dieser Quelle sehr viel wertschätzender um. Immerhin hatte Ibn Battūta keine geografische Vorbildung und betrachtete sich auch nie als Geografen. Die pure Lust am Reisen und die Neugierde auf fremde Länder ließen ihn in die Welt ausschwärmen. Da er nicht wusste, wohin seine Reisen ihn führen und wie lang sie dauern würden, machte er anfangs nur unregelmäßig Notizen und konnte Daten, Namen und die Reihenfolge seiner Reisestationen später nicht fehlerlos aus dem Gedächtnis abrufen. Zudem war Ibn Battūta in der Ferne oft auf Dolmetscher angewiesen, bekam vieles falsch erzählt oder hat es falsch verstanden. Alles das spiegelt sich natürlich in seinem Reisebericht wider, den er einem Freund erst 27 Jahre nach Beginn seiner ersten Reise diktierte. Dennoch: Die Fehler und Übertreibungen Ibn Battūtas fallen im Verhältnis zu dem kultur- und wissenschaftshistorischen Wert seines Buches kaum ins Gewicht.

Ist Ibn Battūta der «islamische Marco Polo»? Dieser Vergleich ist in der Fachliteratur überaus beliebt geworden, doch ist dem laut Fuat Sezgin zu widersprechen, denn seiner Meinung nach schneidet Ibn Battūta bei einem solchen Vergleich viel zu schlecht ab! Er reiste tatsächlich um des Reisens und Beobachtens willen und beschrieb fremde Länder und Reiseerfahrungen überaus präzise und mit genauen Datierungen. Marco Polo hingegen war ein reisender Kaufmann, kein Pionier. Das einzige Datum, das wir von ihm erfahren, ist seine Ankunft in Akkon im April 1269. Zudem sprechen viele Argumente dagegen, dass Marco Polo tatsächlich all die Orte und Länder gesehen hat, von denen er in seinen Reiseberichten erzählt. Längst wissen Wissenschaftshistoriker, dass er sich die Beschreibung von Orten, die er nie sah, aus arabischen Quellen holte. (Bekannt ist heute auch, dass die Seekarte, mit der er reiste, sehr wahrscheinlich arabischen Ursprungs war.) Die wissenschaftshistorische Einschätzung Ibn Battūtas verläuft genau umgekehrt: Viele seiner früher umstrittenen Angaben – über seine Reisen nach Konstantinopel, auf die Malediven und nach China – konnte die Forschung inzwischen bestätigen.

Chroniken und biografische Lexika

Das 14. Jahrhundert bescherte dem arabisch-islamischen Kulturraum zahlreiche Welt-, Lokal- und Stadtchroniken, dazu umfangreiche biografische Lexika. Einige davon deckten die gesamte Zeit des Islams ab, andere beschränkten sich auf das laufende Jahrhundert. Immer wieder finden wir in diesen Nachschlagewerken auch Abhandlungen über geografische Themen. Die groß angelegte Universalgeschichte *Dschāmiʿ at-tawārīch* («Sammlung von Chroniken») des Universalgelehrten Raschīd ad-Dīn Fadlallāh, der 1318 starb, behandelte nicht nur die Geschichte all der Völker, die im islamischen Kulturraum lebten, sondern auch die Kulturen der vorislamischen persischen Reiche, der Chinesen und Juden, die Geschichte Indiens mit Betonung des Buddhismus, und sogar die Franken tauchen darin auf. Der Geist der Nüchternheit und Objektivität, der das ganze Werk durchzieht, erinnert an al-Bīrūnī.

Ein weiteres großes, vielleicht das größte Werk des 14. Jahrhunderts – eine 27-bändige anthropogeografische Enzyklopädie – wurde von dem syrischen Gelehrten Schihāb ad-Dīn al-ʿUmarī verfasst, der von 1301 bis 1349 lebte und zeitweise Leiter der Staatskanzlei in Damaskus war. Allein die ersten vier Bände dieser Enzyklopädie sind der Geografie gewidmet; die übrigen Bände befassen sich mit den kulturellen Errungenschaften der Menschen in unterschiedlichen Regionen. Es ist dieses Lexikon, in dem Fuat Sezgin 1984 auf die Kopie einer Weltkarte vom Beginn des 9. Jahrhunderts stieß (siehe Kapitel 11).

Leo Africanus: Lebendige Geografie im 16. Jahrhundert

Zum Abschluss unseres Streifzugs durch die beschreibende Geografie der islamischen Welt soll al-Hasan ibn Mohammed al-Wazzān dokumentieren, auf welch hohem Niveau die beschreibende Geografie noch im 16. Jahrhundert stand. Al-Wazzān – im Abendland besser als Leo Africanus bekannt – war berberischer Abstammung. Er wurde 1483 in Granada geboren und wuchs in Fès im heutigen Marokko auf, wo er an der al-Qarawīyīn-Universität seine akademische Ausbildung erhielt. Auf seinen Reisen in diplomatischen Diensten lernte er zahlreiche islamische Länder vor allem in Nordafrika kennen und interessierte sich intensiv für deren Geografie und Landeskunde. Auf der Rückreise von Istanbul in die Heimat fiel er sizilianischen Korsaren in die Hände und wurde zunächst nach Neapel, dann nach Rom verschleppt und verkauft. Dort kam er in Kontakt mit Papst Leo X., der ihn 1520 auf seinen eigenen Namen «Giovanni Leo» taufte. Während seines erzwungenen Aufenthaltes in Italien unterrichtete Leo Africanus Arabisch und lernte Italienisch. Einer Quelle zufolge soll er ein Werk mit dreißig Biografien nordafrikanischer Gelehrter zusammengestellt haben. Weitaus bedeutender aber ist seine Beschreibung Afrikas, begonnen in arabischer Sprache und vollendet im Jahr 1526, dem sechsten Jahr seiner Gefangenschaft, auf Italienisch. Sie besteht aus neun Kapiteln. Das erste handelt von den allgemeinen physikalischen und klimatischen Eigenschaften Afrikas und von den Menschen, die auf dem Kontinent leben. Die anderen Bücher behandeln verschiedene Regionen sowie Flüsse und Bodenschätze, Flora und Fauna. Insgesamt stellt der Autor etwa 400 Orte vor und betont, er habe sich hauptsächlich auf eigene Beobachtungen verlassen, sei aber bemüht gewesen, dort, wo er selbst nichts habe mitteilen können, zuverlässige Kenner zu befragen. 1529 kehrte Leo Africanus nach Tunis zurück, wo er auch starb.

10. Frühe Wurzeln der mathematischen Geografie

«Dieses Buch ist nicht polemisch, sondern nur ein einfacher Tatsachenbericht. Ich werde die Theorien der Hindus entwickeln, wie sie sind, und werde in Verbindung damit ähnliche Theorien der Griechen nennen, um die Verwandtschaft zwischen beiden aufzuzeigen.» *Al-Bīrūnī (10./11. Jahrhundert)*

Nach der Astronomie und der Nautik wollen wir uns nun der dritten Voraussetzung dafür widmen, dass die Araber ihren Aktionsradius bis an amerikanische Küsten ausdehnen konnten – der Kunst, mit mathematischer Präzision Karten der Erdoberfläche zu zeichnen. Exakte Karten aus der Hand arabisch-islamischer Geografen machten nicht nur ein sicheres Navigieren auf hoher See und zu entfernten Küsten möglich, sie geben mit ihrer erstaunlichen Genauigkeit auch Zeugnis von einer arabischen Präsenz jenseits des Atlantischen Ozeans ab.

Während sich die Arabistik ausführlich mit der arabischen Anthropogeografie auseinandergesetzt hat, kam die mathematische Geografie in der Forschung lange zu kurz, so dass die große Leistung der arabischsprachigen Welt auf diesem Gebiet fast völlig unbekannt geblieben ist.

Schon die antiken Griechen hatten damit begonnen, die Erdoberfläche mit mathematischer Präzision zu erfassen. Bereits im 5. und 4.

vorchristlichen Jahrhundert erkannten sie die Kugelform der Erde, rund hundert Jahre später versuchten sie, den Umfang der Erde zu messen und zu berechnen. Die Griechen entwickelten auch schon Ideen, wie sich die Erde mit einem Netz möglichst präziser Breiten- und Längengrade überziehen ließe. Syrer, Armenier und Perser erbten die geo- und kartografischen Verfahren der Griechen und reichten sie an die arabischen Eroberer weiter. Auch kosmografisch-mathematische Vorstellungen aus Indien gelangten in die arabisch-islamische Kultur. In der Entwicklung der Geografie nahmen arabisch-islamische Gelehrte von nun an eine bedeutende Rolle ein. Die Wissenschaftsgeschichte hat dies sehr vernachlässigt, zumal ihr lange das Kartenmaterial fehlte, um die arabischen Leistungen einschätzen zu können. Fuat Sezgin hat einige bedeutende alte Karten gefunden und sorgfältig analysiert, so dass eine wichtige Forschungslücke geschlossen werden konnte.

Werfen wir nun einen Blick in die spannende Frühzeit der arabisch-islamischen Geografie: Welche Ideen vom «Gesicht der Erde», von ihren Landmassen und Meeren, von den Küstenverläufen und den Entfernungen zwischen Orten und Ländern reichten die griechischen, syrischen, persischen und indischen Vorgänger an die Araber zu Beginn ihrer kulturellen Entwicklung weiter?

Frühe Vorstellungen von Himmel und Erde

Wann und wo der erste Versuch von Menschenhand unternommen wurde, einen Teil der Erdoberfläche abzubilden, wird sicherlich für immer verborgen bleiben. Doch uns sind die Versuche der Babylonier und der Ägypter bekannt, ihre Vorstellung von Himmel und Erde zu skizzieren. Im alten Ägypten sahen die Menschen alle leuchtenden Himmelsobjekte als Götter an und mischten Beobachtung mit Mythen und Legenden. Die Sonne etwa war für sie der Sonnengott Re, geboren aus einer Lotusblüte, die in einem unendlichen Meer auf einem Hügel herangewachsen war. Für die Babylonier war die Erde eine Scheibe, die auf dem Weltenmeer schwamm. Rund um die Erdscheibe erhob sich ein riesiges Gebirge und trug die Himmelskuppel, so glaubten sie. Tag und Nacht entstanden, weil Sonne und Mond einen großen Berg im Zentrum der Erdscheibe umkreisten. Als älteste Kartendarstellung gilt eine kleine Tontafel aus der akkadischen Stadt Nuzi im heutigen Irak. Sie stammt aus der Zeit zwischen 2340 und 2200 vor Christus und zeigt Berge, Flüsse und Städte des nördlichen Mesopotamien. Zu sehen ist auch die runde Scheibe der Erde, wie sie im Weltenmeer schwimmt. Etwa tausend Jahre später entstand in Babylonien auf einer etwas größeren Tontafel ein Stadtplan von Nippur. Berühmt ist auch die «babylonische Weltkarte», eine Keilschrifttafel aus dem 6. vorchristlichen Jahrhundert mit einer schematischen Darstellung der Welt: die Erdscheibe, von Wasser umflossen, durch die mitten hindurch der Euphrat fließt.

Die älteste erhaltene zugleich topografische und geologische Karte ist auf einem ägyptischen Papyrus gezeichnet. Sie stammt aus dem mittleren oder späten 12. Jahrhundert vor Christus und stellt eine fünfzehn Kilometer lange Strecke des Wadi Hammamat dar, einer Schlucht in den felsigen Bergen der Arabischen Wüste, die zu den wichtigsten Verbindungsrouten zwischen dem Nil und dem Roten Meer zählte. Diese Bergbaukarte, die mit ihren vielen Abbildungen und Anmerkungen und den farblich unterschiedenen Gesteinsarten erstaunlich modern wirkt, zeigt den Verlauf der Schlucht, dazu die umgebenden Hügel, einen Steinbruch, ein Goldbergwerk und eine Siedlung.

Mathematische Geografie in Griechenland und im Römischen Reich

Erst die Griechen schufen ab dem 5. vorchristlichen Jahrhundert die Grundlage dafür, die damals bekannte Erdoberfläche mathematisch präzise zu erfassen, als sie begannen, sich mit der Kugelform der Erde zu beschäftigen. Dabei taten sie einen wichtigen Schritt: Die Babylonier hatten den Sternenhimmel in einen Großkreis gefasst und den wiederum in 360 Grad eingeteilt. Dieses Prinzip übertrugen die Griechen nun auch auf die Erde. Aus ihren Beobachtungen und Messungen leiteten sie jenen Satz ab, der sich als so wichtig erweisen sollte für die exakte Bestimmung geografischer Koordinaten auf der Erde: «Die Polhöhe und die geografische Breite eines Ortes entsprechen einander.»

Der Erste, der die Idee der Kugelform der Erde in ihren Konsequenzen ganz durchdachte, war Eudoxos von Knidos (408–367). Von ihm inspiriert, operierte Pytheas von Massalia wenige Jahrzehnte später bei seinen Erkundungsreisen Richtung Norden erstmals mit jenem Satz von der Gleichheit der geografischen Breite eines Ortes und der Polhöhe. Auf diese Weise kam er, vielleicht als Erster überhaupt, auf die Idee, Breiten zu bestimmen – unter anderem die seiner Heimatstadt. Sein jüngerer Zeitgenosse Dikaiarchos von Messina, ein Schüler von Aristoteles, unternahm sogar den Versuch, eine Erdkarte zu erstellen. Dabei stützte er sich auf die Lehre von der Kugelgestalt der Erde und auf eine eigene Erdmessung.

Die Griechen entwickelten auch die Vorstellung von Längengraden im Sinne einer Zeitdifferenz zwischen Orten und kamen auf den Gedanken, an zwei verschiedenen Orten gleichzeitig eine Mondfinsternis zu beobachten: Wenn man beim Eintritt des Mondes in den Erdschatten an zwei Orten die Uhrzeit notiert, so kann man aus dem zeitlichen Unterschied die Längendifferenz bestimmen. Diese frühe Messung bescherte den antiken Griechen die Kenntnis mindestens einer (um 11° zu groß geratenen) Längendifferenz, gemessen im Jahr 331 vor Christus zwischen Karthago und Arbela.

Zwei Generationen später bemühte sich auch Eratosthenes von Kyrene (ca. 275–195 v. Chr.) um eine Erdkarte auf Grundlage einer mathematisch-astronomischen Geografie – dies war der einzige mathematisch begründete Erdmessungsversuch des Altertums.

Wieder fünfzig Jahre später nahm Hipparchos von Nicäa, einer der bedeutendsten Astronomen des Altertums, diese Versuche kritisch unter die Lupe und bemängelte die Ungenauigkeit der Erdkarte des Eratosthenes. Anders als sein Vorgänger wollte er sich weise darauf beschränken, mithilfe der Gestirne die genaue geografische Position möglichst vieler einzelner Orte auf der Nordhalbkugel der Erde zu ermitteln. Hipparchos war ein Mann von großer Weitsicht: Ganz realistisch hielt er es zu seiner Zeit für verfrüht und für nicht durchführbar, eine mathematisch-astronomisch fundierte Erdkarte zu zeichnen. Man wisse nicht einmal, sagte er, ob Alexandria nördlich oder südlich von Babylon liege und wie groß die Längendifferenz zwischen den beiden Orten sei. Hipparchos empfahl Geduld: Zunächst gehe es darum, dass viele Gelehrte in verschiedenen Ländern gründliche Vorarbeit leisteten, indem sie genaue Ortsbestimmungen in großer Zahl sammelten. Eine Karte zu erstellen – das sei eine Aufgabe für die Zukunft.

Die römischen Eroberungszüge in Europa, Afrika und Kleinasien erweiterten das geografische Wissen der Antike erheblich, was sich nun vor allem in einer beschreibenden Geografie über fremde Länder und fremde Sitten niederschlug. An Hipparchos' visionärem Projekt einer exakten Erdkarte wollte die nächsten dreihundert Jahre lang niemand so recht weiterarbeiten. Hier und da gab es zwar Breitenmessungen, doch blieben sie weitgehend auf die Orte beschränkt, die schon zur Zeit des Hipparchos vermessen worden waren: Borysthenes, Lysimachia, Massalia, Athen, Rhodos, Alexandria, Syene, Meroe und einige mehr. Auch mit den Längendifferenzen kam man nicht weiter. Jahrhundertelang blieb damit nur die Entfernung zwischen Arbela und Karthago bekannt, die wie erwähnt mit Hilfe einer Mondfinsternis ermittelt worden war.

Im Jahr 146 vor Christus wurde Griechenland eine römische Provinz. Weil Seeleute im Römischen Reich ihre Schiffsrouten registrierten und das römische Heer seine zurückgelegten Strecken genau dokumentierte, entstand allmählich die Datenbasis für eine erste Weltkarte. Dabei führten vor allem griechische Gelehrte die alten Messtraditionen fort; Römer beteiligten sich an diesen Arbeiten kaum. Natürlich ergab auch diese Datenbasis noch längst keine astronomisch ermittelten präzisen Ortsbestimmungen. Doch allmählich verfügten astronomisch-mathematisch versierte Gelehrte über die nötigen Hilfsmittel, um das Gradnetz einer Erdkarte mit mehr auszufüllen als mit reiner Fantasie.

Marinos von Tyros

Einer dieser versierten Gelehrten war der berühmte Marinos von Tyros. Dieser frühe Geograf fasste alle damaligen Kenntnisse der Griechen über die wissenschaftliche Erdkunde zusammen und schuf eine neue Vorstellung von der Geografie der Erdoberfläche. Über sein Leben ist leider fast nichts bekannt, außer dass er aus Tyros stammte und vermutlich Anfang des 2. nachchristlichen Jahrhunderts lebte. Sein Werk *Geografische Anleitung* ist verlorengegangen, und fast alles, was wir daraus und darüber wissen, beschränkt sich auf die Ausführungen seines jüngeren Zeitgenossen Ptolemäus, die ihrerseits wahrscheinlich mehrfach um- und überschrieben wurden.

Eine zweite bedeutsame Quelle zu Marinos finden wir in dem arabischen Geografen al-Masʿūdī, auch bedeutenden Philosophen und Historiker, der an der Wende vom 9. zum 10. Jahrhundert lebte und den wir bereits in Kapitel 3 vorgestellt haben. Al-Masʿūdī erwähnt, dass dem Werk *Geografische Anleitung* von Marinos auch Karten beigefügt waren. Das ist eine wichtige Information: Die Araber kannten also das Buch von Marinos mitsamt den darin enthaltenen Karten. Ob und wann Marinos' Werk in das Arabische übersetzt wurde, bleibt jedoch unbekannt.

Hat es die Erdkarte des Marinos nun also tatsächlich gegeben? Das haben Wissenschaftshistoriker lange debattiert und bezweifelt; verschiedene Überlegungen machen es jedoch sehr wahrscheinlich. Soweit Quellen berichten, reichte die Ost-West-Ausdehnung der damals bekannten Erdoberfläche bei Marinos von den heutigen Kanarischen Inseln (damals die «Inseln der Glückseligen») bis zu dem antiken Handelsplatz Kattigara bei 225° Länge. Dessen Lage ist allerdings in der historischen Forschung noch immer nicht definitiv geklärt; möglicherweise handelte es sich um die ehemalige Küstenstadt Óc Eo im Mekong-Delta im heutigen Südvietnam. Die Nord-Süd-Ausdehnung der bekannten Erde reichte bei Marinos von 24° südlicher Breite bis zur Insel Thule, die er auf 63° nördlicher Breite ansiedelte. Damit legte Marinos seiner Karte ein Gradnetz zugrunde, das um etwa 80° bis 90° zu groß war. Auch die Lage Thules ist historisch umstritten; es könnte nach neuen Erkenntnissen die vor Trondheim befindliche norwegische Insel Smøla gewesen sein oder vielleicht auch die gesamte fruchtbare Region an der Trondheimer Bucht.

Als Geografen und Weltkartografen gingen Marinos und Eratosthenes sehr unterschiedlich vor: Während Eratosthenes die für ihn neuesten Quellen und Zeugen wohl sehr sorgfältig auswählte, mischte Marinos die verschiedensten alten und neuen Informationen ineinander und gab in seinen Maßangaben Exaktheit auch dort vor, wo er keine genauen Kenntnisse besaß. Ein weiteres Detail ist interessant: Al-Masʿūdī berichtet uns im Zusammenhang mit der Marinos-Karte über Längen- und Breitenangaben in den alten Maßen «Parasangen» (etwa 5,5 km) und «Stadien» (30 Stadien bilden eine Parasange) – möglicherweise ein Hinweis darauf, dass die Messung in Graden erst mit Ptolemäus üblich wurde.

Wichtig für das geografische Gradnetz ist der Nullmeridian, also derjenige Längen-Halbkreis, von dem aus die geografische Länge nach Osten und nach Westen gezählt wird. Dabei ist es eigentlich egal, wohin man den Nullmeridian legt – es handelt sich um eine reine Vereinbarung. 1884 einigten sich Geografen international darauf, den Nullmeridian in die Meridianebene der Londoner Sternwarte Greenwich zu legen. In der Antike und im Mittelalter hatte es über Jahrhunderte hinweg in der Geografie ein Nebeneinander verschiedenster Nullmeridiane gegeben. Für Marinos ging der Nullmeridian zunächst durch Alexandria, eine Wahl, die später auch Ptolemäus in seinem 8. Buch der Geografie und im *Almagest* traf. Später rechnete Marinos aber von einem Nullmeridian aus, der durch die Kanarischen Inseln verlief. Wir werden in diesem Buch noch sehen, wie das Durcheinander der Nullmeridiane in der Geschichte der Geografie immer wieder für Verwirrung sorgte.

Projektionen und Klimata

Wer die runde Erde auf einer Ebene darstellen möchte, muss den Transfer vom Dreidimensionalen zum Zweidimensionalen bewerkstelligen. Marinos verwendete eine Form der Kartenprojektion, die heute als «Plattkarte» bezeichnet wird. Dabei handelt es sich um eine sogenannte «abstandsgetreue Zylinderprojektion»: Die Kontinente werden so auf den Zylindermantel projiziert, als schiene ein Licht im Inneren der Erdkugel und würde ein Abbild der Kontinente auf den Zylindermantel werfen. Anschließend breitet man den Zylindermantel in einer Ebene aus. Breitenkreise und Meridiane erscheinen in einer solchen Projektion als Linien, die einander in einem rechten Winkel schneiden. Eine solche Karte zeigt die Meridiane und den Äquator unverzerrt, zieht aber alle anderen Breitenkreise auf der Karte in die Länge.

Wie die Erdkarte des Marinos im Detail ausgesehen hat, lässt sich heute nur schwer sagen. Eine Theorie nimmt an, dass die Grundlinien dieser Karte als Teilkarte des Mittelmeers gezeichnet wurden und die übrigen damals bekannten Gebiete einen einfachen Rahmen dazu bildeten. Damit hätte die Karte für das Mittelmeer den Charakter einer Seekarte gehabt und wäre ansonsten nach geografischen Koordinaten gezeichnet gewesen. Auch wenn diese Vorstellung zutrifft, bliebe doch die Frage offen, ob Marinos überhaupt genug Daten zur Verfügung standen, um einigermaßen wirklichkeitsgetreue durchgehende Küstenlinien zu zeichnen.

Zu den oft diskutierten Punkten der Marinos-Karte gehört auch die Frage nach dem Einteilungsprinzip der «Klimata». Dazu ein kleiner Exkurs, denn die Klima-Einteilung ist ein typisches Merkmal der frühen Geografie und lässt Wissenschaftshistoriker erkennen, wie nah oder wie fern historische Karten oder geografische Werke aus jener frühen Zeit einander stehen. Ursprünglich bedeutete das griechische Wort *klíma* wahrscheinlich so viel wie «Neigung» oder «Schräge» und dürfte schon auf Eratosthenes zurückgehen. Der verstand darunter alle Gegenden, die den gleichen Einfallswinkel der Sonnenstrahlen auf die jeweilige Horizontalebene hatten – also die gleiche Breite. Auch die Einteilung der damals bekannten Erde in sieben Klimata geht wahrscheinlich auf Eratosthenes zurück, wobei die Sieben eine alte heilige Zahl ist und viele vorderasiatische Kulturen eine Siebenteilung der bewohnten Welt kannten. In der wissenschaftlichen Geografie der Antike bezieht sich der Begriff Klima auf die Dauer des längsten Tages: Die Länge des längsten Tages unterscheidet sich in jeder Klimazone von ihrer benachbarten Klimazone um eine halbe Stunde. Hipparch von Nicäa baute zwar auf den Klimazonen von Eratosthenes auf, versuchte aber die Klimata durch die exakteren Parallelkreise zu ersetzen. Die Perser begannen dann, den Begriff Klima eher im Sinne von Region oder Provinz zu verwenden, was einige arabische Gelehrte später übernahmen, während andere der griechischen Tradition folgten. Von al-Masʿūdī erfahren wir als weiteres interessantes Detail, dass die Klimata in den Karten von Marinos (sowie in der Ma'mūn-Geografie, von der später noch die Rede sein wird) in verschiedenen Farben dargestellt worden seien.

Dies sind, neben den Ausführungen von Ptolemäus, die einzigen uns bekannten Spuren von Marinos von Tyros' Werken in der geografischen Literatur. Seine Rolle für die Entwicklung der Geografie war dennoch bedeutend: Er schuf die Basis nicht nur für die geografischen Arbeiten von Claudius Ptolemäus, sondern auch für die große Entwicklung der mathematischen Geografie in der arabischen Welt.

Claudius Ptolemäus

Der griechische Mathematiker, Geograf, Astronom, Astrologe, Musiktheoretiker und Philosoph Klaudios Ptolemaios, in der gebräuchlicheren lateinischen Form Claudius Ptolemäus, wurde um das Jahr 100, möglicherweise in Ptolemais Hermeiou, dem heutigen al-Manschā, in Oberägypten geboren. Er war Bibliothekar in Alexandria, an der bedeutendsten Bibliothek des Hellenismus, und starb nach 160, vermutlich auch in Alexandria. Ptolemäus besaß ein besonderes

Talent dafür, den geistigen Nachlass seiner Vorgänger systematisch zu erfassen. Zwar übte er Kritik an der geografischen Arbeit seines älteren Zeitgenossen Marinos, baute aber auf dessen Werk auf und entnahm ihm Daten und Maßangaben, mit deren Hilfe er ein Werk zusammenstellte, das späteren Generationen dazu dienen sollte, immer neue Versionen einer Weltkarte zu entwerfen.

Ptolemäus hat, so nehmen die meisten Geografiehistoriker heute an, niemals eine Karte entworfen, auch wenn die Existenz einer solchen Karte immer wieder diskutiert wurde. Die von ihm gesammelten Koordinaten dürften trotz ihrer großen Zahl einfach nicht ausgereicht haben und auch nicht dazu geeignet gewesen sein, so etwas wie Küstenlinien, Länderumrisse, Flussläufe, Inseln und Gebirge überhaupt darzustellen. Außerdem müssten sowohl die Karten des Römischen Reichs als auch die damit in Verbindung stehenden Rad-Karten des Mittelalters (auch dazu später mehr) einen Einfluss solcher «ptolemäischen Karten» erkennen lassen, was aber nicht der Fall ist.

Seine Texte aber machen deutlich, dass Ptolemäus offenbar von einem zusammenhängenden Festland ausging, in dem der nördliche Atlantik und der Indische Ozean als Binnenmeere liegen. Auch über Projektionsverfahren machte sich der Gelehrte ausführlich Gedanken und schlug in seinen Büchern unter anderem zwei Kegelprojektionen zur kartografischen Erfassung der Erdoberfläche vor. Dabei stellte er sich einen Kegelmantel vor, der die Erdkugel umschließt, und breitete diesen Kegelmantel dann in eine Ebene aus.

Die Wissenschaftsgeschichte weiß heute, dass die Ptolemäus zugeschriebenen Karten etwa an der Wende vom 13. zum 14. Jahrhundert von dem Byzantiner Maximos Planudes erstellt wurden. Er rekonstruierte sie auf Grundlage von Koordinaten aus dem Buch von Ptolemäus; außerdem zog er wahrscheinlich die Weltkarte der Ma'mūn-Geografen (mehr dazu in Kapitel 11) als Quelle heran.

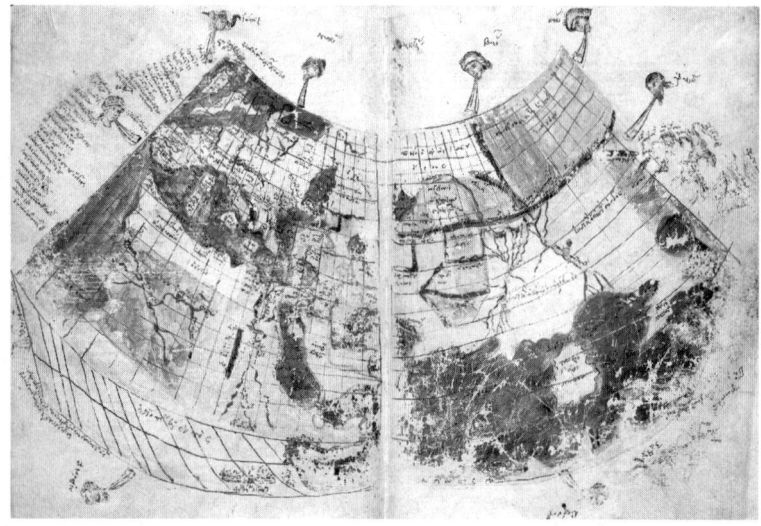

Weltkarte aus der Geografie des Ptolemäus in einer Handschrift aus der ersten Hälfte des 14. Jahrhunderts, rekonstruiert von dem byzantinischen Gelehrten Maximos Planudes. Im Gegensatz zur späteren Ma'mūn-Geografie werden hier der Indische Ozean und der nördliche Atlantik noch als Binnenmeere dargestellt.

In seiner geografischen Arbeit operierte Ptolemäus mit den diversen Nullmeridianen, die auch schon bei Marinos auftauchten. Für dieselbe Stadt, etwa Rom oder Alexandria, machte er an verschiedenen Stellen in seinen Büchern ganz unterschiedliche Ortsangaben; wiederum andere finden sich in seinen Handtafeln. Das deutet darauf hin, dass Ptolemäus sich mit wenigen Ausnahmen nicht auf astronomisch ermittelte Ortsbestimmungen stützen konnte, sondern nebeneinander die Daten der Marinos-Geografie sowie wohl auch Entfernungsangaben verwertete, die Reisende mit nach Hause brachten. Weil er die Streckenangaben in der Marinos-Karte für zu groß hielt, vor allem die ostwestlichen im Sinne der Längengrade, verkleinerte Ptolemäus die Gebiete Asiens. Dabei behielt er die Länge der großen Achse des Mittelmeers von 63° bei (circa 21° zu groß), reduzierte aber die Länge der damals bekannten Erde auf 180°, das heißt, immer noch circa 40° zu groß.

In sechs Büchern seines geografischen Werkes *Geographike Hyphegesis* führte Ptolemäus rund 8000 geografische Koordinaten von Orten auf Minuten genau an, wobei er jedoch selbst keinen Hehl daraus machte, dass sie bis auf wenige Ausnahmen nicht aus astronomischen Ortsbestimmungen stammten. Ptolemäus entnahm diese Werte hauptsächlich den Tabellen von Marinos, die er neu zusammenstellte und auch bearbeitete. Allerdings hatte Marinos seine Koordinaten nach einem Netz erstellt, das mit einer ganz anderen Länge und Breite der damals bekannten Erde operierte. So kam es, dass mehrere der ptolemäischen Breitengrade recht wirklichkeitsgetreu gerieten, während sich seine Längengrade weit von der Realität entfernten.

Das also ist die Geografie des Ptolemäus – eine immense Fleißarbeit mit einigen innovativen Zügen, aber noch immer weit entfernt von den hochfliegenden Plänen des Hipparchos, eine mathematisch-astronomisch exakte Karte der Erde und ihrer Orte zu erstellen. Dennoch erklärt die Geschichtsschreibung den griechischen Gelehrten (und die Karten, die im 15. Jahrhundert unter seinem Namen im Abendland bekannt wurden) häufig noch immer zu dem entscheidenden Vorläufer der wissenschaftlichen Geografie. Das aber ist er nicht, denn unterschlagen wird dabei die enorme Entwicklung der mathematisch-astronomischen Geografie im islamischen Kulturkreis vom 8. bis zum 16. Jahrhundert, der wir uns in den folgenden Kapiteln zuwenden möchten. Zuvor streifen wir allerdings noch eine weitere wichtige Quelle der arabischen Geografie: den Beitrag der Syrer, Perser und Inder.

Syrer tradieren das griechische Erbe

Vor allem christliche Klöster tradierten das antike griechische Erbe auch in syrisch-aramäischer Sprache, und viele griechische, aber auch persische naturwissenschaftliche Werke wurden zunächst ins Syrische übersetzt. Als die Araber den vorderasiatischen Raum eroberten, fanden diese Werke dann Eingang in die arabische Sprache.

Zu den nicht-religiösen Wissenschaften, mit denen sich die Syrer beschäftigten und aus denen sie seit dem 6. Jahrhundert vereinzelt griechische Werke in ihre Sprache übersetzten, gehörte auch die Geografie. Der syrische Astronom Severus Sebokht, der im 7. nachchristlichen Jahrhundert lebte, schilderte in seiner auf Syrisch verfassten Kosmografie die sieben Klimata. Dabei erwähnte er auch die ptolemäische Geografie und die astronomischen Handtafeln des *Almagest*. Interessant ist, dass er die Größe des Erdumfangs wie Eratosthenes mit 252 000 Stadien angab und den Erddurchmesser mit einem Drittel davon, 84 000 Stadien. Ob seine Kosmografie auch ins Arabische übersetzt wurde, ist nicht sicher, dennoch hat sie den Beginn der arabischen Astronomie gewiss beeinflusst. Interessant an den Schriften von Severus Sebokht ist auch, dass darin – erstmals auf islamischem Gebiet – das indische Zehner-Zahlensystem auftauchte, also schon in der Mitte des 7. Jahrhunderts.

Sein jüngerer Zeitgenosse Jakob von Edessa behandelte in einer seiner Schriften ebenfalls eine Reihe von geografischen Themen. Jeweils mehrere Kapitel haben Meere, Inseln, Gebirge und die Einteilung der Erde zum Inhalt. Jakob erklärte, er habe seine Angaben von älteren Geografen übernommen, führte diese jedoch nicht namentlich auf. Längen- und Breitengrade erwähnte er nicht, auch die sieben Klimata kamen bei ihm nicht vor. Aber er übernahm die ptolemäische Längengradangabe von 180° für den Rand der bewohnten

Erde, während er die Breite mit 63° wesentlich kleiner als Ptolemäus veranschlagte. Er übernahm auch die Vorstellung von der Geschlossenheit des Indischen Ozeans und von einem zusammenhängenden Festland im Süden und Südwesten Afrikas. Die erhaltenen Quellen zeigen uns leider nicht sicher, was syrische und armenische Gelehrte von der ptolemäischen Geografie genau wussten – und sie liefern ebenfalls keinen Anhaltspunkt dafür, dass es so etwas wie «ptolemäische Karten» gegeben haben könnte.

Was erfuhren die Araber also aus syrischen Gelehrtenkreisen und durch Jakob von Edessa? Sie hörten von einem Teil der Länder und Städte, die in der ptolemäischen Geografie verzeichnet waren. Auf diese Weise kamen sie wohl auch zu einer gewissen Gesamtidee des ptolemäischen Weltbilds. Zugang zu den 8000 geografischen Koordinaten, die Ptolemäus den Städten beigegeben hatte, erhielten sie auf diesem Weg allerdings nicht – die Syrer hatten sich dafür nicht interessiert und die Koordinaten beiseite gelassen.

Perser führen die alten Quellen zusammen

Soweit wir heute wissen, begannen die Perser wahrscheinlich schon im 3. nachchristlichen Jahrhundert, zur Zeit des Sassanidenreichs, die antiken griechischen Wissenschaften in ihre eigene Kultur aufzunehmen. Mehrere Jahrhunderte lang pflegte die mittelpersische Kultur Fächer wie Astronomie, Astrologie, Philosophie, Medizin, Mathematik und Geografie, ergänzt und bereichert um spätbabylonische und indische Elemente, was für die weitere Entwicklung von großer Bedeutung war. Die Perser erreichten wohl nie die Stufe einer schöpferischen Weiterentwicklung der Wissenschaften, aber für die Aufnahme und Vermittlung der Wissenschaften an kommende Forschergenerationen spielten sie eine überaus wichtige Rolle.

Wahrscheinlich verfügten die sassanidischen Gelehrten über die relativ weit entwickelten trigonometrischen Kenntnisse der Inder und über Verfahren der Ortsbestimmung. Zwar scheinen der *Almagest* und die Geografie des Ptolemäus nicht in ihrem gesamten Umfang bei den Persern Fuß gefasst zu haben, aber das arabische Schrifttum deutet darauf hin, dass Teile des *Almagest* mit astronomischen Tafeln und mit einem Verzeichnis von 360 wichtigen Städten in das Mittelpersische übertragen wurden. Was lernten sassanidische Gelehrtenkreise aus diesen Texten und Handtafeln (in einer Bearbeitung des berühmten Astronomen und Mathematikers Theon von Alexandria) über die mathematische Geografie? Sie erfuhren von der ptolemäischen Vorstellung, dass die bewohnte Erde (von einem durch die Kanarischen Inseln gehenden Nullmeridian aus) eine Länge von 180° hatte und sich nördlich vom Äquator bis zum 63. Grad in der Breite erstreckte. Durch die Tabellen lernten sie auch die Längen- und Breitengrade der 360 Städte kennen und kamen in Kontakt mit der griechischen Teilung der bekannten Erde in die drei Erdteile Asien, Europa und «Libyen» (mit dem man in der Antike ganz Nordafrika meinte). Und schließlich lernten die frühen Araber in den persischen Stätten der Wissenschaften wohl auch einige astronomische Verfahren und Begriffe kennen.

Unter dem persisch-sassanidischen Großkönig Chosrau I. entstand im 6. Jahrhundert ein Tafelwerk der mathematischen Astronomie, das als *zīdsch asch-schāh* in das Arabische einging. Darin finden sich griechische Kenntnisse, aber auch Spuren aus dem umfangreichen indischen *Brāhmasphuṭasiddhānta*, das uns bei der Astronomie schon begegnet ist. Ob diese Schrift auch geografische Koordinaten enthielt, weiß die Forschung bislang nicht. Im Arabischen wurde die Bezeichnung *zūdsch* interessanterweise später zum Synonym für astronomische und geografische Tafelwerke schlechthin.

Welche Karten die Perser verwendeten, weiß die Kartografiegeschichte nicht. Zumindest sind die erhaltenen Karten der persisch-arabischen Schule der Geografie den römischen Reichskarten zum Teil sehr ähnlich, die nicht dem Anspruch einer genauen topografischen Karte folgten: Sie zeigten Straßen, Abzweigungen und Streckenzusammenhänge, ohne sich um deren genaue Lage oder um Himmelsrichtungen zu kümmern. Möglicherweise gehen die frühesten kartografischen Vorstellungen der Muslime auf solche sassanidischen Vorgänger zurück.

Indische Mathematik und Astronomie

Wie die muslimischen Araber fanden auch die Inder lange nicht die ihnen gebührende Erwähnung in der Wissenschaftsgeschichte der mathematischen Geografie. Nachdem zuvor bereits die Babylonier den Wert null mit einem Leerzeichen gekennzeichnet hatten, führten die Inder um 600 nach Christus die Zahl Null ein. Später entwickelten sie das dezimale Zahlensystem, das dann über die Araber nach Europa gelangte. Indische Mathematiker führten auch die Sinusfunktion in die Trigonometrie ein. Von indischen Gelehrten lernten die Araber nicht nur verschiedene astronomische Verfahren kennen, sondern erfuhren auch von frühen Versuchen, Formeln für Längendifferenzen zu ermitteln. Sie erhielten Kenntnis von unterschiedlichen Angaben über die Größe des Äquators und über die Länge und Breite der Erde. Ebenfalls aus Indien erbten die Araber die Verfahren der ebenen Trigonometrie.

Mehrere Quellen aus arabischer Hand, darunter das Buch des Universalgelehrten al-Bīrūnī (siehe Kapitel 3) über Indien und sein erhaltenes Handbuch der mathematischen Geografie, vermitteln uns einen Eindruck der indischen Ideen zur mathematisch-astronomischen Geografie: Geografische Koordinaten fand al-Bīrūnī in seinen indischen Quellen kaum. Die 400 Ortsnamen, die er nach indischen Büchern mitteilt, enthalten weder Längen- noch Breitenangaben. Bei der Vermessung der Erde sollen die Inder mit einem halben Kreis operiert haben, eingeteilt in 180 Grad; leider erklärt uns al-Bīrūnī nicht, wann diese Vorstellung bei den Indern einsetzte. Hat die ptolemäische Angabe zur Länge der Erde von 180 Grad vielleicht schon in vor- und frühislamischer Zeit Indien erreicht? Kannten sie also die ptolemäische Geografie bereits vor ihrer Übersetzung in das Arabische? Fuat Sezgin hält es für wahrscheinlich, dass ptolemäische Ideen schon seit dem 6. Jahrhundert in persische und indische Gelehrtenkreise einsickerten – durch die oben schon erwähnte mittelpersische Übersetzung seines Kanons in der Bearbeitung des Theon von Alexandria.

Was die Länge der Erde angeht, so war al-Bīrūnī der Meinung, die indische Vorstellung von einer «hinteren Seite» der Erde stehe im guten Einklang mit Aussagen islamischer Geografen, dass sich dort ein «nicht-befahrbares Meer» befinde.

Ausführlich behandelte al-Birūni auch den Nullmeridian der Inder. Nach seiner Aussage begann dieser Nullmeridian an einer Insel namens Lanka (heute: Sri Lanka) am Äquator und führte durch einen weiteren Ort namens Ujjain. Dieser Meridian zerlege die Erde in eine östliche und eine westliche Hälfte. Die frühen arabischen Gelehrten, die sich an diesen Nullmeridian hielten, bezeichnete al-Bīrūnī als «Ostler», die Gelehrten, die sich an Ptolemäus hielten und mit dem durch Alexandria gehenden Meridian rechneten, als «Westler». Al-Bīrūnī selbst wählte einen durch Bagdad laufenden Nullmeridian als Ausgangspunkt für die Berechnung von Längendifferenzen auf der Erde.

Aus Griechenland, Syrien, Persien, Indien kam also das reiche und teils recht widersprüchliche mathematisch-geografische Erbe, aus dem die arabischsprachige Welt schöpfen konnte.

11. Die Anfänge der mathematischen Geografie in der arabischen Welt

«Der Nachgeborene wird angenehmer und formal besser schreiben können, da er erfahrener, einsichtiger und Fehlern gegenüber vorsichtiger geworden ist. So erklärt sich der Zuwachs in den Wissenschaften, indem der Spätere findet, was der Erste nicht gefunden hat, (fortschreitend) ohne Einschränkung und ohne Begrenzung. Dies ist im Wort Gottes ausgedrückt, wo es heißt: ‹Über jedem Wissenden steht ein mehr Wissender›.» ʿAlī ibn al-Husain al-Masʿūdī (10. Jahrhundert)

1984 machte Fuat Sezgin in der Bibliothek des Topkapi-Palastes in Istanbul durch Zufall eine große Entdeckung. Der Palast war jahrhundertelang der Wohn- und Regierungssitz der Sultane sowie das Verwaltungszentrum des Osmanischen Reiches gewesen, und der Wissenschaftshistoriker untersuchte dort eine 27-bändige Enzyklopädie, die ein Autor mit dem Namen Ibn Fadl Allāh al-ʿUmarī im Osmanischen Reich des 14. Jahrhunderts geschrieben hatte. Darin stieß Fuat Sezgin auf die Kopie einer Weltkarte vom Beginn des 9. Jahrhunderts – ein Fund, der die arabisch-islamische Geografiegeschichte in ein völlig neues Licht rückte.

Die arabische Geografie entsteht

Die Arbeiten von Marinos und Ptolemäus markieren den Höhepunkt dessen, was die antiken Griechen mit ihren mathematisch-astronomischen Hilfsmitteln hatten leisten können, um die Erdoberfläche zu vermessen und darzustellen. Die frühe arabisch-islamische Kultur hob dieses Vorhaben nun auf eine neue Entwicklungsstufe. Nicht zuletzt unter dem Einfluss von Landschaftsschilderungen in der altarabischen Dichtung begannen schon in der ersten Hälfte des 8. Jahrhunderts islamische Philologen eifrig topografische Daten Arabiens zu sammeln. Als früheste Vertreter des Faches gelten der sassanidisch-muslimische Gelehrte Mohammed al-Fazārī und sein Zeitgenosse, der persische Astronom und Mathematiker Yaʿqūb ibn Tāriq. Beide sind uns schon in Kapitel 3 begegnet. Durch diese beiden Gelehrten lernte die islamische Welt erstmals die indische Mathematik und Astronomie kennen, wie sie mittelpersische Gelehrtenkreise seit dem 3. nachchristlichen Jahrhundert gepflegt hatten.

Kurz nach der Gründung des abbasidischen Kalifats kam es aber auch zu jener direkten Begegnung mit dem indischen Wissen, das für die Entwicklung der Geografie so wichtig werden sollte und das wir ebenfalls in Kapitel 3 schon einmal betrachtet haben: Kalif al-Mansūr holte im 8. Jahrhundert indische Astronomen nach Bagdad und ließ sie ihre Kenntnisse präsentieren. Im Jahr 770 wies er Mohammed al-Fazārī und Yaʿqūb ibn Tāriq dann an, das große Werk der indischen Astronomie ins Arabische zu übersetzen. Dass es schon zu jenem frühen Zeitpunkt in der Hauptstadt der Abbasiden möglich war, dieses umfangreiche Buch der indischen Astronomie mit seinen theoretischen Finessen und Berechnungsverfahren zu übersetzen, zeigt, wie schnell, intensiv und hochkonzentriert der kulturelle Aneignungsprozess im frühen Islam vonstatten ging. Al-Fazārī unternahm sogar den Versuch, durch ein modifiziertes indisches Verfahren die Längendifferenz zwischen zwei Orten zu ermitteln, deren Breitengrade bekannt waren. Islamische Gelehrte beschäftigten sich also unter dem Einfluss ihrer persischen und indischen Vorgänger – und bereits mehr als ein halbes Jahrhundert vor der Übersetzung der ptolemäischen Geografie! – mit Problemen der mathematischen Geografie.

Die Weltkarte der Ma'mūn-Geografen

Die Gelehrten der arabischsprachigen Welt waren also bereits in einem gewissen Maß mit Längen- und Breitengraden, Karten und Ländergeografie vertraut, als sie die ptolemäische Geografie in die arabische Sprache übersetzten. Zu Beginn des 9. Jahrhunderts erfuhren sie anscheinend von der Geografie und den Karten des Marinos von Tyros. All dies geschah in einer Zeit, als sich das islamische Reich schon vom Atlantik bis nach Indien erstreckte und an der Schwelle zu einer kreativen Weiterentwicklung der ererbten Wissenschaften stand.

Kalif al-Ma'mūn erteilte nun einer großen Gruppe von Gelehrten, es müssen um die siebzig gewesen sein, den Auftrag, eine neue Geografie und eine Weltkarte zu schaffen. Bei dieser Arbeit stützten sich seine Wissenschaftler in erster Linie auf die Geografie des Ptolemäus, die allerdings eher eine kartografische Anleitung als ein geografisches Buch war.

An diesem Punkt nun ist Fuat Sezgins Entdeckung von 1984 von großer Bedeutung, die die Weltkarte der Ma'mūn-Geografen in Istanbul wieder auftauchen ließ – nicht in ihrer ursprünglichen Fassung, sondern in einer Kopie aus dem Jahr 1340 und als Resultat wiederholten Abzeichnens und Kopierens. Dennoch: Das einst prachtvolle Original schimmert noch immer durch.

Zwar wussten Wissenschaftshistoriker, dass es eine solche Karte geben müsste, doch bis zu Fuat Sezgins Fund galt sie als verschollen. Neben der Weltkarte fanden sich in der alten arabischen Enzyklopädie auch drei Klimakarten gleicher Herkunft. Dank glücklicher Umstände sind außerdem in der Straßburger Universitätsbibliothek drei weitere alte Teilkarten erhalten: Sie zeigen eine Darstellung des Nillaufes, des Asowschen Meeres und Sri Lankas in Südostasien. Diese Karten liegen einem Manuskript aus dem Jahr 1036 bei, das auch das Koordinatenwerk der Ma'mūn-Geografie enthält – mit mehr als 3000 geografischen Koordinaten. Zusammengestellt hat dieses Manuskript ein Abū Dschaʿfar Mohammed ibn Mūsā al-Chwārizmī. Er war wohl einer der Ma'mūn-Geografen. Ob er mit dem berühmten Mathematiker und Astronomen gleichen Namens (siehe Kapitel 3) identisch ist, bleibt zur Zeit noch offen.

Alles dies – der spektakuläre Kartenfund, die Straßburger Teilkarten und die umfangreichen Koordinaten aus der Ma'mūn-Zeit – wurde nun zusammengetragen und ließ ein Bild von der Arbeit des großen Wissenschaftlerkreises entstehen, den Kalif al-Ma'mūn mit der Erstellung einer Weltkarte beauftragt hatte. Auf Basis der Daten des Koordinatenbuchs von al-Chwārizmī konnte die ursprüngliche Ma'mūn-Weltkarte rekonstruiert werden, und zwar sehr viel detailreicher, so dass sie eine noch genauere Vorstellung von dem verlorengegangenen Original gibt.

Wie weit hatte sich also die kartografische Darstellung der Erdoberfläche zu Beginn des 9. Jahrhunderts entwickelt? Welche Idee von der Erde präsentiert uns die Karte der Ma'mūn-Geografen?

Deutlich brach sie mit der Vorstellung von der Erde als zusammenhängendem Festland, wie sie noch bei Marinos von Tyros und Ptolemäus zu finden war. Stattdessen zeigte sie die Landmassen der damals bekannten Erde als Insel, umschlossen von einem hellblau dargestellten «Umfassenden Ozean», den seinerseits ein dunkel-

11. DIE ANFÄNGE DER MATHEMATISCHEN GEOGRAFIE   197

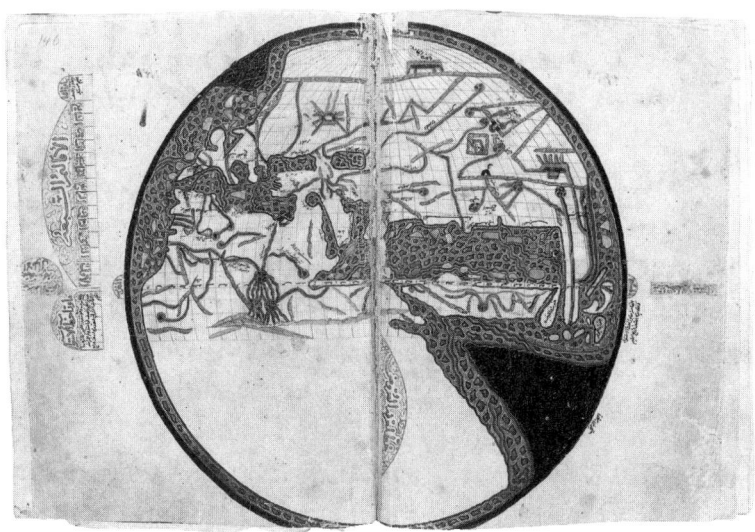

Weltkarte der Ma'mūn-Geografen in einer Kopie aus dem Jahr 1340. Zu sehen ist die damals bekannte Erde in einer globularen Projektion. Die gebogenen Meridiane werden vom Äquator in Richtung Norden oder Süden zunehmend enger. Die geografische Länge des Mittelmeers wird von den ptolemäischen 63° auf 52° reduziert. Der Indische und der Atlantische Ozean sind keine Binnenmeere mehr wie bei Ptolemäus, sondern schließen die Landmassen als offene Meere ein. Damit erschien es nun möglich, Afrika mit Schiffen zu umfahren.

blauer «Finsterer Ozean» umgab. Der Atlantik und der Indische Ozean waren nun keine Binnenmeere mehr, sondern Teile des Umfassenden Ozeans. Was den afrikanischen Kontinent angeht, hatten die Ma'mūn-Geografen die grobe Vorstellung von einer Landmasse, die im Süden umfahrbar war und sich bis 160° nach Osten erstreckte. Die mathematische Erfassung dieses riesigen Kontinents sollte allerdings noch einige Jahrhunderte auf sich warten lassen. Die nach der Ma'mūn-Karte drei ältesten erhaltenen Darstellungen Afrikas – die Karte von al-Kindī und as-Sarachsī aus dem 9. Jahrhundert, eine anonyme Karte aus dem 10./11. Jahrhundert und die Karte von al-Idrīsī aus dem 12. Jahrhundert – orientierten sich zunächst alle noch an der Ma'mūn-Karte und gerieten zudem verzerrt oder vergröbert. Die Ma'mūn-Karte war außerdem von einem globularen Gradnetz überzogen. Gezeigt wurde die Erde also in einer globularen Projektion – eine solche antike Projektion arbeitete mit Hilfsnetzen auf der Grundlage einfacher Kurven in einem Kreis; die mathematischen Kenntnisse der Projektionsgeometrie fehlten ihr noch. Die Ma'mūn-Karte zeigte die bewohnte Welt in westöstlicher Richtung um 15° bis 30° zu klein, während die Längsachse des Mittelmeers um 10° zu groß war. Außerdem bewies sie, dass ihre Zeichner bereits vertraut waren mit der perspektivischen Darstellung von Gebirgen.

Wie groß die Bemühungen der Astronomen und Geografen des Kalifen al-Ma'mūn auch waren – ihre Möglichkeiten hatten naturgemäß enge Grenzen. Das war bereits für ihre griechischen Vorgänger so gewesen und sollte auch für ihre Nachfolger im Abendland seine Gültigkeit behalten. Wissenschaftlicher Fortschritt ist, bis auf ganz wenige Ausnahmen, die Geschichte einer allmählichen Evolution. Jede Generation baut auf den Kenntnissen, Erfahrungen, Errungenschaften und nicht selten natürlich auch den Irrtümern der Vorgängergeneration auf und erweitert von dort aus ihre Forschung und ihren Erkenntnisgewinn. Aus dieser vernünftigen und realistischen Perspektive können wir sehen, dass die Ma'mūn-Geografen die kartografische Darstellung der Erde, die sie von ihren Vorgängern ererbt hatten, wesentlich verbessern konnten. Als günstiger Umstand kam ihnen dabei zugute, dass sie in Bagdad arbeiteten, das nahezu im Zentrum der damals bekannten Erde lag. Von hier aus konnten sie Süd- und Zentralasien sowie Ost- und Nordafrika durch eigene Beobachtungen und Messungen erfassen.

Wenn wir die Ma'mūn-Weltkarte einmal mit der Karte vergleichen, die der byzantinische Gelehrte Maximos Planudes um 1300 nach den Angaben der ptolemäischen Geografie zeichnete, sehen wir deutlich den evolutionären Sprung der Ma'mūn-Geografie. Maximos Planudes wurde um 1260 in Nikomedia in Bithynien geboren und starb 1330 in Konstantinopel. Der Grammatiker und Theologe machte sich sehr um die Übersetzung griechischer Werke in die lateinische Sprache verdient. Gegen Ende des 13. Jahrhunderts entwarf er eine Weltkarte auf Basis der Geografie von Ptolemäus. Vermutlich inspirierte ihn dazu die Weltkarte der Ma'mūn-Geografen, dennoch stellte er den Indischen Ozean und den nördlichen Atlantik noch immer als Binnenmeere dar.

Was lernen Wissenschafts- und Kartografiehistoriker von der Ma'mūn-Weltkarte? Sie wissen nun, wie früh all diese Errungenschaften bereits in der arabisch-islamischen Fortentwicklung der Kartografie auftauchten: eine weit entwickelte Darstellungsform der Erdoberfläche samt einer perspektivischen Darstellung von Bergen, aber auch kartografische Hilfsmittel wie die globulare Projektion und der kartografische Maßstab.

Al-Bīrūnī und die mathematische Geografie als eigenständige Disziplin

Die Ma'mūn-Weltkarte ließ es nun möglich erscheinen, Afrika im Süden zu umfahren und der Indische Ozean erschien im Gegensatz zur ptolemäischen Darstellung als offenes Meer – Ideen von epochaler Bedeutung sowohl in der muslimischen wie in der christlichen Welt.

Unter dem Einfluss dieser Karte baute die islamische Welt die mathematische Geografie im 11. Jahrhundert zu einer eigenständigen Disziplin aus. Die geografische Ortsbestimmung wurde zu einem Projekt, das von nun an intensiv und mit wissenschaftlicher Akribie vorangetrieben wurde, und Geografen begannen, die westlich und östlich von Bagdad liegenden Gebiete mathematisch korrekt zu erfassen.

Maßgeblich an diesem Projekt beteiligt war der Universalgelehrte Abū ar-Raihān al-Bīrūnī (973–1048) aus dem persischen Volk der Choresmier, dem wir als Astronomen von großer wissenschaftlicher Genauigkeit und mit überaus kreativen Ideen in Kapitel 3 schon einmal begegnet sind. Intensiv und akribisch befassten sich al-Bīrūnī und andere Kartografen vor allem mit Fragen der präzisen Ortsbestimmung, nahmen die Schwächen ihrer griechischen, persischen und indischen Vorgänger genau unter die Lupe und erprobten systematisch neue Verfahren. Al-Bīrūnī unternahm den in der Geografiegeschichte einmaligen Versuch, die Längen- und Breitengrade von rund 60 Orten zwischen Bagdad und Ghazna im heutigen Afghanistan zu bestimmen – auf der Basis astronomischer Beobachtungen, einer genauen Streckenvermessung und der sphärischen Trigonometrie. Diese beiden Orte liegen per Luftlinie mehr als 2000 Kilometer voneinander entfernt!

Die Geometrie der Kugel

Werfen wir an dieser Stelle, weil es für unser Thema so wichtig ist, noch einmal einen kurzen Blick auf die Bedeutung der sphärischen Trigonometrie für die Vermessung der Erdoberfläche. In der islamischen Welt entwickelten sich später drei Methoden zur Längengradbestimmung, eine davon ausschließlich gültig für Ozeane; außerdem entstanden rund ein Dutzend Methoden zur Ermittlung von Breitengraden. Das grundlegende, trigonometrische Verfahren zur Längengradbestimmung allerdings stammte von al-Bīrūnī. In Anlehnung an die ersten Erfolge in der Berechnung von Kugeldreiecken begründete er die sphärische Trigonometrie als eigenständige Disziplin und mit seinem Werk *Bestimmung der Koordinaten von Orten zur Korrektur von Entfernungen zwischen Städten* trat er in die Geschichte der mathematischen Geografie ein.

Die drei Lehrer al-Birūnis – Abū al-Wafā al-Būzdschānī, al-Chudschandī und Abū Nasr Mansūr ibn ʿIrāq – gaben unabhängig voneinander an, die Berechnung des «sphärischen Dreiecks» entwickelt zu haben. Das sphärische Dreieck ist für geometrische Betrachtungen der gewölbten Erdoberfläche unverzichtbar. Es verbindet zwei Punkte auf der Erdoberfläche miteinander und jeweils mit dem Erdmittelpunkt. Die sphärische Geometrie unterscheidet sich teilweise erheblich von der auf Ebenen bezogenen Geometrie: Auf einer Kugel gibt es zum Beispiel keine Parallelen, sondern analog zwei Großkreise, die sich allerdings immer schneiden. Bekannte geometrische Sätze – dass die Summe aller Winkel in einem Dreieck 180 Grad beträgt oder der Satz des Pythagoras – gelten auf einer Kugel nicht.

Bis zu dieser Zeit hatte es lediglich eine Methode zur Berechnung von Längengraden gegeben: Sie basierte auf der Beobachtung von Mondfinsternissen. Man maß dieselbe Mondfinsternis an zwei unterschiedlichen Orten auf der Erdoberfläche und hielt den Zeitunterschied fest. Das Prinzip war klug gedacht, aber führte zu relativ ungenauen Ergebnissen.

Al-Bīrūnī entwickelte nun ein neues Verfahren. Die sphärische Trigonometrie ließ ihn wissen, dass bei der Betrachtung von zwei Orten auf der Erdoberfläche vier wichtige Größen miteinander in Beziehung stehen: die beiden geografischen Breiten der Orte, die Differenz ihrer Längengrade und ihre Entfernung zueinander. Kennt der Geograf nur drei dieser Größen, so kann er die vierte mithilfe der sphärischen Trigonometrie ermitteln. Genau das tat der Gelehrte: Mit einem Team und vielen Gerätschaften, darunter einem großen Halb-

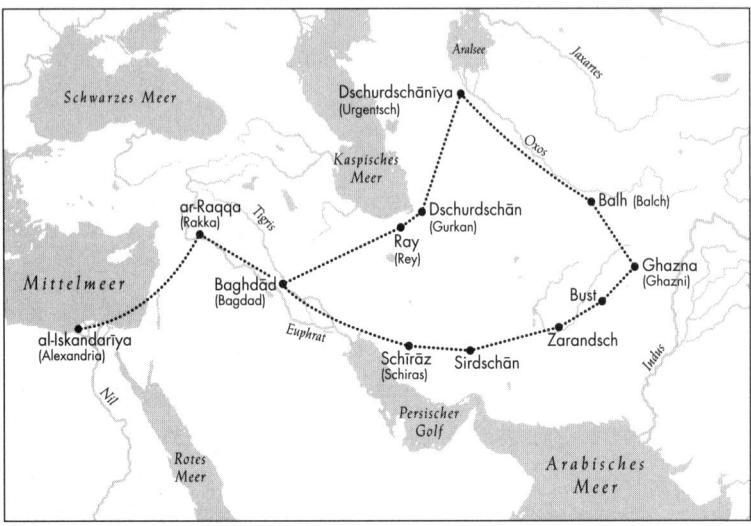

Reisewege von al-Bīrūnī und seinen Mitarbeitern Anfang des 11. Jahrhunderts, um die Breiten und Längen von rund 60 Orten zwischen Bagdad und Ghazna trigonometrisch zu vermessen

globus, reiste er die mehr als zweitausend Kilometer zwischen Bagdad und Ghazna hin und her und maß dabei die Entfernungen zwischen rund 60 verschiedenen Orten; teils entnahm er die Wegemaße auch Berichten über Post- und Reiserouten. Mithilfe astronomischer Beobachtungen bestimmte er die Breitengrade der Orte und konnte nun aus trigonometrischen Berechnungen auch ihre Längengrade angeben. Die Rechnung selbst ist aufwändig und kompliziert und lässt sich hier nicht im Detail wiedergeben, aber wenn wir seine Ergebnisse mit heutigen Werten vergleichen, betragen seine Fehler nicht mehr als 6 bis 45 Bogenminuten. Ein exakteres Ergebnis wurde in Europa erst wieder im 19. und 20. Jahrhundert erreicht.

Breitenmessung an jedem beliebigen Tag

Die Geografen bauten auch neue Instrumente, um ihr ambitioniertes Werk voranzutreiben. In seinem Werk zur mathematischen Geografie berichtet al-Bīrūnī von einem Instrument, das offenbar schon in der ersten Hälfte des 11. Jahrhunderts entstand. Es ließ sich auf zwei verschiedene Weisen anwenden und diente zur Breitenmessung – und zwar an jedem beliebigen Tag und ohne dass der Geograf eine Deklinationstabelle zur Hilfe nehmen musste. Dieses Gerät war für die Erweiterung und Vervollständigung der geografischen Ortstabellen von großer Bedeutung. Eine weitere Beschreibung davon verdanken wir Mohammed ibn Ahmad al-Chāzimī, einem jüngeren Zeitgenossen al-Bīrūnīs.

Auch wenn das Berechnungsverfahren für mathematisch Ungeübte ein wenig kompliziert erscheinen mag, lassen wir es an dieser Stelle einmal auf uns wirken, um eine Vorstellung von der Raffinesse der angewendeten Rechenmethoden zu bekommen:

Bei der ersten Version des Verfahrens nimmt man einen ausreichend großen, genau gebauten, mit Längen- und Breitengraden versehenen Halbglobus und markiert darauf den Zenit. Man setzt den Großkreis des Halbglobus auf einen mittels eines Lots genau nivellierten horizontalen Boden. Als Hilfsmittel baut man einen Kegel, dessen Grundfläche den Durchmesser einer Handspanne hat. An einer Seite des Kegels öffnet man oberhalb der Grundfläche ein Fenster von der Größe, dass man eine Hand hineinstecken und das im Mittelpunkt der Grundfläche gebohrte Loch berühren kann. An der Spitze des Kegels bohrt man ein weiteres, sehr kleines Loch. Man setzt den Kegel auf die Halbkugel, richtet ihn an einem beliebigen Zeitpunkt während des Tages auf die Sonne und bewegt ihn so lange hin und her, bis der Sonnenstrahl durch das Loch an der Spitze des

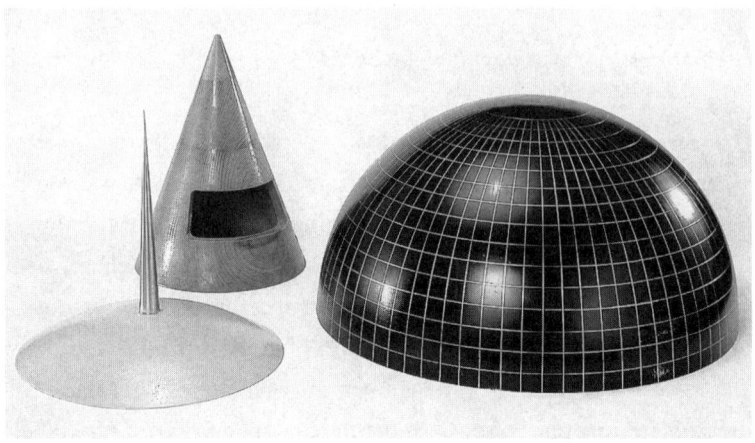

Instrument zur Breitenmessung an jedem beliebigen Tag. Das Koordinatennetz ist in Abschnitte von 5 Grad eingeteilt.

Kegels auf das Loch im Mittelpunkt der Grundfläche fällt. Die Position markiert man auf dem Halbglobus und wiederholt die Beobachtung des Sonnenstandes an verschiedenen Zeiten des Tages. Als Resultat erhält man unterschiedliche Markierungen (B, B', B''). Diese verbindet man miteinander zu einem Bogen. Dann ermittelt man den Pol (P) des dadurch gewonnenen Bogens des Großkreises. Dieser entspricht dem Pol des Himmelsäquators. Dessen Abstand (a) vom Zenit (Z) liefert dann den Komplementwinkel zu 90° und damit den Breitengrad f = 90-a.

Beim zweiten Verfahren verwendet man statt des Kegels ein kreisförmiges Segment der Oberfläche einer Kugel aus Metall oder Holz, dessen Durchmesser ein oder zwei Millimeter größer ist als der des oben verwendeten Halbglobus. In der Mitte der Außenseite dieser sich an den Globus anschmiegenden Kappe befestigt man ein «Gnomon», einen stabförmigen Schattenzeiger. Die Kappe wird so lange auf dem Globus in Richtung Sonne hin und her bewegt, bis der Schatten des Gnomons verschwindet. Diese Position wird auf dem

11. DIE ANFÄNGE DER MATHEMATISCHEN GEOGRAFIE

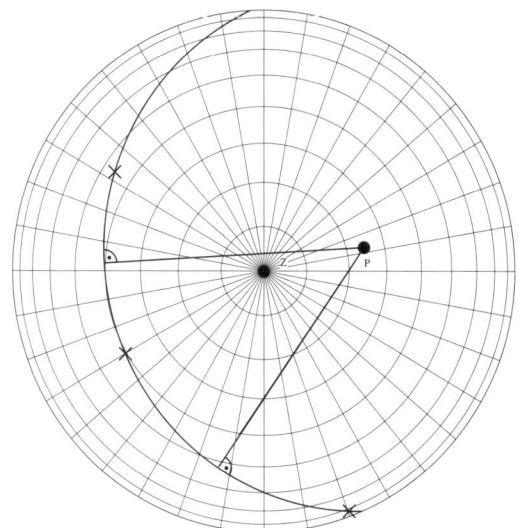

Bestimmung des Breitengrades auf der Halbkugel

Globus als Mittelpunkt des Kreises ermittelt, welcher zuvor um die Kappe markiert wurde. Zwei weitere Positionen werden bei anschließenden Beobachtungen am selben Tag hinzugefügt. So kann, wie bei der ersten Version, der Pol des Himmelsäquators auf dem Halbglobus und anschließend der Breitengrad des Beobachtungsortes ermittelt werden.

Al-Bīrūnīs geografische Messdaten wurden zur Grundlage von Ortsbestimmungen, die Gelehrte im östlichen Teil der islamischen Welt von nun an jahrhundertelang und kontinuierlich durchführten. Das Projekt war gegen Ende des 10. Jahrhunderts so weit entwickelt, dass die Forscher die geografische Länge des Mittelmeers auf etwa 44° reduzieren konnten – der tatsächliche Wert beträgt 42°.

Die Ma'mūn-Geografen hatten den Nullmeridian, also die Ausgangslinie für Längengradmessungen, so wie schon zuvor Ptolemäus, über die Kanarischen Inseln verlaufen lassen. Nun begannen arabisch-islamische Geografen, mit zwei neuen Nullmeridianen zu rechnen. Einen davon verlegten sie in den Atlantik westlich der Kanarischen Inseln auf 17° 30' und den zweiten westlich von Toledo in den Atlantik auf 28° 30'. Das zog leider das Problem nach sich, dass nun verschiedene Typen von Koordinatentabellen und Karten in der muslimischen Welt kursierten, basierend auf jeweils anderen Nullmeridianen – ein Umstand, der in der Geschichte der Kartografie noch für viel Verwirrung sorgen sollte.

12. Die Blütezeit der arabischen Geografie

«Die Wissenschaft gibt dir nichts von sich, es sei denn, du gibst dich ihr ganz hin. Doch auch, wenn du dich ihr ganz hingibst, bleibt es ungewiss, ob sie dir etwas gibt.» *An-Nazzām, 9. Jahrhundert*

Im 12. Jahrhundert begegnet uns eine der bedeutendsten Leistungen der arabisch-islamischen Geografie – es ist die runde Weltkarte von asch-Scharīf al-Idrīsī. Dieser Adlige aus dem Westen der islamischen Welt kam entweder als Gast des Normannenkönigs Roger II. oder als Reisender in das sizilianische Palermo. Während seines langjährigen Aufenthaltes fertigte er dort im Auftrag seines Gastgebers eine runde Weltkarte auf einer Silberscheibe an, genannt «Tabula Rogeriana», dazu 70 Teilkarten und ein Buch der Weltgeografie. Als Rogers jüngster Sohn Wilhelm I. auf den Thron kam, erstellte al-Idrīsī für den neuen König eine Kurzfassung seines Buches mit 72 Teilkarten. Die runde silberne Weltkarte wurde noch während der Regentschaft von Wilhelm I. von Aufständischen in Stücke geschlagen und unter den Kämpfern verteilt. Geografische Handschriften sowie die Weltkarte und Teilkarten von al-Idrīsī sind uns glücklicherweise erhalten geblieben, wenn auch als Endprodukt vielfachen Kopierens und Abschreibens.

Obwohl al-Idrīsī deutlich schrieb, er habe eine runde Weltkarte hergestellt, und obwohl sämtliche Kopien der Karten, die Historiker

Weltkarte des al-Idrīsī, entstanden 1154, hier in einer Kopie aus dem Jahr 1500

in verschiedenen Handschriften finden konnten, kreisförmig sind, fand eine rechteckige Version seiner Karte unter Arabisten große Verbreitung. Erstellt hatte sie Konrad Miller, der von 1844 bis 1933 lebte. Der ansonsten sehr verdienstvolle Theologe, Naturwissenschaftler und Kartografie-Historiker war einfach davon überzeugt, die Weltkarte al-Idrīsīs müsse rechteckig gewesen sein, und fühlte sich daher legitimiert, das verlorene Original wiederzugewinnen, indem er die 70 rechteckigen Teilkarten zu einer «viereckigen Weltkarte des Idrīsī» zusammenfügte, die es so nie gegeben hat. Miller kümmerte sich auch nicht um die notwendigen Umrechnungen, weshalb der Norden in seiner Karte genau so breit dargestellt wird wie äquatoriale Regionen. Dadurch verschwindet die Gesamtkonfiguration von Nordasien und Afrika aus der Karte, wie al-Idrīsī sie angelegt hatte.

Über viele Jahrzehnte hinweg wussten nur wenige Forscher, dass al-Idrīsīs Original in Wirklichkeit rund war und sehr anders aussah als die Rekonstruktion Millers.

Wissenschaftshistoriker diskutieren schon lange über die Frage, wie al-Idrīsī zu seinen Karten kam und wie man die Bedeutung seines Werkes geografiegeschichtlich einzuordnen hat. Lange Zeit ging man davon aus, er habe mit der ptolemäischen Weltkarte als Vorlage gearbeitet, heute allerdings ist bekannt, dass es eine solche Karte wohl nie gab. Seit Fuat Sezgin die Weltkarte der Ma'mūn-Geografen 1984 in einer Kopie wiederentdeckt hat, weiß die geografiehistorische Forschung: Al-Idrīsīs Karte geht auf die Ma'mūn-Karte zurück.

Europa in klaren Konturen

Wie konnte ein Geograf damals von Sizilien aus eine solch erstaunliche kartografische Leistung vollbringen? Dafür waren Vermessungsarbeiten nötig, die man vor Ort durchführen musste. Mit den damaligen Möglichkeiten erforderte das viele Jahrzehnte Arbeit, dazu die Anstrengungen mehrerer Generationen von Kartografen. Fuat Sezgin ist davon überzeugt, dass ein Buch zu al-Idrīsī gelangt sein muss, in dem er genau diese Informationen vorfand. Tatsächlich nennt al-Idrīsī selbst ein passendes geografisch-kartografisches Buch als eine seiner Quellen. Es wurde von einem Chānāh ibn Chāqān al-

Kimākī verfasst und basierte sicherlich auf langfristigen präzisen Messungen und Datensammlungen vor Ort in der Tradition der arabischen Kartografie. Trotz ihrer Unzulänglichkeiten hilft uns die Weltkarte von al-Idrīsī, die Weiterentwicklung der arabisch-islamischen Kartografie nach Kalif al-Ma'mūn und seinen Wissenschaftlern zu begreifen. Offensichtlich hatte al-Idrīsī das Gradnetz seiner Vorlage nicht begriffen, ersetzte er es doch durch sieben gleich weit voneinander entfernte Klimalinien. Gleichzeitig besaß die arabische Geografie inzwischen aber genügend Kenntnisse, so dass er seine Vorlage in mehrfacher Hinsicht übertreffen konnte: Europa, vor allem der Mittelmeerraum, ist sehr viel klarer dargestellt. Bei al-Idrīsī finden wir eine sehr viel detailreichere Darstellung von Höhenstrukturen der Erdoberfläche sowie eine Reihe von Binnenseen und Flüssen, die auf der Ma'mūn-Karte fehlten. Auch die Form Nord- und Nordostasiens veränderte sich bei al-Idrīsī stark. Der Nordosten Asiens ist völlig neu gestaltet, Zentralasien mit seinen Seen und Flusssystemen weiter ausgearbeitet. Bereits die Ma'mūn-Geografen hatten mit der ptolemäischen Vorstellung von einem zusammenhängenden Festland im äußersten Nordosten der Erde gebrochen. Stattdessen sahen sie diesen Teil der bekannten Erde von einem befahrbaren «Umfassenden Ozean» umschlossen. Auf al-Idrīsīs Weltkarte wurde nun der Nordosten Asiens wesentlich verkleinert und gerundet und erhielt die Form eines Sattels. In dieser neuen Form tauchte er bis zum 18. Jahrhundert auch auf den meisten abendländischen Weltkarten auf – allerdings machten sich Geografiehistoriker nicht die Mühe darüber nachzudenken, wie die abendländischen Karten zu dieser Gestaltung gekommen waren: durch die Weltkarte al-Idrīsīs.

Seine runde Weltkarte hilft außerdem, den Ursprung der sogenannten «Portolankarten» in ein neues Licht zu rücken, die angeblich «ganz plötzlich» um die Wende vom 13. zum 14. Jahrhundert unter europäischen Seefahrern und Kartografen aufkamen. Dazu mehr in Kapitel 13.

Qualitativer Sprung

Im 13. Jahrhundert machte die mathematische Geografie quantitativ wie qualitativ noch einmal einen enormen Sprung nach vorn. Ein Beispiel dafür ist der Astronom Abū al-Hasan al-Marrākuschī, der von ungefähr 1203 bis 1280 in Marokko lebte, also im westlichen Teil der islamischen Welt. Er stützte seine geografische Datensammlung auf ein neues Messverfahren: Dabei beobachtete man im Jahresverlauf von verschiedenen Orten auf der Erde aus die Wanderbewegungen der Fixsterne am Himmel und setzte Wege und Winkel dort oben über trigonometrische Berechnungen mit den analogen geografischen Längen unten auf der Erde in Beziehung. Diese Form der Geografie begegnet uns im Abendland erst wieder in der zweiten Hälfte des 16. Jahrhunderts bei Tycho Brahe. Al-Marrākuschī hinterließ eine Koordinatentabelle mit 130 Orten. Sie enthält korrigierte Breitengrade und beträchtlich korrigierte Längengrade von Küstenstädten des Mittelmeers und von weiteren Orten auf der Iberischen Halbinsel und in Nordafrika. Die geografische Länge des Mittelmeers erfuhr nun eine Korrektur von etwa 19° gegenüber der Geografie des Ptolemäus und von etwa 8° gegenüber den Ma'mūn-Geografen; damit näherte sie sich dem modernen Wert auf 2° bis 3° an. Auch die Längendifferenz zwischen Toledo und Bagdad weist eine deutliche Korrektur auf. Bei al-Marrākuschī tritt uns also eine Reform der Geografie entgegen: In früheren Darstellungen war Spanien viel zu groß geraten und die Seiten Afrikas in südliche Richtung gedrückt. Das ist nun berichtigt: Al-Marrākuschī hob alle Orte im Maghreb in der Breite an und schob sie an ihre tatsächlichen Positionen.

Eine solch tiefgreifende Korrektur von Koordinaten in einem riesigen geografischen Raum, der sich von Spanien bis Bagdad erstreckte, konnte selbstverständlich nicht von einem einzigen Menschen und auch nicht während eines einzigen Menschenlebens geleistet werden – was al-Marrākuschī im Übrigen auch gar nicht behauptete: Geradezu peinlich genau machte er in seiner Tabelle seine eigenen Koordinaten mit roter Tinte kenntlich, um sie von denen zu unterscheiden, die aus anderen Quellen stammten.

Durchbruch in Marāgha

Interessanterweise wurde der Mehrheit der islamischen Gelehrten zunächst gar nicht bewusst, wie radikal und umfassend die Korrekturen der Längengrade zwischen dem Westrand der damals bekannten Erde und Bagdad ausfielen. Denn die Geografen und Astronomen, die diese Korrekturen vorgenommen hatten, lebten weit weg im Westen der islamischen Welt und ihre Verbesserungen betrafen auch nur Orte westlich von Bagdad. Nur gelegentlich tauchten die Korrekturen auch im Osten der islamischen Welt in Tabellen auf.

Im 13. Jahrhundert nun kam es zu einem kartografiehistorisch revolutionären Durchbruch: 1272 starteten islamische Wissenschaftler die ernsthafte Initiative, die westliche und die östliche Geografietradition zu vereinheitlichen. Dazu mussten sie die Längengrade, die seit Mitte des 11. Jahrhunderts westlich wie östlich von Bagdad ermittelt worden waren, völlig neu vermessen und zu einem Gesamtbild zusammenfügen. Im Zuge dessen mussten sie sich auch auf einen einheitlichen Nullmeridian einigen. Die Entscheidung fiel auf den westlich von Toledo gelegenen Nullmeridian bei 28° 30'. Die Protagonisten dieser Zusammenarbeit waren der persische Astronom Nasīr ad-Dīn at-Tūsī und sein andalusischer Kollege Muhyī ad-Dīn Yahyā ibn Mohammed al-Andalusī. Der Ort ihrer Kooperation war die kurz zuvor gegründete Sternwarte von Marāgha. In ihren astronomischen Tafelwerken entschieden sich diese beiden Gelehrten nun für eine konsequente Vereinheitlichung der Längengrade und kombinierten die Längengrade Asiens, die von al-Bīrūnī ermittelt worden waren, mit den Längengraden, die im islamischen Westen festgestellt worden waren.

Die Tragweite ihres Unternehmens lässt sich an zwei Beispielen erkennen: So publizierten die beiden Forscher als Längendifferenz zwischen Toledo und Ghazna einen Wert von 75° 50' – mit einem relativ geringen Fehler von 3° 28' gegenüber dem heutigen Wert von 72° 22'. Die Längendifferenz zwischen Rom und Daibul in Indien gaben sie mit 57° 03' an – hier war der Fehler noch kleiner und betrug nur 1° 48' gegenüber dem heutigen Wert von 55° 15'. Auch hier ermisst sich die Güte der Forschungsergebnisse wieder im Vergleich mit der abendländischen Kartografie: Die Werte der arabisch-islamischen Wissenschaftler aus dem 11., 12. und 13. Jahrhundert konnten abendländische Geografen erst im 19. und teils sogar erst im 20. Jahrhundert mit neuen Messmethoden verbessern.

Neue Weltkarten entstehen

Schon in der zweiten Hälfte des 13. Jahrhunderts entstanden wahrscheinlich auch die ersten Weltkarten, die sich an diesen grundlegend korrigierten Koordinaten orientierten. Leider müssen die Handschriften, die dies beweisen würden, derzeit als verschollen gelten, zum Beispiel eine möglicherweise eigenhändige Handschrift von Nasīr ad-Dīn at-Tūsī, die Querverweisen zufolge eine derartige Weltkarte enthalten haben muss. Demnach soll Nasīr ad-Dīn at-Tūsī eine solche Weltkarte im Jahr 1265 an der Sternwarte in Bagdad auf einen Globus aus Pappmaché gezeichnet haben. Interessant ist auch eine chinesische Quelle: *Die Annalen der Yuan-Dynastie* von Song Lian (1310–1381). Der chinesische Historiker berichtet darin von sechs astronomischen Geräten und einem Erdglobus, die ein Mann namens Dschamāl ad-Dīn aus Mittelasien nach China eingeführt und dem Mongolenherrscher Kublai Khan im Jahr 1271 (drei Jahre vor dem Tod Nasīr ad-Dīn at-Tūsīs) überreicht habe. Der Erdglobus sei aus Holz gefertigt, die sieben Wasser darauf grün und die drei Erdteile mit ihren Flüssen und Seen weiß eingezeichnet gewesen. «Kleine Quadrate» darauf hätten es erlaubt, die Größe aller Regionen und aller Distanzen und Routen abzulesen. Es dürfte außer Zweifel stehen, dass sich hinter den «kleinen Quadraten» nichts anderes als die einander schneidenden Längen- und Breitenkreise verbargen. Der Gesandte Dschamāl ad-Dīn war wahrscheinlich identisch mit dem ersten Direktor der von Kublai Khan im Mongolischen Reich gegründeten Sternwarte. Er war der Autor einer umfangreichen Geografie des gesamten Chinesischen Reiches, eines Buches, das in der Zeit danach in vielen Kompilationen kursierte, von dessen Original allerdings nur wenige Überreste erhalten sind. Auf den Einfluss der arabisch-islamischen auf die chinesische Geografie werden wir in Kapitel 13 auch noch kurz zu sprechen kommen.

Qutb ad-Dīn asch-Schīrāzī und die Portolankarten

Ein weiteres Zeugnis zeigt die Qualität der islamischen Geografie im 13. Jahrhundert. Der persische Universalgelehrte Qutb ad-Din Mahmūd ibn Masʿūd asch-Schīrāzī lebte von 1236 bis 1311, sein großes Wirkungsgebiet erstreckte sich auf Schiraz, Marāgha, Dschuvain, Anatolien und Syrien. In seinem astronomischen Werk erörterte er die kartografische Darstellung der Erde und sprach dabei auch von der Herausforderung, viele Einzelheiten in kleinen Formaten unterzubringen. Zu diesem Zweck schlug er eine praktische Methode vor, wie man zu einer vereinfachten und schematisierten Karte des Mittelmeers gelangen könne. Dazu stellte er das Mittelmeer mit dem Schwarzen Meer zusammen in ein Rechteck, das er in 1200 Quadrate teilte. Statt in Graden drückte er die Längen und Breiten nun durch Quadrate aus und markierte Meere und Erdteile durch unterschiedliche Farben.

In der ersten Hälfte des 20. Jahrhunderts zeichneten einige Arabisten ein solches Kartenschema nach, und zwar entsprechend den Daten, die sie dem Werk des persischen Gelehrten entnehmen konnten. Das Ergebnis ist erstaunlich: Eine kartografische Präsentation entstand, die exakt dem Aussehen und den Gebieten entsprach, die wir in den abendländischen Portolankarten des Mittelalters finden (mehr dazu in Kapitel 13). Die Formen Nordafrikas, des Mittelmeers, des Schwarzen Meers und des dargestellten Teils von Europa – alles das war bereits asch-Schīrāzī bekannt gewesen.

Natürlich gibt es keinen Zweifel daran, dass der persische Gelehrte die Daten seinerseits einer Karte entnommen haben muss, die ihm aus fremder Hand vorlag, denn die geodätische Vermessung solch riesiger Gebiete ließ sich nicht im Alleingang bewerkstelligen. Darauf weist nicht zuletzt auch eine Nachricht des Universalgelehrten Raschīd ad-Dīn aus dem 13. Jahrhundert hin, wonach asch-Schīrāzī dem Mongolenherrscher Arghūn im September 1289 eine detaillierte Mittelmeerkarte vorlegte, auf der die Küsten, Buchten und Städte im Westen und im Norden und sogar Einzelheiten byzantinischen Gebietes eingetragen waren.

Verschollene Werke

Spätestens im 14. Jahrhundert setzte sich bei den Kartografen und Geografen der islamischen Welt flächendeckend die Auffassung durch, dass man nur auf Basis exakter mathematisch-astronomischer Längen- und Breitenmessung realitätsgetreue Karten erstellen könne. Darauf weist eine Fülle von Dokumenten des arabischen und persischen Schrifttums aus jener Zeit hin.

So begegnet uns im 14. Jahrhundert im westlichen Teil der arabischen Welt die bedeutende Koordinatentabelle des Astronomen und Mathematikers Mohammed ibn Ibrāhīm ibn ar-Raqqām aus Murcia. Sie umfasst 97 Orte und nimmt die radikale Korrektur der Längengrade nun bereits für einen beträchtlichen Teil der damals bekannten Erde auf. Die geografische Länge der großen Achse des Mittelmeers ist hier auf 44° reduziert, was im Vergleich mit dem heutigen Wert nur noch 2° zu lang ist.

Eine andere arabische Tabelle, überliefert in portugiesischer Sprache, enthält die Koordinaten von 31 Orten in Spanien, Westeuropa und dem westlichen Mittelmeerraum. Die Genauigkeit der Messungen lässt erstaunen: Die Koordinaten von London betragen nach dieser Tabelle von Bagdad aus L 42° 00', B 48° (nach heutigen Daten: L 44° 26', B 51° 30'). Die Längendifferenz zwischen London und Bagdad enthält also nur noch einen Fehler von 2° 26'. Zum Vergleich: Bei Ptolemäus betrug er noch 18°, bei den Ma'mūn-Geografen immerhin noch 9°.

Eine weitere bedeutende geografische Arbeit legte im 14. Jahrhundert der persische Universalgelehrte Raschīd ad-Dīn vor, der in eine jüdische Familie geboren wurde und später zum Islam konvertierte. Sein Schüler bezeugt, dass das geografische Werk seines Meisters eine Beschreibung der sieben Klimata enthalten habe, dazu die Teile der damals bekannten Erde sowie die Meere, Berge und Täler mit Längen- und Breitengraden. Um eine möglichst wirklichkeitsgetreue Darstellung zu erreichen, habe sein Meister die Richtigkeit aller Daten überprüft und genaue Informationen bei Kennern der eingezeichneten Länder eingeholt. Wegen der Größe der Karten habe er zudem ein ungewöhnlich großes Format für das Buch gewählt. Leider ist uns das Original dieses ohne Zweifel bedeutenden Werkes nicht erhalten geblieben und Wissenschaftshistoriker müssen sich, um das Werk einschätzen zu können, auf eine skizzenartige Karte der Gebiete von Anatolien bis Zentralasien stützen, die sich in anderen Quellen mit Bezug auf die Leistungen von Raschīd ad-Dīn finden.

Erfasst: Kleinasien und der Ägäische Raum

Kleinasien und der Ägäische Raum standen unter byzantinischer Herrschaft, weshalb sich die islamische Kartografie um diese Gebiete lange nicht kümmerte. An der Wende vom 13. zum 14. Jahrhundert entstanden nun Karten, die Kleinasien und das Schwarze Meer erstaunlich genau erfassten. Eine davon ist nach einem Genueser Priester und Geografen als «Karte von Giovanni da Carignano» bekannt. Doch auch sie kann nur Ergebnis von astronomischen Beobachtungen und geodätischen Messungen sein, die vor Ort über einen langen Zeitraum mit staatlicher Unterstützung durchgeführt worden waren.

Es gibt einige spärliche Koordinaten von Kleinasien, die unter islamischer Herrschaft spätestens im 13. Jahrhundert entstanden sein müssen. Doch erst eine frühosmanische Tabelle aus der ersten Hälfte des 14. Jahrhunderts liefert die Koordinaten von 151 Orten, von denen sich ein Achtel in Kleinasien befindet. Die Tabelle dokumentiert die frühe Beteiligung osmanischer Gelehrter an der Ausgestaltung des Gradnetzes zumindest von Anatolien und zeigt, welche Wirklichkeitsnähe die mathematische Erfassung Kleinasiens nun bereits erreicht hatte. Erst im 20. Jahrhundert konnten westliche Wissenschaftler diese geografischen Räume noch exakter vermessen.

Orient und Okzident fließen zusammen

Ab jetzt werden sich in unserem Gang durch die Geschichte der arabisch-islamischen Geografie zwei Aspekte nicht mehr voneinander trennen lassen: die Kreativität der islamischen Kartografen und die abendländische und osmanische Rezeption ihres Schaffens. In der Tat sind europäische und auch osmanische Quellen für Wissenschaftshistoriker ein unverzichtbares Hilfsmittel, um die Geschichte der arabisch-islamischen Kartografie nachzuzeichnen.

Im siebten Kapitel haben wir Ibn Mādschid und Sulaimān al-Mahrī kennengelernt, die beiden großen Vertreter der Nautik auf dem Indischen Ozean. Sie sprachen in ihrem Werk kaum je von Karten, weshalb Kartografiehistoriker verschiedentlich meinten, die beiden Gelehrten hätten dieses Hilfsmittel bei der Seefahrt nicht gekannt oder nicht besessen. Doch das ist nicht der Fall, wie wir aus dem *Kitāb al-Muḥīṭ* («Buch des Ozeans») von Sidi ʿAlī erfahren, einem Werk, das der Forschung inzwischen durch eine Faksimileausgabe in vollem Umfang zur Verfügung steht. Der osmanische Admiral Sidi ʿAlī lebte im 16. Jahrhundert und setzte sich in seinem Buch ausführlich mit der Arbeit von Ibn Mādschid und Sulaimān al-Mahrī auseinander. Seine Ausführungen lassen keinen Zweifel daran, dass eine Seefahrt, die sich an der Berechnung von Strecken, an Richtungs- und Positionsbestimmungen orientierte, weder im Mittelmeer noch im Indischen Ozean ohne geeignete graduierte Karten, dazu Kompass, Zirkel und Instrumente wie Astrolabium oder Quadrant auskommen konnte. Sogar Weltkarten erwähnte Sidi ʿAlī – und sein Text zeigt deutlich, dass er unter einer Karte eben das verstand, was wir auch heute aus moderner naturwissenschaftlicher Sicht darunter verstehen: das möglichst präzise Abbild der mathematisch erfassten Erdoberfläche.

Portugiesen finden erstaunlich präzise Karten vor

Für die arabische Seefahrt auf dem Indischen Ozean entwickelten Nautiker und Astronomen erstaunlich exakte graduierte Karten. Darauf weisen die erhaltenen Karten selbst, aber auch arabisch-türkische Quellen hin. Denn die Portugiesen behaupteten in frühen Texten nicht, die ausgefeilten Karten, die ihnen später zugeschrieben wurden, selbst entwickelt zu haben. Stattdessen sprechen sie freimütig davon, dass Karten aus arabisch-islamischer Hand, auf denen ferne Gebiete dargestellt waren, sie dazu ermutigten, selbst zu Expeditionen aufzubrechen. Vielfach bezeugen Seefahrer nicht nur aus Portugal, sondern auch aus anderen europäischen Ländern schriftlich, dass sie bei ihren Begegnungen mit der arabisch-islamischen Kultur auf eine Fülle weit entwickelten kartografischen Materials und eine fortgeschrittene astronomische Nautik stießen.

Für die Wissenschaftsgeschichte sehr wertvoll ist eine portugiesische Weltkarte, die vermutlich aus den Jahren 1519/1520 stammt. Diese Karte ist mit Längen- und Breitengraden versehen und wird dem portugiesischen Kartografen Jorge Reinel aus dem 16. Jahrhundert zugeschrieben, dem Sohn des berühmten Kartografen Pedro Reinel. Die Strecke zwischen der Ostküste Afrikas und der Westküste Sumatras am Äquator beträgt auf dieser Karte 57°, ein Wert, der von den heute gemessenen 56° 50' nur um 10' abweicht – und um nur 20' von dem Wert des arabischen Nautikers Sulaimān al-

Mahrī. Funde wie dieser lassen nur einen Schluss zu: Der portugiesische Kartenmacher muss eine Vorlage besessen haben, die nur vor Ort, auf dem Indischen Ozean und im Laufe einer in Jahrhunderten intensiv betriebenen geodätischen Vermessung entstanden sein konnte. Die weitgehend realitätsgetreue kartografische Darstellung Afrikas und des Indischen Ozeans, die bereits vor den portugiesischen Expeditionen entstand, gehört zu den bedeutendsten Leistungen des arabisch-islamischen Kulturkreises im 15. Jahrhundert – und das große Verdienst der Portugiesen lag darin, die Bedeutung jener Karten erkannt, sie gesammelt und nach Europa gebracht zu haben. Auf diese Weise verbreiteten sich die Karten in mehreren europäischen Sprachen und gaben schließlich den Anstoß dafür, dass sich Geografen und Astronomen auch in Europa für die genaue Vermessung der Erdoberfläche zu interessieren begannen.

Die sogenannte Cantino-Karte

Vom 13. bis zum 15. Jahrhundert zeigen europäische Weltkarten unter arabisch-islamischem Einfluss Afrika in halbinselförmiger Gestalt; Spuren einer mathematisch-astronomischen Vermessung sind allerdings noch nicht zu erkennen. Doch kurz nach der Rückkehr Vasco da Gamas von seiner ersten Expedition nach Indien im Jahr 1499 ereignete sich so etwas wie eine geografiehistorische Sensation: Der fast perfekte kartografische Umriss von Afrika und Südasien einschließlich Indiens kam in Europa in Umlauf. Rasch verbreitete sich die Erklärung, die Karten seien von portugiesischen Kartenmachern nach Daten hergestellt worden, die Vasco da Gama gesammelt und mitgebracht habe. Wie wir inzwischen gesehen haben, zeugt diese Erklärung von einer völligen Verkennung der Voraussetzungen, die man braucht, um einen so großen Teil der Erdoberfläche exakt darstellen zu können. Und wir sehen eine Arroganz, die für die europäische Selbsteinschätzung der Wissenschaften typisch bleiben sollte: Obwohl eine Fülle historischer Zeugnisse gut zugänglich vorlag, die das hohe Niveau der mathematischen Geografie, Kartografie und wissenschaftlichen Nautik des arabisch-islamischen Kulturraums bezeugen konnten, ignorierte das Abendland seine arabisch-islamischen Quellen. Inzwischen zeigen uns alte Dokumente sogar, dass bereits seit der ersten Hälfte des 15. Jahrhunderts Karten nach Portugal gelangten, die den Indischen Ozean und das im Süden umfahrbare Afrika zeigten. Den Portugiesen muss also der Seeweg nach Indien bereits bekannt gewesen sein, als sie es mit Hilfe solcher Karten wagten, ihre Reisen zu unternehmen – Reisen, die man später im Abendland euphemistisch «Entdeckungsfahrten» taufte. Ein Beispiel ist die sogenannte Cantino-Karte: Alberto Cantino war offiziell Diplomat eines italienischen Handelshauses am Hof des portugiesischen Königs Manuel I.; seine inoffizielle Aufgabe bestand wohl darin, den Italienern Informationen über die portugiesischen Entdeckungen zu beschaffen. Seine Karte, die er nicht selbst zeichnete, sondern heimlich beschaffte oder anfertigen ließ, gilt als die erste, die nach der Rückkehr Vasco da Gamas von seiner ersten Expedition entworfen wurde, vermutlich im Jahr 1502.

Wenn wir die Cantinokarte (siehe Abb. S. 272) mit heutigen Darstellungen vergleichen, sehen wir leicht, dass die Linien des Äquators und der beiden Wendekreise exakt über Afrika, die Arabische Halbinsel und Indien gezogen sind. Der Abstand zwischen dem Äquator und dem Kap der Guten Hoffnung fällt auf der Cantino-Karte in Grad und Minuten fast genau so aus, wie wir ihn auch heute messen; die Distanz zwischen der Ostküste Afrikas und dem Meridian von Kap Comorin in Südindien gerät nur etwa um ein halbes Grad größer. Diese Karte besitzt also, was die Längen- und Breitendimensionen der südlichen Hälfte Afrikas und den Abstand der afrikanischen

Ostküste vom südlichsten Punkt der Indischen Halbinsel angeht, eine Genauigkeit, wie sie in abendländischen Darstellungen von Europa und Asien erst im 19. Jahrhundert, teilweise sogar erst im 20. Jahrhundert erreicht wurde.

Man muss die einfache Frage stellen: Hätte es Vasco da Gama überhaupt schaffen können, die Daten für eine solche Karte aus eigener Anstrengung zu sammeln? Sein Auftrag lautete, auf einer vorgegebenen und in seiner Heimat bekannten Route den Südwesten Indiens zu erreichen und in möglichst kurzer Zeit auf derselben Route nach Portugal zurückzukehren. Eine Reise diesen Charakters erlaubte keine jahrelangen geodätischen Messungen – außerdem leiteten den Expeditionsleiter politische und wirtschaftliche Motive; die Geografie gehörte gar nicht zu seinen Aufgaben. Das bedeutet im Umkehrschluss: Die so erstaunlich präzise Cantino-Karte muss eine Vorlage gehabt haben – eine Karte, die auf Daten, Längen- und Breitengraden basierte, die arabisch-islamische Astronomen und Geografen vor Ort in den dargestellten Regionen zusammengetragen hatten, und das als Arbeit mehrerer Generationen.

Der javanische Atlas

Der «javanische Atlas», der eine weit entwickelte kartografische Darstellung des Indischen Ozeans präsentiert, ist nach Ansicht von Fuat Sezgin die bedeutendste kartografische Leistung des arabisch-islamischen Kulturkreises – eine Leistung, deren Entdeckung und Bewahrung wir ebenfalls den Portugiesen verdanken. Der Atlas fiel den Portugiesen kurz nach der Eroberung des Königreichs von Malakka, einem Vorläuferstaat von Malaysia, im Jahr 1511 in die Hände. Der Eroberer Afonso de Albuquerque, Gouverneur aller portugiesischen Besitzungen in Asien und hoher Befehlshaber der portugiesischen

Flotte, schickte die Karte dem portugiesischen König Manuel I. Dieser Herrscher ist auch bekannt als «der Glückliche», denn unter seiner Regentschaft erlebte Portugal eine wirtschaftliche und kulturelle Blüte: Das Land eignete sich den Seeweg nach Indien an, baute das erste Kolonialreich im Indischen Ozean auf und nahm Brasilien ein. In seinem Begleitbrief an den König schrieb Afonso de Albuquerque:

«Ich sende Ihnen auch einen Teil der Kopie einer großen, von einem javanischen Piloten gemachten Karte, die das Kap der Guten Hoffnung darstellt, Portugal, das Land Brasilien, das Rote Meer, das Persische Meer, die Gewürzinseln [die Molukken], die Segelrouten mit dem direkten Weg von China und Formosa, dem die Schiffe folgen, nebst dem Inneren [dieser Länder], die aneinander angrenzen. Es scheint mir, dass dies das Schönste ist, was ich je gesehen habe. Majestät werden sich sehr freuen, sie zu sehen. Die Ortsnamen sind in javanischem Schriftcharakter, ich habe einen Javaner gehabt, der schreiben und lesen kann. Eurer Majestät schicke ich diesen Teil, den Francisco Rodrigues nach der Vorlage kopiert hat, in dem Eure Majestät werden selbst sehen können, woher die Chinesen und die Bewohner von Formosa kommen, welcher Route Eure Schiffe zu folgen haben, um nach den Inseln der Gewürznelken zu kommen, wo die Goldminen liegen, die Inseln Java und Banda, die Insel der Muskatnüsse und Muskatblüte, das Reich Siam, das Kap der Chinesen, das sie umschiffen und wo sie kehrtmachen und über das sie nicht hinausfahren. Das Original ist mit der Frol de la Mar [beim Schiffbruch] verlorengegangen. Mit dem Piloten und Pero Dalpoem zusammen habe ich den Inhalt dieser Karte diskutiert, um sie Eurer Majestät klar darstellen zu können. Diese Karte ist sehr genau und bekannt, weil sie bei der Seefahrt benutzt wird.»[17]

Wie entstand der javanische Atlas und wie ist er wissenschaftshistorisch zu bewerten? Verständlich, dass Forscher sich mit dieser

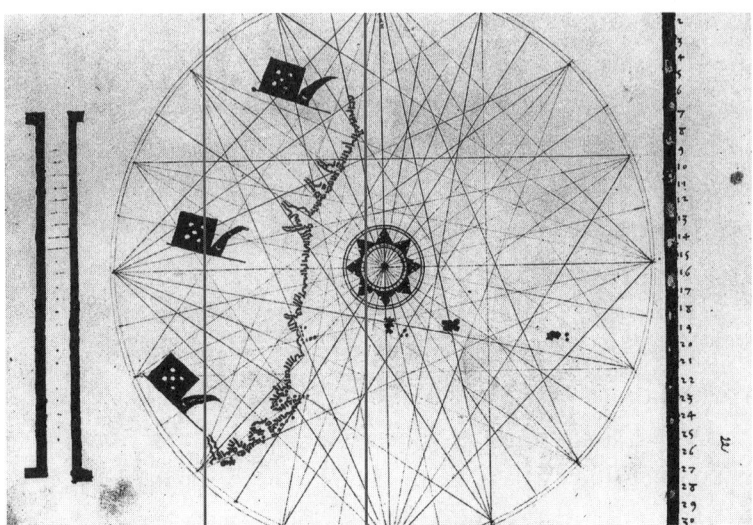

Der javanische Atlas in portugiesischer Kopie, Teilkarte der südamerikanischen Ostküste

Frage lange Zeit schwer getan haben: Sie wussten einfach zu wenig von der wissenschaftlichen Nautik im arabisch-islamischen Kulturraum, auf der die Kartografie des Indischen Ozeans basierte. Die erhaltenen 26 Teile des javanischen Atlasses zeugen mit ihren Längenmaßstäben, Breitenskalen und fast perfekten Konfigurationen von der langen mathematischen, astronomischen und nautischen Tradition. Hier finden wir die ältesten bisher bekannten, annähernd korrekten Darstellungen des Golfs von Bengalen, der Straße von Malakka und des südlichen Chinesischen Meeres von Java über die Molukken bis Kanton. Hier erscheint zum ersten Mal die Insel Madagaskar auf einer Karte – und gleich in einer sehr guten Form, die erst durch die Kartografie des 19. und beginnenden 20. Jahrhunderts im Abendland Korrekturen erfuhr. Der Atlas zeigt auch bereits die nordöstliche Küstenlinie Südamerikas, ein Umstand, auf den schon Afonso de Albuquerque hinwies, weshalb dies kein portugiesischer Nachtrag sein kann. Dies ist für die Argumentation Fuat Sezgins von enormer Bedeutung; wir kommen in Kapitel 15 darauf zurück. Der javanische Atlas ist wissenschaftshistorisch ungemein interessant, zeigt er doch, dass Gelehrte des arabisch-islamischen Kulturraums auch Anfang des 16. Jahrhunderts noch lebhaft und intensiv damit befasst waren, das ererbte kartografische Weltbild auf dem neuesten Stand der Kenntnisse weiter zu entwickeln.

Die Vermessung des indischen Subkontinents

Auch die mathematische Geografie und Kartografie des Indischen Subkontinents erreichte unter muslimischer Herrschaft einen hohen Stand. Schon al-Bīrūnī hatte ja in der ersten Hälfte des 11. Jahrhunderts in einem umfangreichen Projekt die Koordinaten einiger wichtiger Punkte des Indischen Kontinents selbst ermittelt – das Äußerste, was ein ungewöhnlich engagierter Forscher zu seiner Zeit in einer mehrere Jahre dauernden Arbeit erreichen konnte. Die Fortführung blieb kommenden Generationen überlassen und nahm mehrere Jahrhunderte in Anspruch. Nach heutiger Kenntnis scheinen die Breiten- und Längengrade wichtiger Küstenpunkte im 13. und 14. Jahrhundert so weit gemessen worden zu sein, dass die Konfiguration der indischen Halbinsel erstmals annähernd wirklichkeitsgetreu dargestellt werden konnte.

Mit der Gründung des islamisch-indischen Mogulreiches im Jahre 1526 wurde die weitere Vermessung Indiens zu einem Schwerpunkt der arabisch-islamischen Wissenschaft. Etwa zwei Jahrhunderte investierten Geografen und Kartografen in die Ermittlung von Daten für die Kartografie des indischen Inlandes. Das älteste erhaltene Dokument dieser Art verfasste Abū l-Fadl ʿAllāmī (1551–1602), ein Politiker des Mogulreichs. Es ist ein umfangreiches, in Indien selbst entstandenes Tabellenwerk, in dem wir eine Tabelle mit den Koordinaten von 656 indischen Orten finden, darunter 45 Städten, außerdem ein Register mit 3050 kleineren Orten, teilweise mit Entfernungsangaben – alles das in bemerkenswerter Qualität. Die Breitengrade sind fast identisch mit heutigen Werten, die Längengrade weichen nur unwesentlich davon ab.

Die Karten des Pīrī Re'īs

Eines der bedeutendsten erhaltenen Zeugnisse für das Niveau der Kartografie und Nautik des Mittelmeers im 16. oder vielleicht auch schon im 15. Jahrhundert ist das *Kitāb-i Bahriye* von Pīrī Re'īs – ein monumentales Werk und eine hervorragende Geografie des Mittelmeers. Pīrī Re'īs lebte vom Ende des 15. bis in die Mitte des 16. Jahrhunderts; er war Admiral der osmanischen Flotte und Kartograf. Schon vor Pīrī Re'īs war das Mittelmeer kartografisch sehr gut bearbeitet worden; wir finden bereits vor dem 13. Jahrhundert relativ fehlerlose Karten der Küsten und Inseln. Pīrī Re'īs und andere Osmanen vervollkommneten diese Arbeit nun. Unter dem Begriff *bahriye* verstand Pīrī Re'īs eine umfängliche «Wissenschaft der Meere und Technik der Seefahrer». Der osmanische Kartograf hatte ein Ziel und verfolgte es konsequent: Er wollte die Seefahrt im Mittelmeer erheblich verbessern, und zwar auf der Grundlage neuer physikalisch-geologischer, archäologischer und meteorologischer Daten. Neben dem enormen Datenmaterial, das er zu diesem Zweck sammelte, hinterließ er in seinem Buch mehr als 200 Karten von Inseln, Häfen und auch einigen Küsten des Mittelmeers – in einer solch erstaunlichen Qualität, dass wir auch hier davon ausgehen können und müssen, dass der osmanische Kartograf seine Arbeit auf jahrhundertelange Vorarbeiten stützen konnte.

In der Wissenschaftsgeschichte berühmt wurde Pīrī Re'īs jedoch vor allem für eine teilweise erhalten gebliebene Weltkarte, in deren Besitz er durch einen Seemann gekommen sein soll, den er 1501 auf einem gekaperten spanischen Schiff gefangengenommen hatte. Dieser Spanier hatte, seinen eigenen Angaben zufolge, niemanden anderen als Kolumbus auf seinen ersten drei Reisen über den Atlantik begleitet. Nun fiel also die Karte, mit der Kolumbus auf Reisen gegangen war, Pīrī Re'īs in die Hände und sollte fortan unter seinem Namen erhalten bleiben. Der osmanische Admiral selbst bezeichnete sie als die «umfassendste» aller Weltkarten, die zu seiner Zeit zirkulierten. Ihre Entstehung wird auf das Jahr 1513 datiert und sie befindet sich heute im Topkapi-Palast in Istanbul.

Niemand außer den Arabern wusste in jener Zeit eine solche Karte zu zeichnen. Darum war die Karte des Pīrī Re'īs nichts anderes als eine Übersetzung des jüngsten arabisch-islamischen Versuchs, eine aktuelle Weltkarte zu schaffen. Besonders interessant für unser Thema aber ist: Die Karte zeigt die südamerikanische Küste – von den südlichen Gestaden der Karibik bis etwa 50° südlich des Äquators – mit einer erstaunlichen, für die Verhältnisse damaliger abendländischer Seefahrer und Kartografen unvorstellbaren Exaktheit (siehe Abb. S. 263 und 265).

Was der javanische Atlas und die Weltkarte des Pīrī Re'īs für die Frage bedeuten, ob Araber amerikanische Küsten erreichten, liegt auf der Hand. Wir werden diesem Thema im fünfzehnten Kapitel genauer nachgehen.

13. Europäische Entdeckungsreisen mit arabischen Karten

«Wenn Ptolemäus zu unserer Zeit lebte, würde er sich wundern, dass – trotz der Vorteile, über die wir verfügen – unsere Asienkarten so unvollkommen sind, wo doch die Tabellen des Abū l-Fidā', des Nasīr ad-Dīn, des Ulugh Beg und die Geschichte Timurs von Scharafaddin uns seit langem in einer europäischen Sprache zugänglich sind.» *James Rennell (1742–1830)* [18]

Die kreisrunden Weltkarten, die ab dem frühen Mittelalter im christlichen Kulturraum entstanden, stellten Heilserwartungen dar, keine Topografie. Diese religiösen Karten folgten dem «T-O-Schema»: Ein erdumschlingender Ozean bildete einen Kreis – das O, das für die «Ökumene», das Erdganze, stand. Von ihm gingen T-förmige Wasser aus, die Asien, Afrika und Europa als Erdteile voneinander trennten, aber wichtiger noch auch das Kreuz Christi darstellten: die Erlösung der Welt.

Es waren die exakten topografischen Karten aus der islamischen Welt, die den religiös motivierten T-O-Karten des Mittelalters allmählich ein Ende bereiteten. Arabische Vorbilder standen auch hinter den «Portolankarten», dem neuen Kartentyp mit nautischen Informationen (darin steckt das Wort *portus*, «Hafen»), der sich ab dem 14. Jahrhundert im Abendland ausbreitete und die Umrisse von

EUROPÄISCHE ENTDECKUNGSREISEN MIT ARABISCHEN KARTEN 229

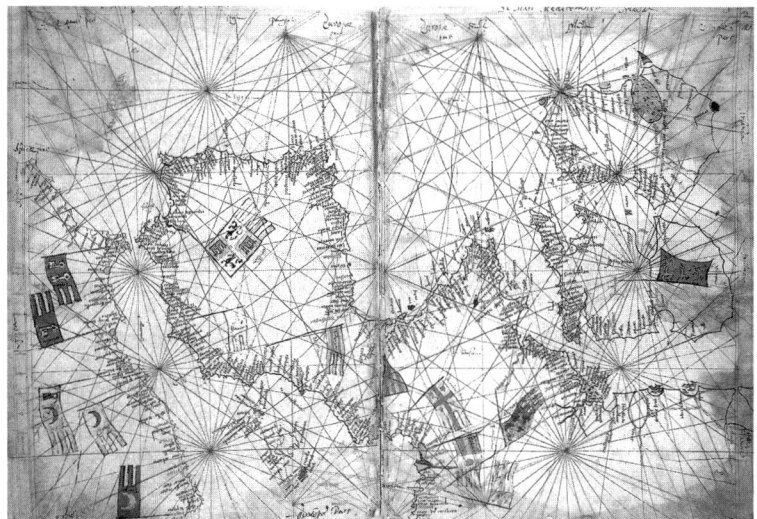

Portolankarten sind perfekte Kopien islamischer Karten von Mittelmeer und Schwarzem Meer, die an der Wende vom 13. zum 14. Jahrhundert in Europa in Umlauf kamen.

Mittelmeer und Schwarzem Meer fast naturgetreu zeigte. Portolankarten sind typischerweise von einem Netz farbiger Linien überzogen, das der Kursbestimmung mit Kompassen diente.

Bis heute hält sich die beliebte Theorie, genuesische und venezianische Seeleute und Kartenmacher hätten die abendländischen Portolankarten aus dem Stand nach Berichten von Marco Polo und anderen Reisenden erfunden – genauso wie sie plötzlich in der Lage gewesen sein sollen, auf frühneuzeitlichen Welt- und Teilkarten bedeutende Teile der damals bekannten und bewohnten Erdteile sichtbar zu machen. In seiner Arbeit fordert Fuat Sezgin immer wieder dazu auf, sich einmal vor Augen zu führen, was das bedeutet: Ein Kartenmacher in Venedig, Genua oder auf Mallorca hätte in der Lage sein müssen, allein aufgrund von Reiseberichten die Umrisse des Kaspischen Meers, der Indischen Halbinsel oder verschiedenster kleiner Gewässer fast perfekt zu zeichnen. Kaum vorstellbar. Die meisten Geografiehistoriker kannten – und kennen – sich in der Geschichte des arabisch-islamischen Kulturraums kaum aus. Sie wussten und wissen nicht, mit welcher Präzision arabisch-islamische Wissenschaftler die Entfernungen zwischen Tanger und Rom, Toledo und Rom, Rom und Alexandria oder Rom und Konstantinopel schon früh ermitteln konnten.

Die Portolankarten mit ihren auffallend exakten Küstenlinien und Längenverhältnissen lassen sich, ebenso wie viele weitere Karten abendländischer Kartenmacher, nur im Licht der arabischen Geo- und Kartografie begreifen. Arabisch-islamische Geografen hatten seit dem 9. Jahrhundert nicht nur die politischen und wirtschaftlichen Möglichkeiten; ihnen standen auch die anspruchsvollen mathematischen, astronomischen, geografischen und nautischen Verfahren zu Gebote, die unverzichtbar sind, um geodätische Messungen mit mathematischer Genauigkeit durchzuführen.

Frühe Zeugnisse des arabischen Einflusses

Die ersten Karten, die in Europa unter dem Einfluss der arabischen Kartografie entstanden, ließen ihre naturwissenschaftliche Herkunft nur rudimentär erkennen, schließlich fehlte den europäischen Zeichnern noch jede Vertrautheit mit der mathematischen Geografie. Naturwissenschaftliche Werke aus der islamischen Welt fanden zwar schon ab dem 10. Jahrhundert Eingang in die lateinische und hebräische Sprache, doch für geografische Bücher trifft dies erst ab dem 16. Jahrhundert zu. Überdies wurden nur wenige Texte übersetzt – und das maßgebliche Grundlagenwerk der mathematischen Geografie von al-Bīrūnī aus dem 11. Jahrhundert hat das Abendland nie erreicht.

Für die hochentwickelte arabische Anthropogeografie hatte sich das Abendland wenig bis gar nicht interessiert; kein einziges Hauptwerk des Faches wurde aus dem Arabischen ins Lateinische übersetzt. Allerdings erschien 1550 unter dem Titel *Della descrittione dell'Africa et delle cose notabili che ivi sono* die Beschreibung Afrikas von «Leo Africanus», dem aus der islamischen Welt nach Rom verschleppten Gelehrten, den wir in Kapitel 9 vorgestellt haben. Sein Buch sollte in Europa ab dem späteren 16. Jahrhundert zu einer der wichtigsten Quellen für die beschreibende Geografie Afrikas werden. Mit seinen Karten und hervorragenden Schilderungen hat es die italienischen Gelehrten des 16. und 17. Jahrhunderts stark beeinflusst.

Kenntnisse der Längen- und Breitengrade und der alten Berechnungsmethoden aus der Zeit vor al-Bīrūnī gelangten ab dem 10. Jahrhundert nur selten über das arabische Spanien ins Abendland. Ein Beispiel dafür sind einige Breitenangaben, die auf den Einlegescheiben eines Astrolabiums zu sehen sind, das Gerbert von Aurillac zugeschrieben wird, dem späteren Papst Silvester II., der von etwa 950 bis 1003 lebte. Deutlich ist der arabische Einfluss zu erkennen: Drei der eingetragenen Werte und Linien beziehen sich auf Orte in der islamischen Welt, der vierte wahrscheinlich auf Rom, doch auch dieser Wert gehörte seit dem 9. Jahrhundert zum Wissensbestand der arabischen Geografen. Die Schriften Gerberts zeigen, dass er die mathematische Geografie noch nicht beherrschte.

Die älteste bislang bekannte Karte aus Europa, die unter dem Einfluss der arabischen Kartografie entstand, stammt von Petrus Alphonsus, einem Juden, der im muslimischen Spanien ausgebildet worden war und zum Christentum konvertierte. Eine einfache Weltkarte ist von ihm erhalten, verfasst etwa im Jahr 1110 und einem kleinen Astronomiebuch beigefügt. Die runde Karte zeigt deutlich Spuren alten indischen und arabischen Wissens, so ist sie nach arabi-

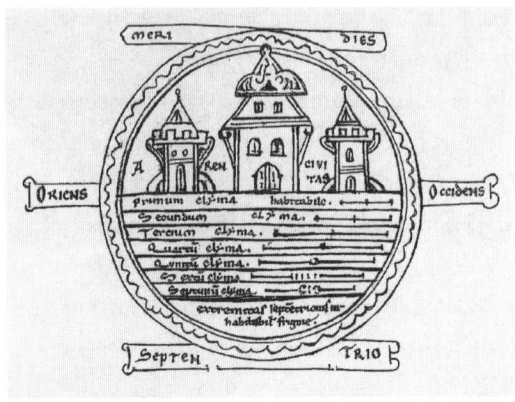

Die Weltkarte des
Petrus Alphonsus,
etwa aus dem Jahr
1110

scher Art gesüdet, kennt die arabische Einteilung in sieben Klimata und den Namen der Stadt Aren.

Nach und nach intensivierte das Abendland seine Rezeption arabisch-islamischer Geografie und Kartografie und machte sich mit Handbüchern, Begriffen, Definitionen, Verfahren und Daten vertraut, ohne diese allerdings wissenschaftlich vollends zu durchdringen. Zwischen 1120 und 1130 übersetzte der englische Gelehrte Adelard von Bath die astronomischen Tafeln von al-Chwārizmī aus dem 9. Jahrhundert. Die lateinische Welt lernte auf diese Weise nicht nur die Verwendung von Sinustabellen kennen, sondern auch astronomische Verfahren, um die Breite von Orten zu ermitteln. Nahezu gleichzeitig erreichte das Handbuch der Astronomie von al-Battānī aus dem 10. Jahrhundert das Abendland. Mit ihm gelangten wichtige Ansätze der sphärischen Trigonometrie, weitere Regeln für die Ermittlung von Breitengraden und umfangreiche geografische Koordinatentabellen in den Westen. Das älteste erhaltene Handbuch der arabischen Astronomie von al-Farghānī aus dem 9. Jahrhundert brachte Kenntnisse über die Größe der Erdkugel und ihre Einteilung in verschiedene Klimata in abendländische Gelehrtenkreise. Das Buch wurde im 12. Jahrhundert mehrfach übersetzt; es enthielt ein

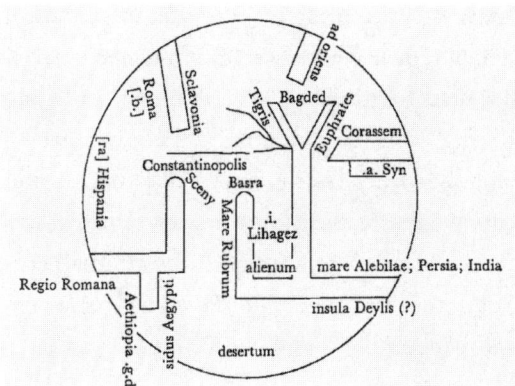

Darstellung der damals bekannten und bewohnten Erde bei Albertus Magnus

Verzeichnis von Ländern und Städten nach den Klimata (wenn auch ohne Angabe von Koordinaten) und sollte von nun an über mehrere Jahrhunderte hinweg einen enormen Einfluss auf die abendländische Geografie und Kartografie ausüben.

Westliche Gehversuche in mathematischer Geografie

Ende des 12. Jahrhunderts unternahm die lateinische Welt mit der *Theorica planetarum* den ersten Versuch, eine geografische Koordinatentabelle um die Daten einiger europäischer Städte zu erweitern. Das Werk wird dem italienischen Arzt und Astronomen Campanus von Novara (ca. 1220–1296) zugeschrieben. Darin sind die Koordinaten von Städten aus Frankreich, Italien und Spanien notiert. Die Werte, allerdings mit großen Fehlern übertragen, gehen ausnahmslos auf arabische Quellen zurück.

Im 13. Jahrhundert waren die Europäer dann so weit: Der im späten 13. Jahrhundert geborene Italiener Ristoro d'Arezzo versuchte erstmals, den Breitengrad eines Ortes astronomisch zu bestimmen, und ermittelte die Breite seiner Vaterstadt Arezzo fast fehlerfrei.

Auch Albertus Magnus, der von etwa 1200 bis 1280 lebte, zeigte sich in seinen Werken vertraut mit elementaren Verfahren und Daten der mathematischen Geografie. Er kannte wichtige Messungen von Kalif al-Ma'mūn und holte viel von seinem Wissen aus al-Farghānīs Handbuch der Astronomie. Albertus Magnus entwarf auch selbst eine Weltkarte: Sie ist in seiner Handschrift erhalten, folgt einem einfachen Schema und basiert nicht auf mathematisch-astronomischen Verfahren. Ins Auge fällt, dass die Ortsnamen der Karte sich hauptsächlich auf die islamische Welt beziehen.

Die Geografie der «Göttlichen Komödie»

In einer Geschichte der Übernahme arabisch-islamischen Wissens in die europäische Geografie spielt auch der Dichter und Philosoph Dante Alighieri, der von 1265 bis 1321 lebte, eine Rolle. Seine «Göttliche Komödie» wurde dafür berühmt, dass sie das Italienische als Literatursprache einführte. Das Werk zeugt aber auch von gründlichen Kenntnissen des Dichters in Astronomie und Kosmografie – deutlich beeinflusst von al-Farghānīs Handbuch der Astronomie. Dessen Darstellung der sieben Klimata erscheint bei Dante in allen Einzelheiten, dazu Längen- und Breitengrade, die wohl nur aus arabischen Quellen stammen können; vermutlich verfügte Dante über eine arabische Karte.

In der *Divina commedia* tritt auch Brunetto Latini auf, der florentinische Gelehrte und Schriftsteller (ca. 1220–1294), der als väterlicher Freund und Lehrmeister Dantes gilt. Brunetto Latini arbeitete unter anderem als Gesandter in Toledo und Sevilla, wo er hautnah mit der dortigen, sehr lebhaften Rezeption der arabisch-islamischen Wissenschaften in Berührung kam. Sein Werk *Livre du trésor* («Buch vom Schatz») ist eine Enzyklopädie des Wissens seiner Zeit. Brunetto Latini nahm eine runde Weltkarte darin auf, die interessanterweise nach arabischer Art gesüdet ist. Die Darstellung der Meere, Berge und Flüsse und die Gestalt der Kontinente lassen auf eine Vorlage schließen, die in der Tradition der Weltkarten der Ma'mun-Geografen und al-Idrīsīs stand. Wir sehen aber auch schon eine Weiterentwicklung, was die Formen des Mittelmeers, des Schwarzen Meeres und Kleinasiens angeht. Die Brunetto-Latini-Karte unterschied sich grundsätzlich von den Weltkarten, die damals kursierten – im außerspanischen Abendland muss sie völlig neu und fremdartig gewirkt haben.

Nicht nur die Portolankarten des Mittelmeers, sondern auch die Karten weit entfernter Länder und ganzer Kontinente wie Asien und Afrika gehen auf arabisch-islamische Wurzeln zurück. Eine interessante Karte aus dem 14. Jahrhundert trug den Namen von Giovanni da Carignano. Dieser war Rektor an der Marcus-Kirche in Genua und starb 1344. Seine Karte soll um 1311 entstanden sein und zeigt außer dem Mittelmeer auch das Schwarze Meer, Europa und Nordafrika, Anatolien, den Irak und Persien mit dem Kaspischen Meer und dem Urmiasee. Leider ist diese Karte während des Zweiten Weltkriegs verlorengegangen. Sie muss, soweit die Wissenschaftsgeschichte es heute beurteilen kann, mindestens eine Karte als Vorlage gehabt haben, die den jüngsten Stand der arabisch-islamischen Kartografie in der zweiten Hälfte des 13. Jahrhunderts wiedergab, zeigt sie doch bereits Städte, die erst ab dem 12. Jahrhundert von den anatolischen Seldschuken benannt worden waren. Auch die Formen des Kaspischen Meeres und des Urmiasees müssen auf dieser Vorlage bereits weiter entwickelt gewesen sein als auf der al-Idrīsī-Karte von 1154.

Die arabische Weltkarte in China

Dieser jüngste Stand der arabisch-islamischen Weltkarte aus der zweiten Hälfte des 13. Jahrhunderts wanderte offensichtlich nicht nur rasch nach Europa, sondern auch in das Reich der Mitte. Dort tauchten Anfang des 14. Jahrhunderts Karten auf, die mit der traditionellen chinesischen Kartografie und Idee von der Erdoberfläche brachen. Diese Karten kannten plötzlich die dreieckige Form Afrikas, stellten die Umrisse des Mittelmeers fast wirklichkeitsgetreu dar und gaben die arabisierten Namen von etwa 100 Städten und Ländern in Europa und über 35 Orten in Afrika wieder.

Zur selben Zeit, als in Europa ein neuer Typ von Welt- und Portolankarten auftauchte, brach also auch die Kartografie der Chinesen plötzlich mit der alten Tradition. Bis dahin hatten chinesische Karten nur China selbst und Teile Ostasiens dargestellt – nun erweiterte die chinesische Kartografie die Grenzen des alten Weltbildes auf einmal bis zum Mittelmeer und zum Atlantik, bis nach Zentralrussland und Südafrika.

Allein dieser Umstand macht es mehr als wahrscheinlich, dass es mit der arabisch-islamischen Geografie eine gemeinsame Quelle für das neue Bild der Welt in beiden Kulturräumen gegeben haben muss. Dies passt zu den historischen Quellen, die berichten, dass der Astronom und Geograf Dschamāl ad-Dīn 1267 einen Erdglobus von Marāgha nach Peking transportiert und dort zusammen mit sechs astronomischen Instrumenten dem mongolischen Herrscher Kublai Khan überreicht habe, einem Enkel Dschingis Khans. Es liegt nahe, dass auch detaillierte Weltkarten aus dem Osten der arabisch-islamischen Welt nach China gelangten – anders lassen sich die vielen Ortsnamen nicht erklären, die man nun in China kannte und die auf einem Globus schwerlich Platz gehabt hätten.

Die Karten des Marco Polo

Welche Rolle spielte nun aber der Weltreisende Marco Polo, auf dessen Berichten die Kartografie des 14. Jahrhunderts angeblich so entscheidend beruhte? In den 1930er Jahren wurden fünf Karten bekannt, die der venezianische Geschäftsmann während seiner Asienreise im 13. Jahrhundert besessen haben soll. Sie zeigen von Süd- und Ostasien nur grob gezogene Küstenlinien, präsentieren aber eine erstaunlich wirklichkeitsnahe Darstellung des Indischen Subkontinents und des Malaiischen Archipels.

Auch hier gilt: Es ist naiv anzunehmen, ein Kartenzeichner hätte aufgrund spärlicher, beiläufiger und oft auch gar nicht zutreffender geografischer Angaben, wie wir sie in Marco Polos Reisetagebuch finden, eine einigermaßen realitätsgetreue Karte großräumiger Teile der Erdoberfläche entwerfen können.

Europäischen Orientreisenden kann in der Kartografiegeschichte nur eine, durchaus wichtige Rolle zugefallen sein: Sie brachten Kartenmaterial aus fernen Ländern in ihre Heimat zurück. Es ist bekannt, dass Marco Polo auf seiner Hinreise im Jahr 1272 das Land der Ilchane und auf der Rückreise in den Jahren 1294 und 1295 mehrere Kulturzentren der östlichen islamischen Welt besuchte, darunter Täbris, jene Region also, in der die mathematische Geografie und Kartografie am intensivsten gepflegt wurde. Dort waren neue Kultur- und Wissenschaftszentren entstanden, aus denen Bücher, Instrumente, Karten und viele weitere Materialien meist über Konstantinopel ihren Weg in den Westen fanden. Hier konnte Marco Polo Welt- und Seekarten kennenlernen und sie kopieren oder Skizzen anfertigen. Auch wenn die Karten, die der venezianische Geschäftsmann in seine Heimat zurückbrachte, recht dilettantische Kopien sind, enthalten sie doch sowohl die älteste erhaltene kartografische

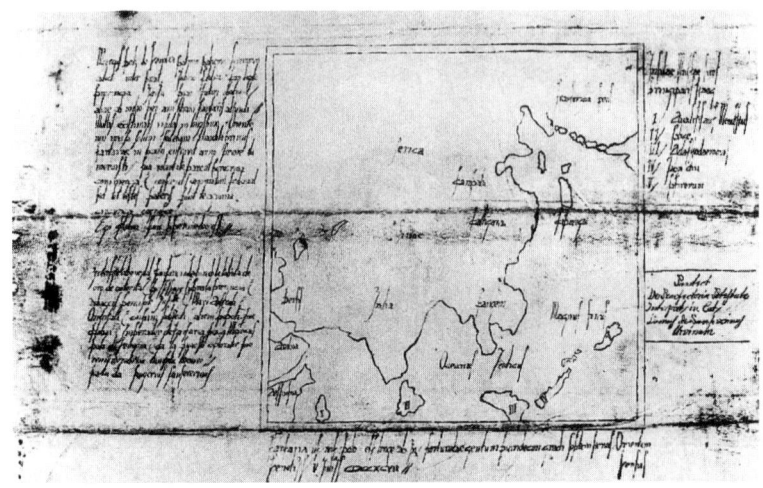

Eine der fünf Kartenskizzen von Marco Polo

Darstellung Südasiens wie auch ein rechtwinkliges Gradnetz, das den Ostrand Asiens bei 140° zeigt. Es ist die Ostgrenze der damals bekannten Erde, die nach Ptolemäus noch bei 180° lag und erst im 13. Jahrhundert von arabisch-islamischen Astronomen weitgehend auf ihren tatsächlichen Wert reduziert wurde.

Und dann finden sich auf zwei der Karten von Marco Polo sogar arabische Anmerkungen gemeinsam mit ihrer italienischen Übersetzung. Eine davon erklärt ausdrücklich, ein erfahrener syrischer Kapitän habe Marco Polo die Karte geschenkt. Was ist dem noch hinzuzufügen?

Mühsame Annäherung an arabisches Wissen

Was in den folgenden Jahrhunderten geschah, sei hier in geraffter Form zusammengefasst. Im Laufe der Jahrhunderte stellten abendländische Karten den afrikanischen Kontinent immer deutlicher als im Süden umfahrbar dar, mit einem immer präziser eingezeichneten Golf von Guinea. Auch die Halbinselgestalt des Indischen Subkontinents kam immer stärker zur Geltung. Die südostasiatische Inselwelt samt der Malaiischen Halbinsel erschien zunächst grob in Form eines nach Süden in den Ozean hineinragenden großen «Drachenschwanzes»; auch die Darstellung der nördlichen Teile Asiens wurde nach und nach immer wirklichkeitsgetreuer.

Ab dem ausgehenden 13. Jahrhundert machten sich abendländische Gelehrte immer intensiver auch daran, die Koordinatentabellen ihrer arabischen und arabisch-spanischen Vorgänger um europäische Orte zu erweitern. Die meisten dieser erweiterten Tabellenwerke wurden unter dem Titel «Alfonsinische Tafeln» in Umlauf gebracht und von europäischen Gelehrten in den folgenden Jahrzehnten engagiert verbreitet und studiert. Im 15. Jahrhundert konnte Europa dann schon recht gut mit der Messung von Breitengraden umgehen; Längengrade ließen sich freilich noch für lange Zeit nur auf kleinen Strecken vermessen, die man zudem meist als Schätzwert angab.

Allerdings konnte das Abendland die arabisch-islamische Geografie und Kartografie keineswegs geradlinig in die eigene Kultur überführen. Die Karten und Tabellen, aus denen man sich bediente, stammten nicht nur aus unterschiedlichen Zeiten mit unterschiedlichen Kenntnisständen, die Koordinaten darin basierten auch auf unterschiedlichen Nullmeridianen, was abendländische Gelehrte lange nicht durchschauten. Anfang des 15. Jahrhunderts gelangten überdies Karten in Umlauf, die angeblich von Ptolemäus stammten und von Gradnetzen überzogen waren, die auf den längst überholten ptolemäischen Koordinaten aufbauten. Nun übernahm die christliche Welt eifrig Daten und Ideen der ptolemäischen Geografie, die arabische Wissenschaftler längst ad acta gelegt hatten, darunter die

Vorstellung, dass es ein zusammenhängendes Festland von Afrika bis nach Südostasien geben müsse und der Indische Ozean infolgedessen als Binnensee anzusehen sei.

Glücklicherweise konnte sich die pseudo-ptolemäische Darstellung der Erde nicht länger als ein halbes Jahrhundert halten, weil Reisende bald wesentlich bessere Karten aus der islamischen Welt nach Europa brachten. Schon die erste Expedition Vasco da Gamas, die von 1497 bis 1499 dauerte, brachte Europa in den Besitz einer fast perfekten Darstellung Afrikas und der westlichen Seite des Indischen Ozeans mit der Indischen Halbinsel. Interessanterweise machten die Seefahrer, die aus dem Indischen Ozean zurückkehrten, wie schon erwähnt, damals gar keinen Hehl daraus, dass ihre Karten von Einheimischen vor Ort stammten. Lassen wir noch einmal den portugiesischen Historiker und Geografen João de Barros zu Wort kommen, der von dem arabischen Seemann Malemo Caná aus Gujarat berichtete. Dieser habe Vasco da Gama eine graduierte Karte der gesamten indischen Küste vorgelegt, «die nach der Art der Mauren, nämlich in sehr kleine Meridiane und Parallelkreise, ohne sonstige Angabe der Windrose, eingeteilt war. Da nun das Quadrat jener Meridiane und Parallelkreise sehr klein war, fand sich die Küste nach jenen beiden Strichen von Nord nach Süd und Ost nach West sehr genau angegeben, ohne jene Vervielfältigung der Winde des gewöhnlichen Compasses unserer Karte, welche den anderen zur Grundlage dient, zu enthalten.»[19]

Auch andere portugiesische Quellen betonen, dass die Karten des Indischen Ozeans mit einem im Süden umfahrbaren Afrika aus der Hand Einheimischer stammten. Es waren ohne Zweifel diese Karten, die portugiesische Seefahrer auf die Idee brachten, Indien auf dem Seeweg zu erreichen – einem Seeweg, der arabischen Seefahrern längst bekannt war.

Die historische Realität der abendländischen Seefahrt in dieser

Pseudo-ptolemäische Weltkarte aus Ptolemäus' Geografie, Straßburg 1513. Afrika erscheint in nahezu perfekter Form, wogegen Südostasien sehr altertümlich dargestellt ist und an die Ma'mūn-Geografie erinnert. Beides ist mit dem ptolemäischen Weltbild nicht zu vereinbaren.

Zeit sah also so aus: Die portugiesischen Seefahrer waren auf einer alten arabischen Handelsroute unterwegs. Sie erreichten den Indischen Ozean mit Hilfe ausgezeichneter Karten aus arabisch-islamischer Hand. Vor Ort verließen sie sich auf die Hilfe muslimischer Lotsen. Von ihnen lernten sie den Jakobsstab kennen, der das auf See untaugliche Astrolabium ersetzte, erhielten hoch entwickelte Schiffskompasse, erfuhren die Regeln der modernen islamischen Nautik, die sie allerdings nur begrenzt verstanden, und kamen in den Besitz umfangreicher Tabellen, die über alle möglichen Distanzen nach Breitengraden und Richtungen Auskunft gaben. Warum also konnte sich die portugiesische Seefahrt den gesamten Indischen Ozean innerhalb kürzester Zeit erschließen? Weil sich die abendländischen Seefahrer auf jahrhundertealte arabisch-islamische Erkenntnisse und Erfahrungen stützen konnte.

Zufall und Ästhetik der Kartenwerke

Den ersten abendländischen Versuch, den Umfang der Erde neu zu bestimmen, unternahm der Franzose Jean Fernel, Astronom und Leibarzt von Heinrich II. Er rühmte sich, im Jahr 1525 die Strecke zwischen Paris und Amiens aus der Zahl der Radumdrehungen einer Postkutsche ermittelt zu haben. Seine Berechnungen führten ihn zu einem Erdumfang von 39 817 Kilometern. Ein erstaunlich gutes Ergebnis, das allerdings schon sein Nachfolger, der holländische Gelehrte Willebrord Snellius (1580–1626), skeptisch beurteilte: Fernel habe «nur das Ergebnis der arabischen Gradmessung willkürlich in geometrische Schritte umgewandelt, seine Zeitgenossen aber durch ein Blendwerk getäuscht», meinte er. Snellius selbst unternahm einen weitaus wissenschaftlicheren Versuch, bei dem er sogar von einer Form der Triangulation Gebrauch machte. Allerdings hatte er die Polhöhen ungenau vermessen, die er der Breitengradbestimmung seiner beiden Ausgangsorte zugrunde legte. Darum geriet sein Erdumfang zu klein.

Es dauerte viele Jahrhunderte, bis abendländische Gelehrte an den wissenschaftlichen Stand der islamischen Welt anschließen konnten. Auf ihrem Weg dahin schöpften sie aus arabischen Quellen, deren Grundlagen sie nicht richtig einordnen konnten. Wie aus dem Nichts tauchten in der christlichen Welt Karten und Tabellenwerke auf, die nicht zueinander passten. Ihnen wurden Erklärungen beigefügt, die von einer elementaren Unkenntnis der mathematischen Geografie zeugten. Mitunter wurden arabische Quellen erwähnt; oft aber blieben sie ungenannt. Auch wenn diese Karten von berühmten frühen Geografen stammen sollten – Giacomo Gastaldi, Abraham Ortelius oder Gerhard Mercator –, waren sich die führenden Vertreter des Faches in Europa doch über Jahrhunderte hinweg nicht darüber im Klaren, wie deren Vorlagen entstanden waren und woher sie stammten – und natürlich konnten sie auch nicht wissen, welche der ihnen bekannten Vorlagen der Wirklichkeit am besten entsprachen.

Die abendländischen Kartografen fertigten ihre Karten nach Vorlagen, die ihnen zufällig zur Verfügung standen – entweder weil sie frisch ins Land gelangt waren oder weil sie ästhetisch besonders ansprechend wirkten; aus wissenschaftlicher Sicht war ihre Auswahl beliebig. Teilkarten wurden in Übersichtskarten eingearbeitet, ohne dass man eine Ahnung hatte, ob das Ergebnis stimmig war oder nicht. So tauchte das Kaspische Meer, das im 13. Jahrhundert im arabisch-islamischen Kulturkreis eine fast perfekte Form erreicht hatte, ab dem 14. Jahrhundert auf europäischen Teil- und Weltkarten auf; im 16. und 17. Jahrhundert verschwand es aus dem Blickfeld der meisten Kartenmacher, bis es Anfang des 18. Jahrhunderts wieder zum Vorschein kam.

Anfang des 17. Jahrhunderts wurde dem deutschen Astronomen, Geodäten und Mathematiker Wilhelm Schickard als erstem Wissenschaftler klar, dass die in Europa zirkulierenden Karten der alten Welt allesamt fehlerhaft waren und man eine korrektere Karte auf der Basis arabischer Ortstabellen und Geografiewerke entwerfen sollte. Er selbst konnte diese Aufgabe, die er aufwändig begann, nicht zu Ende führen, weil er 1634 ein Opfer der Pest wurde. Der deutsche Gelehrte und Diplomat Adam Olearius arbeitete in seinem Geist weiter und brachte von einer Handelsreise je eine Karte von Persien und Anatolien zurück nach Europa – bedeutsame Meilensteine der Kartografiegeschichte, die weder von Zeitgenossen noch von späteren Kartografiehistorikern angemessen gewürdigt wurden.

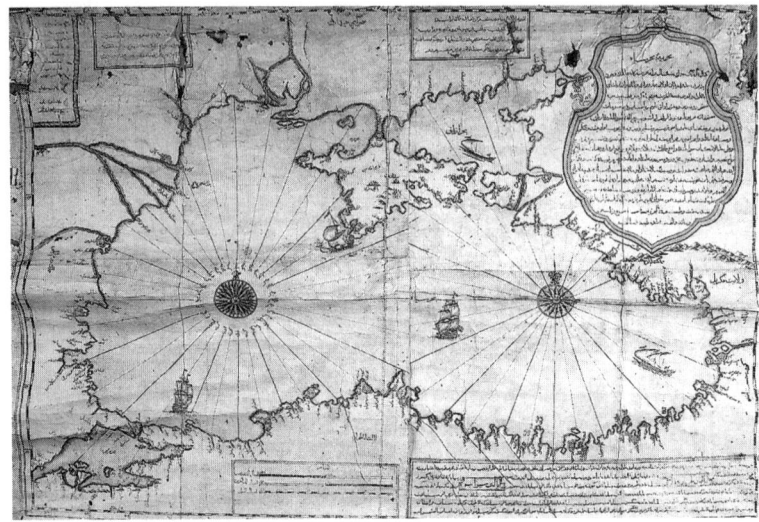

Osmanische Karte des Schwarzen Meeres. Der Nullmeridian der Karte liegt nach arabisch-persischer Tradition 28° 30' westlich von Toledo im Atlantik. Die am Rand angegebenen Längen und Breiten zeigen die fast perfekten Maße, die das Schwarze Meer in der osmanischen Geografie erreicht hatte. Eine Kopie oder das Original dieser Karte muss Guillaume Delisle als Vorlage gedient haben.

Die Olearius-Karten führten zu einem Gradnetz, dessen Nullmeridian 28° 30' westlich von Toledo lag – genau so war es ein halbes Jahrtausend früher in der islamischen Welt festgelegt worden. Und die Lage der Städte auf diesen Karten stimmte genau überein mit den Koordinaten in geografischen Tabellen, die nach der Gründung der Sternwarte von Marāgha im 13. Jahrhunderts entstanden waren.

Wenig später trieb Guillaume Delisle (1675–1726) ein Projekt voran, das die Wissenschaftsgeschichte später als «Reform der Kartografie» bezeichnen sollte – wobei das Wort Reform fragwürdig ist, denn westliche Wissenschaftshistoriker kehrten die Frage unter den Tisch, wie Delisle von seinem Atelier in Paris aus innerhalb weniger

Jahre präzise Küstenumrisse und die fast korrekten geografischen Positionen von Hunderten von Orten hätte ermitteln sollen. Delisles Karte besticht mit ihrer enorm erweiterten Topografie, einer entwickelteren Hydrografie, einer verbesserten Darstellung des Kaspischen Meeres und der Küstenlinien von Persischem Golf und Arabischem Meer bis hin zum Nordwesten des Indischen Subkontinents. Überdies sind die Positionen von etwa 600 Orten – Dörfer, Bäder, Karawansereien, Brücken, Pässe, Festungen und vieles mehr – so exakt in das Gradnetz eingezeichnet, dass ihre Längen- und Breitengrade mit minimalen Abweichungen der Wirklichkeit entsprechen. Guillaume Delisle selbst machte, zumindest was seine Schwarzmeerkarte angeht, kein Geheimnis aus seinen Quellen und wies gelegentlich darauf hin, er habe diese Karte exakt nach einer in ihrem Herkunftsland hoch geschätzten handschriftlichen Vorlage angefertigt, die der Marseiller Handelstreibende Jean-Baptiste Fabre von Konstantinopel nach Paris gebracht habe.

Der Weltatlas des Nicolas Sanson d'Abbéville

Europa musste sein gewohntes Bild von Asien erneut verändern, als der königliche Hofkartograf und «Vater der französischen Geografie» Nicolas Sanson d'Abbéville (1600–1667) seine Arbeit vorlegte: den ersten französischen Weltatlas und eine graduierte Asienkarte. Nicolas Sanson berücksichtigte die radikalen arabischen Korrekturen der Längengrade und stellte das Rote Meer wieder mit dem Golf von Akaba dar, der auf europäischen Karten seit langem verschwunden war. Das Kaspische Meer erstreckte sich nicht mehr melonenförmig von Ost nach West, wie es seit mehr als einem Jahrhundert ein abendländischer Kartograf von dem anderen kopiert hatte, sondern fast realitätsgetreu. Drei sibirisch-zentralasiatische Seen, die möglicherweise den Baikal-See, den Balchasch-See und den Issyk-Kul darstellen, waren zum ersten Mal zusammen auf einer europäischen Karte zu sehen, außerdem eine neuartige Darstellungsweise von Bergen und Flüssen. Sanson selbst erklärte deutlich, er habe seine Asienkarte «al-Idrīsī und weiteren (arabischen) Autoren»[20] entnommen. Die Darstellung Sibiriens beruhe auf Karten, die nach Reiseberichten und verschiedenen arabischen Verfassern, die zur damaligen Zeit noch lebten, gezeichnet worden waren; Ähnliches galt für seine Persienkarte.

Doch so bedeutsam diese Fortschritte waren: Noch im späten 17. Jahrhundert existierten in Europa Karten und Koordinatentabellen beziehungslos nebeneinander. Giambattista Riccioli (1598–1671), einer der bekanntesten Geografen seiner Zeit, erklärte zu seiner Tabelle, die etwa 2200 Koordinaten enthielt: «Fast unzählig sind nicht nur die geografischen Welt- und Landkarten, sondern auch die Längen- und Breitenverzeichnisse der bedeutenderen Orte. Aber sie weichen so sehr voneinander ab, nicht nur in den Sekunden, sondern oftmals in den ganzen Graden, so dass diese Kunst fast allen Glauben eingebüßt zu haben scheint und man nicht weiß, wem man bei der Bereisung und Beschreibung des Erdkreises als bestem Führer folgen soll.»[21]

Jean Dominique Cassini bringt den Durchbruch

Erst jetzt, Ende des 17. Jahrhunderts, kam es nun endlich zu einem Durchbruch in der Geschichte der europäischen Kartografie, und Geografen stellten eine direkte Verbindung zwischen Karten und Längenmessungen her. In Paris begann man, die Weltkarte mit Hilfe von Längengraden zu verbessern, die Astronomen durch die Beobachtung der Jupitertrabanten mithilfe des Fernrohrs gewannen. Auf diese Weise konnten sie das alte Mondfinsternis-Verfahren ersetzen. Vor allem der Astronom Jean Dominique Cassini machte sich um diese Aufgabe verdient. Er lebte von 1625 bis 1712 und kam in den Genuss staatlicher Unterstützung durch Ludwig XIV. Die astronomischen Messarbeiten fanden in der neu gegründeten Akademie der Wissenschaften in Paris statt, der eine Sternwarte beigeordnet war. Jean Dominique Cassini wurde deren Direktor und auf seine Initiative begann man hier nun, Längen in der mathematischen Geografie neu zu ermitteln und die Darstellung der größeren Landmassen auf der Weltkarte zu korrigieren. Auf dem Fußboden des westlichen Turms der Pariser Sternwarte entstand die *Planisphère terrestre*, eine monumentale Weltkarte.

Allmählich holte der Westen nun also auf, wenn auch die Koordinaten in arabischen Ortstabellen noch immer die exakteren Längengrade enthielten. Wie schwierig, kostspielig und zeitraubend die Koordinatenermittlung selbst im Hinblick auf eine kleine Region der Erdoberfläche noch immer war, zeigt das Ergebnis einer Forschungsreise, die Jean Matthieu de Chazelles (1657–1710), ein Schüler und jüngerer Kollege von Cassini, zwischen 1693 und 1696 zur Korrektur der geografischen Länge des Mittelmeers unternahm. Seine Erfolge beschränkten sich auf die Ermittlung der Längen und Breiten von Kairo, Alexandria und Istanbul, dazu kamen die Breiten von Larnaka, Damiette und den Dardanellen. Obwohl sich europäische Astronomen an der Wende vom 17. zum 18. Jahrhundert nun also ernsthaft daran machten, ihre Vorstellung von der Geografie der Erde auf mathematisch-astronomischer Grundlage zu korrigieren, blieb ihr Beitrag klein und die exakte Vermessung der Erdoberfläche eine mühsame und langwierige Aufgabe.

Noch einige Jahrzehnte später drückte der große englische Geograf James Rennell (1742–1830) sein Erstaunen über den unzureichenden Stand der abendländischen Geografie aus (siehe das Zitat zu Beginn dieses Kapitels). Er selbst bemühte sich um eine bessere kartografische Gestaltung des Indischen Subkontinentes, wobei er explizit arabische, persische und türkische Quellen zu Rate zog: «Abbildung des Persischen Reiches aus den Schriften der größten arabischen und persischen Geografen» betitelte er eine seiner Karten. Aber noch Mitte des 19. Jahrhunderts existierte zum Beispiel keine Karte Siziliens auf Basis mathematisch-astronomischer Verfahren.

FÜNFTER TEIL

STILLER TRIUMPH DER
ARABISCHEN WISSENSCHAFTEN

14. Der sinkende Einfluss der arabischen Kultur in Europa

«O welch eine Schande, wenn eine Rasse, die so verächtlich, so verkommen und von Dämonen geknechtet ist, auf solche Art ein Volk überwinden sollte, welches mit dem Glauben an den allmächtigen Gott ausgestattet ist und im Namen Christi glänzt.» *Papst Urban II., Aufruf zum Kreuzzug auf dem Konzil von Clermont, 1095*

Wir haben gesehen, wie die arabisch-islamische Kultur Anfang des 7. Jahrhunderts in die Weltgeschichte eintrat und in kurzer Zeit ein riesiges Reich begründete. In gerade einmal hundert Jahren übernahmen die Araber Wissen, Kenntnisse, Verfahren, Theorien und Instrumente der eroberten Kulturen und entwickelten sie schon bald weiter, fügten neue Erfindungen hinzu, schufen ganz neue Disziplinen und brachten Kunst und Wissenschaften zu einer bedeutenden Blüte. Das Tempo, in dem sich alles das vollzog, gehört wohl zu den erstaunlichsten Phänomenen der Wissenschaftsgeschichte und basierte auf der geistigen Offenheit und Toleranz der frühen arabischen Kultur.

Die abendländische Geschichtsschreibung hat dafür vor vielen Jahrzehnten den Begriff des «Goldenen Zeitalters des Islams» geprägt, das einer häufigen Lesart zufolge allerdings schon in der ersten Hälfte des 11. Jahrhunderts verblasst sei und bereits stagniert habe, als die Mongolen 1258 das Abbasidenreich stürzten. Diese Einschätzung ist noch immer weit verbreitet, sogar unter Historikern. Tatsächlich ist längst bekannt, was Fuat Sezgin in seiner Arbeit besonders unterstreicht: dass die wissenschaftliche Kreativität der Muslime – mit Entdeckungen, Erfindungen und sogar der Begründung neuer Wissensgebiete – bis in das 15. Jahrhundert hinein blühte, in einigen Disziplinen sogar bis zum Ende des 16. Jahrhunderts, wenn auch nicht immer mit gleichbleibender Intensität.

Gegen Ende des 16. Jahrhunderts ließ die Kreativität der arabisch-islamischen Kultur allerdings tatsächlich nach und kam, von wenigen Ausnahmen abgesehen, Anfang des 17. Jahrhunderts zum Stillstand. Gleichzeitig übernahm das Abendland die Führung in den Wissenschaften und löste den islamischen Kulturraum in dieser Rolle ab. Zuvor hatten westliche Gelehrte fünfhundert Jahre lang die arabisch-islamischen und griechischen Werke übersetzt, studiert und in das eigene Denken aufgenommen.

Wie konnte die islamische Welt, nachdem sie wissenschaftlich so viel erreicht hatte, gegenüber dem Abendland derart stark zurückfallen? Eine in der westlichen Kultur beliebte Erklärung lautet, eine rückständige islamische Religion habe den Niedergang der arabischen Wissenschaften herbeigeführt. Doch diese Erklärung gehört selbst zum Problem, atmet sie doch den Geist einer tief verwurzelten antiarabischen Denktradition in Europa, die mit dazu geführt hat, die arabischen Leistungen unsichtbar zu machen, die jahrhundertelang von der Religion völlig unbehelligt, ja, sogar mit ihrer Unterstützung erblühen konnten. Schon in Kapitel 2 wurde ja ausführlich beschrieben, wie aufgeschlossen der frühe Islam den Wissenschaften gegenüberstand, sowohl in seiner geistigen Haltung als auch handfest mit der Gründung erster Universitäten an Moscheen, an denen die Gelehrten völlig frei von religiöser Gängelung ihrer Forschung nachgehen konnten. Nein, das Ende des Goldenen Zeitalters wurde nicht von der Religion besiegelt; ohnehin lässt sich wissenschaftlicher Fortschritt, wenn er erst einmal seine eigene Dynamik entwickelt hat, durch die Religion kaum ernstlich gefährden, betont Fuat Sezgin: Auch das Christentum konnte das nicht vollbringen, obwohl sich seine Institutionen sehr darum bemühten.

Die tatsächlichen Ursachen für die Stagnation der arabisch-islamischen Wissenschaftskultur haben mehr mit der Politik des Westens zu tun als mit der Religion des Ostens, wie wir im Folgenden sehen werden.

Kreuzzüge: Schwächung trotz technischer Überlegenheit

Ende des 11. Jahrhunderts entschloss sich Europa, die islamische Welt mit Waffengewalt zu bekämpfen, und zwang ihr acht Kriege auf: die Kreuzzüge. Diese Kriege dauerten von 1095 bis 1291, endeten mal mit einem Sieg, mal mit einer Niederlage der Europäer. Doch selbst wenn die europäischen Angreifer unterlagen, blieben sie doch Nutznießer der Kämpfe, denn die Kreuzzüge schwächten die islamische Welt wirtschaftlich und sie beeinträchtigten auch die wissenschaftliche Entwicklung. So wurde die Besetzung von Teilen Palästinas wie ein Keil in das Zentrum der islamischen Welt getrieben und verhinderte, dass neue wissenschaftliche Entdeckungen und Bücher frei in der islamischen Welt zirkulieren konnten.

Dabei waren die Muslime ihren Besatzern damals technisch und wissenschaftlich weit überlegen, was auch für die arabische Waffentechnik galt. Unter dem Druck der Kriege verfeinerten und verbesserten die Araber ihre Kriegsgeräte immer weiter. Sie entwickelten beispielsweise die Windenarmbrust, auf Arabisch *qaus bi-laulab* genannt. Sie war schon im 11. Jahrhundert im arabisch-islamischen Kulturraum verbreitet. Man spannte sie durch eine oder mehrere

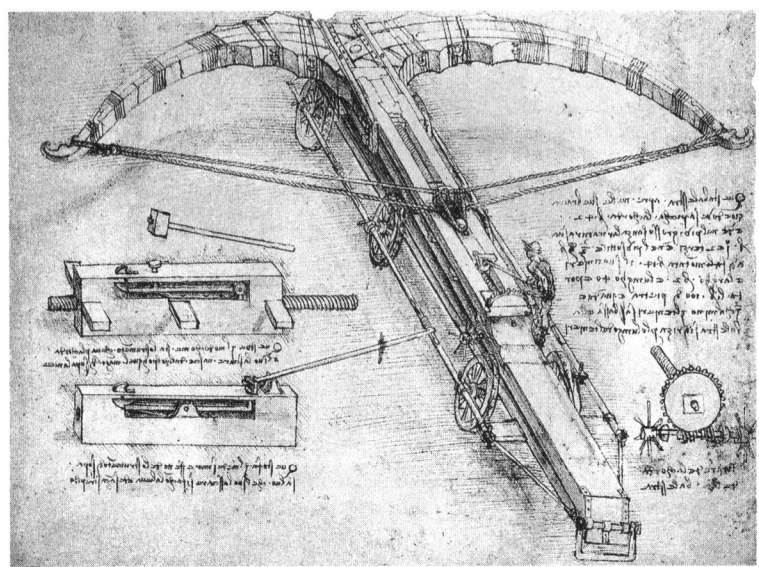

Die große muslimische Windenarmbrust hat möglicherweise Leonardo da Vinci dazu angeregt, in dieser Zeichnung eine riesenhafte Armbrust zu entwerfen.

Winden (auch Wellen oder Haspeln genannt). Technisch entsprach die Windenarmbrust einer gewöhnlichen Handarmbrust, nur waren ihre Dimensionen erheblich größer. Ein arabisches Buch über Kriegswesen und -technik aus dem 12. Jahrhundert beschreibt die Ausmaße der größten dem Autor bekannten Windenarmbrust, deren Reichweite und Schlagkraft unübertroffen gewesen sei: Die Kanten der quadratischen Lafette sollen etwa 5,6 Meter betragen haben. Eigentlich hätte man zu ihrer Bedienung etwa 20 Mann gebraucht, doch dank der verwendeten Technik habe ein einziger Mann ausgereicht, um die Waffe in Gang zu setzen.

Die Gegengewichtsblide mit Pfeilschleuder war eine arabischislamische Weiterentwicklung der Steinschleuder. Als Gegengewicht diente statt eines mit Steinen gefüllten Behälters ein massiver Eisenkörper. Die Pfeile besaßen flossenartige Stabilisatoren am Ende des Schaftes. Mit Haken und Seil konnten sie in eine Schiene auf dem Fundament der Blide gezogen werden. Die Neigung der Schiene wurde offenbar nach dem Ziel reguliert. Vorn an der Schiene war eine passende Führung angebracht, damit der Pfeil nicht zu weit in die Vertikale gezogen wurde. Auch Kanonen, Handgranaten und Handfeuerwaffen wurden weiterentwickelt.

Doch innerhalb weniger Jahrzehnte fanden sich die meisten Neuerungen auch bei den Europäern wieder – und entfalteten weitreichende Wirkungen in deren weltweiter Expansions- und Kolonialpolitik. Fuat Sezgin machte im Zuge seiner langjährigen Beschäftigung mit der Geschichte der arabisch-islamischen Wissenschaften und ihrer Übernahme im Abendland eine interessante Entdeckung: Die europäische Kultur übernahm und verbreitete praktische technische Geräte sehr viel rascher als theoretisches Wissen. Infolgedessen konnte Europa die islamische Welt auf technischem Gebiet früher überholen als in der Entwicklung und Entfaltung theoretischen Wissens. Zudem verstanden sich die Europäer – warum auch immer – besser auf das perspektivische Zeichnen, weshalb sich Handschriften mit technischen Inhalten nicht nur rasch verbreiteten, sondern die darin dargestellten Techniken auch besonders leicht von anderen nachvollzogen werden konnten. Hinzu kam natürlich auch der Buchdruck in der Mitte des 15. Jahrhunderts: Plötzlich ließen sich technische Zeichnungen in hoher Zahl vervielfältigen, was den Maschinenbau und die industrielle Entwicklung enorm begünstigte. Dank des Buchdrucks kamen die fantasievollen Zeichnungen von Leonardo da Vinci, Georgius Agricola oder Agostino Ramelli – alle von arabischen Quellen inspiriert – rasch in Umlauf. Möglicherweise hätte die Kreativität der islamischen Kultur und Wissenschaften noch eine Zeitlang angehalten, hätten die Muslime den Buchdruck früher übernommen.

Invasion der Mongolen und Verlust der Iberischen Halbinsel

Zu derselben Zeit, in der ein zentrales Gebiet der islamischen Welt unter Krieg und Besatzung durch die Kreuzfahrer litt, begann im Jahre 1216 in den östlichen Regionen die Invasion der Mongolen. Etwa sieben Jahre dauerten die Angriffe auf Persien an und endeten 1231 mit der Eroberung des größten Teils des Landes. Einheimische Kulturstätten und Wissenschaftszentren wurden dabei verwüstet. Weitere Verwüstungen erlebte der zentrale Teil der islamischen Welt, als der Enkel von Dschingis Khan, Hülägü, 1258 Bagdad zerstörte; später traf weite Teile Syriens dasselbe Schicksal.

Ein zweiter Umstand darf in seiner schwächenden Wirkung nicht unterschätzt werden: Schon in der zweiten Hälfte des 11. Jahrhunderts hatte die islamische Welt Portugal und einen bedeutenden Teil von Spanien mit Toledo verloren. Die politische Präsenz der Muslime im Westen der islamischen Welt nahm immer weiter ab, bis 1492 schließlich auch Granada fiel. Die Iberische Halbinsel mit ihren Wissenschaftszentren, an denen die Muslime jahrhundertelang bedeutende Arbeit geleistet hatten, gehörte nun der abendländischen und nicht mehr der islamischen Welt an. Mit Granada verloren die Muslime nicht nur die letzte Bastion ihrer 800-jährigen Herrschaft auf der Iberischen Halbinsel. Der Verlust markiert gleichzeitig den Anfang vom endgültigen Ende der arabisch-islamischen Weltmacht: Zwar stellten die Safawiden im 16. Jahrhundert in Persien eine respektable politische Macht dar und das 1526 in Indien gegründete islamische Mogulreich wurde ein starker politischer und wirtschaftlicher Faktor in Südasien. In beiden islamischen Reichen wurde Wissenschaft auf hohem Niveau betrieben. Dasselbe gilt für das Osmanische Reich: 1453 hatten die Osmanen mit der Eroberung Konstantinopels die Führung über den größten Teil der islamischen Welt übernommen. Die Osmanen zeigten sich politisch in der Lage, ihre Herrschaft über weite Teile des Mittelmeerraums, den Balkan, das Gebiet um das Schwarze Meer mitsamt Ukraine und Kaukasus sowie über die arabischen Länder bis zur Arabischen Halbinsel und Nordafrika auszudehnen. Auch in diesem Reich fehlte es bis zum Ende des 16. Jahrhunderts nicht an wissenschaftlicher Kreativität, weil die politische Führung Bildung und Forschung wünschte und unterstützte. Doch was eine Führungsrolle in der Weltpolitik anging, standen die Osmanen letztlich auf verlorenem Posten, denn die islamische Welt hatte ihre zentrale geografische Position in der alten Welt verloren.

Portugal und Spanien übernehmen die Herrschaft über die Weltmeere

Die neue Führungsrolle übernahmen Portugal und Spanien – die beiden europäischen Länder, die viele Hundert Jahre Teil des arabisch-islamischen Kulturraums und seines regen intellektuellen Lebens gewesen waren. Das arabische Wissen um den Seeweg nach Indien brachte Ende des 15. Jahrhunderts Vasco da Gama nach Europa. Damit stieg Portugal zur führenden Handels- und Seemacht des 15. und 16. Jahrhunderts auf. Um den Vorsprung der Portugiesen im Gewürzhandel mit Indien wettmachen zu können, wünschte sich die spanische Krone Zugang zu einer kürzeren Handelsroute Richtung Westen. Finanziert von den Katholischen Königen Isabella und Ferdinand stach am 3. August 1492 der genuesische Seefahrer Christoph Kolumbus mit drei Schiffen in See und erreichte am 12. Oktober 1492 Mittelamerika.

Nach ihren ersten Expeditionen waren die Portugiesen den Arabern noch für etwa hundert Jahre in allen Wissenschaften unterlegen. Doch sie bereiteten ihre Angriffe auf islamische Länder politisch, wirtschaftlich, religiös und militärisch immer besser vor. Schließlich konnten sie in Kriegen, die mehr als fünfzig Jahre andauern sollten, die geschwächten arabischen und später die türkisch-osmanischen Flotten zerschlagen. Sie verheerten die Küstengebiete des Roten Meeres, Südarabiens, des Persischen Golfes, Indiens und des Malaiischen Archipels und schafften alle Naturschätze, derer sie habhaft werden konnten, nach Portugal. Ab Mitte des 16. Jahrhunderts bemächtigten sich die Portugiesen des Indischen Ozeans, der seit Jahrhunderten wie ein Binnenmeer der islamischen Welt gewesen war. Mit der Herrschaft über diesen Ozean und mit der Eroberung Amerikas gewannen Portugal, Spanien und später auch andere Länder Europas eine enorme wirtschaftliche und militärische Stärke. Die politische Landschaft der Welt hatte sich grundlegend verändert. Die arabisch-islamische Kultur hatte das Nachsehen und musste nun Platz machen für ihren abendländischen Nachfolger, den sie zuvor selbst gefördert und mit geistigen wie militärischen Waffen ausgestattet hatte.

15. Die Weltkarte des Pīrī Reʾīs und die Entdeckung Amerikas

«Unter diesen gab es einen namens Haihas aus Cordoba, der mit einer Gruppe von jungen Männern mit von ihm bereitgestellten Schiffen auf den Ozean hinausgesegelt ist. Nach geraumer Zeit kamen sie mit reicher Beute zurück.» *Al-Masʿūdī (9./10. Jahrhundert)*

Waren Christoph Kolumbus und seine Mitreisenden tatsächlich die ersten Menschen der Alten Welt, die in dieser Zeit ihren Fuß auf amerikanischen Boden setzten?

Die vielen Jahrzehnte, in denen Fuat Sezgin sich intensiv mit der Kartografie des Mittelalters und der frühen Neuzeit beschäftigte, haben ihn von der traditionellen Version der Geschichte abrücken lassen. Heute ist er davon überzeugt, dass muslimische Seefahrer schon etwa zu Beginn des 15. Jahrhunderts, möglicherweise sogar schon früher, das amerikanische Festland erreichten. Sie taten dies vor Spaniern, Portugiesen und Italienern – sie waren es auch, die als Erste die Umrisse amerikanischer Küsten kartierten. Es waren diese Karten aus muslimischer Hand, die den spanischen Seefahrern halfen, ihren Weg nach Amerika und an den dortigen Küsten entlang zu finden. Es gibt historische Belege, die so zwingend sind, dass für Fuat Sezgin eine andere Interpretation heute tatsächlich unhaltbar erscheint. Sehen wir uns nun die Belege für seine These genauer an.

Arabische Vorstöße über den Atlantik

Auf der Grundlage ihrer nautischen Expertise und Erfahrung unternahmen die Araber schon vor 1050, also bereits während der arabischen Herrschaft auf der Iberischen Halbinsel, mit einer klaren Vorstellung von der Kugelform und der Größe der Erde wagemutige Fahrten, um das ihnen gut bekannte Asien von der Westküste Europas aus über den Atlantik – den großen «Umfassenden Ozean» – zu erreichen. Woraus lässt sich das schließen? Fahrten über den Atlantik waren damals offenbar so häufig, dass eine Straße am Hafen des arabischen Lissabons den Namen *Darb al-maghrūrīn* erhielt: wahlweise übersetzbar als «Straße der in die Irre Gehenden» oder «Straße der Abenteurer». Für die Araber war es ein Leichtes, aus dem astronomisch ermittelten Erdumfang auf die Entfernung zwischen Westafrika und China zu schließen. Die gigantische Strecke muss sie von systematischen Versuchen, den Atlantik zu überqueren, abgeschreckt haben; dennoch drifteten in dem jahrhundertelangen Schiffsverkehr um Afrika ganz gewiss immer wieder auch Schiffe quer über den Atlantik ab. Eine genaue wissenschaftshistorische Untersuchung der Meeresströmungen zu dieser Zeit bleibt eine Aufgabe für die Zukunft.

Dazu kamen die wagemutigen Expeditionen Einzelner: Aus historischen Berichten lässt sich ersehen, dass Seefahrer der islamischen Welt ab dem 10. Jahrhundert immer wieder versucht haben, zunächst von der portugiesischen, später auch von der westafrikanischen Küste den Atlantik in Richtung Westen zu queren. So berichtet der bedeutende Universalgelehrte al-Masʿūdī an der Wende vom 9. zum 10. Jahrhundert, Seefahrer aus dem arabischen Spanien hätten sich mehrfach durch solche Fahrten in Lebensgefahr gebracht: «Unter diesen gab es einen namens Haihas aus Cordoba, der mit einer

DIE WELTKARTE DES PĪRĪ RE'ĪS UND DIE ENTDECKUNG AMERIKAS   261

Gruppe von jungen Männern mit von ihm bereitgestellten Schiffen auf den Ozean hinausgesegelt ist. Nach geraumer Zeit kamen sie mit reicher Beute zurück.»[22] Andere seien jedoch, wie allgemein bekannt sei, von diesen Reisen nicht zurückgekehrt. Tatsächlich weiß die historische Forschung nicht, ob überhaupt jemand in dieser frühen Zeit, als der Seefahrt noch kein ausreichend entwickelter Kompass zur Verfügung stand, sein Ziel erreicht hat.

Dass die Araber durchaus damit rechneten, bei einer Atlantikquerung auf einen noch unbekannten Kontinent zu stoßen, lässt sich einem Hinweis von al-Bīrūnī aus dem 11. Jahrhundert entnehmen. Der Gelehrte, der nie ein Meer gesehen hatte, schloss aus theoretischen Erwägungen auf die Existenz Amerikas. Weil die bekannte Welt seiner Zeit nur zwei Fünftel der berechneten Weltkugel ausmachte, erwartete er eine weitere Landmasse zwischen der europäischen Atlantik- und der asiatischen Pazifikküste und schrieb: «Der Ozean trennt die uns bekannte bewohnte Landmasse von möglicherweise auf beiden Seiten außerhalb liegenden Kontinenten oder bewohnten Inseln.»

Deutliche Angaben finden wir auch im 12. Jahrhundert bei al-Idrīsī, der ausführlich von einer damals offenbar sehr bekannten Familie berichtet und von ihrem gescheiterten Versuch, mit einem Schiff den Ozean in westlicher Richtung zu überqueren, um nach entfernten Küsten und weiteren Landmassen zu suchen. Berichte über solche Expeditionen waren im Westen der islamischen Welt durchaus verbreitet. Auch von Mali im Westen Afrikas wurden möglicherweise Atlantiküberquerungen gestartet. Darauf deutet eine Geschichte hin, die man sich dort von Sultan Mohammed Abū Bakr erzählt. Der Sultan soll Anfang des 14. Jahrhunderts von Mali aus eine Flotte entsandt haben mit dem Ziel, die «andere Seite des Ozeans» zu erreichen. Der syrische Geschichtsschreiber und Zeitgenosse Schihāb ad-Dīn al-ʿUmarī jedenfalls berichtet, die Flotte habe Kurs auf das offene Meer genommen, sei dort in eine gefährliche Strömung geraten und mit Ausnahme eines einzigen Schiffes gesunken. Daraufhin sei der Sultan persönlich mit einer weiteren Flotte und demselben Ziel in See gestochen – und niemals zurückgekehrt.

Logbücher und die Karte des Pīrī Reʾīs

Arabische Originaldokumente und -karten, die zweifelsfrei belegen könnten, dass arabische Seefahrer mit der Küste Brasiliens und einigen karibischen Inseln in Kontakt kamen, existieren leider nicht mehr. Lose Karten aus damaliger Zeit hatten sehr schlechte Chancen, längere Zeit zu überdauern. Die Chancen stiegen, wenn Karten mitsamt Büchern überliefert werden konnten. So hat uns die Kopie des berühmten Weltatlas der Maʾmūn-Geografen nur als Bestandteil einer Enzyklopädie aus dem 14. Jahrhundert erreicht. Die Karte von al-Idrīsī ist nur in Handschriften der Buchversion erhalten, wie auch die 26 Teilkarten des javanischen Atlasses. Insgesamt ist das kartografische Erbe der Araber leider nur sehr unvollständig erhalten geblieben und es spiegelt wohl auch nicht immer die tatsächlichen Kenntnisse der Nautiker und Kartografen wider.

Dennoch finden sich wichtige und eindeutige Hinweise auf eine präkolumbianische arabische Entdeckung Amerikas auf alten Karten, in Logbüchern und schriftlichen Zeugnissen. Sie belegen auch, dass sich Christoph Kolumbus auf arabisches Wissen und sogar auf arabische Karten verließ, als er sich gen Westen auf den Weg über den Atlantik machte. Das erste dieser alten Dokumente haben wir in Kapitel 12 schon kennengelernt – es ist die Atlantikkarte des osmanischen Generals Pīrī Reʾīs, die auf das Jahr 1513 datiert wird und die sich heute im Topkapi-Palast in Istanbul befindet.

Die Karte zeigt die südamerikanische Küste von den südlichen Ge-

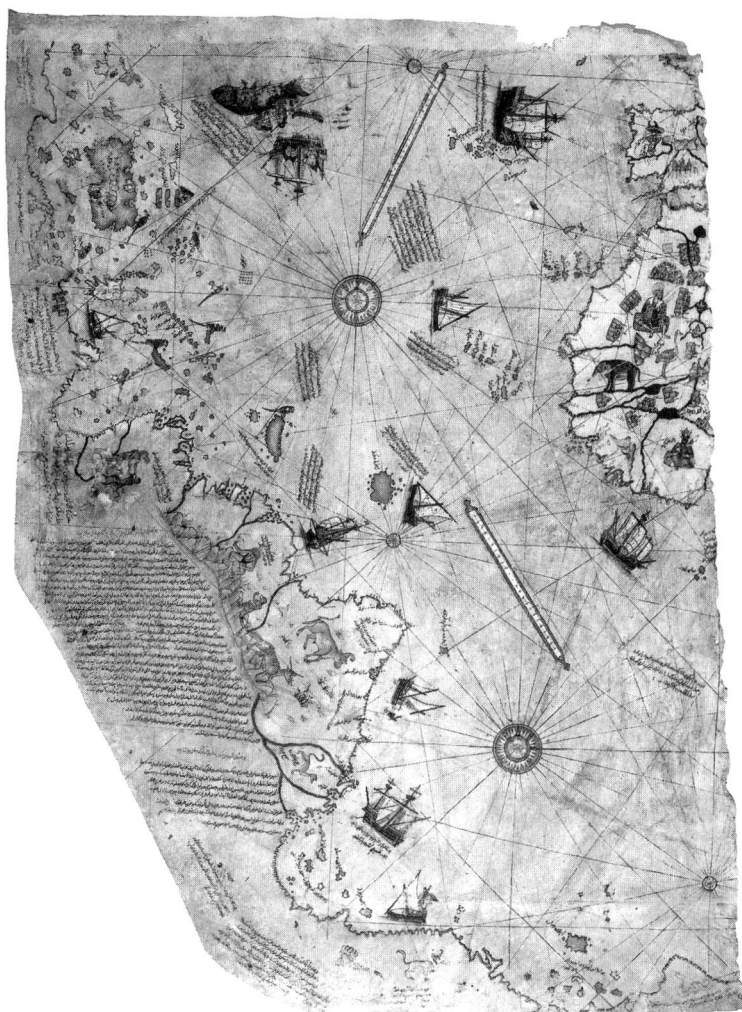

Atlantikkarte des Pīrī Reʾīs

staden der Karibik bis etwa 50° südlich des Äquators und wie wir uns erinnern, soll Pīrī Reʾīs die Karte von einem spanischen Seemann erhalten haben, der Kolumbus auf seinen ersten drei Reisen über den Atlantik begleitet hatte. Einige Wissenschaftshistoriker sind der Ansicht, dass Kolumbus und seine Leute nach ihrer Ankunft in Amerika Teile der dortigen Inselwelt und des Festlandes kartografierten. Die Bedeutung dieser Karte bestünde dann darin, die verloren geglaubte Karte des Kolumbus zu überliefern. Der südliche Teil der Karte soll nach dieser Lesart auf eine portugiesische Karte zurückgehen.

Diese Ansicht hat auch Fuat Sezgin lange geteilt, inzwischen ist er jedoch davon überzeugt, dass die Atlantikkarte des Pīrī Re'īs auf eine arabische Karte zurückgeht. Warum? Die Karte präsentiert eine erstaunliche, für die Verhältnisse damaliger europäischer Seefahrer und Kartografen unvorstellbare Exaktheit. Vergleicht man die Pīrī Re'īs-Karte mit den ältesten erhaltenen portugiesischen Karten bis etwa 1502, so verraten portugiesische Darstellungen von Südamerika zwar eine gewisse Verwandtschaft mit der Darstellung des Pīrī Re'īs, sind aber wesentlich ärmer und gröber. Auf der Pīrī Re'īs-Karte erscheint zum Beispiel die Mündung des Flusses La Plata in der Nähe des heutigen Buenos Aires – eines Flusses, der in der abendländischen Geschichtsschreibung erst um 1515 entdeckt worden sein soll.

Besonders verblüffend ist das Ergebnis, wenn man in digitaler Projektion die Karte des Pīrī Re'īs und den modernen Atlas übereinander legt.

Die Koordinaten der Mündung des La Plata sind auf beiden Karten fast deckungsgleich und die Küstenlinie weicht auf der Pīrī Re'īs-Karte kaum vom modernen Atlas ab. Mit anderen Worten: Die Karte aus dem Jahr 1513 konfrontiert uns mit einer Genauigkeit, wie sie die abendländische Kartografie vor dem 18. Jahrhundert gar nicht zu erzeugen wusste!

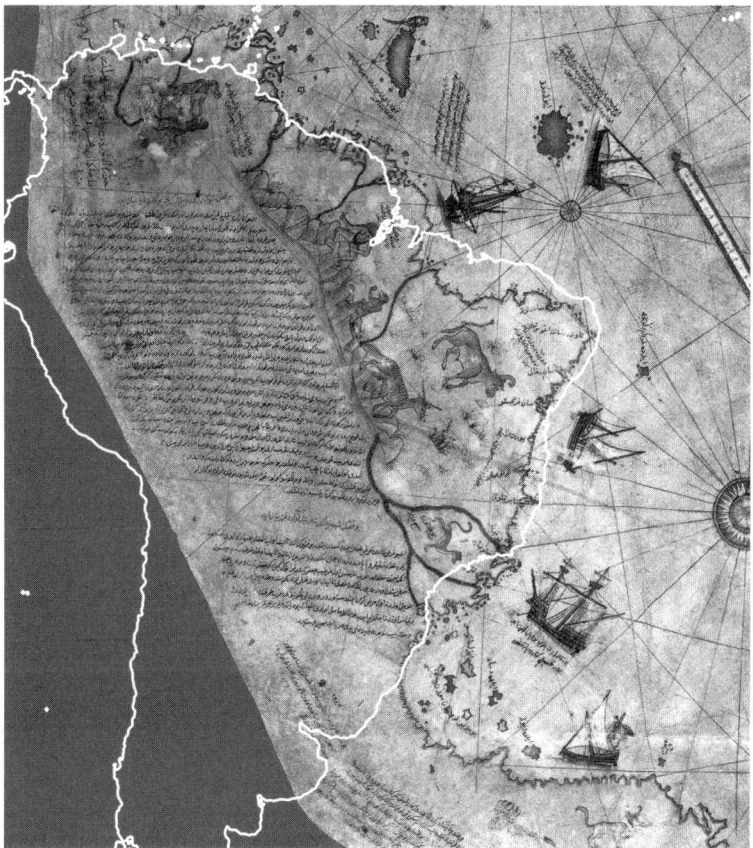

Projektion des Umrisses des amerikanischen Kontinents von einer modernen Karte auf die Atlantikkarte des Pīrī Reʾīs

Ungenaue Messungen abendländischer Seefahrer

Vergleichen wir an dieser Stelle die Möglichkeiten der abendländischen Seefahrer mit dem, was die arabisch-islamische Nautik konnte. Kein Geografiehistoriker bezweifelt, dass europäische Gelehrte jahrhundertelang unfähig waren, Längengrade zu messen. Um Längendifferenzen zu ermitteln, beobachteten europäische Seefahrer astronomische Ereignisse, vor allem Mondfinsternisse. Sie schlossen dann von den unterschiedlichen Zeitpunkten, an denen diese Ereignisse an verschiedenen Orten eintraten, auf die Entfernung dieser Orte zueinander. In der Theorie klingt das gut, dennoch lieferte die Methode keine akzeptablen Ergebnisse für die Nautik oder Kartografie, denn es fehlte an präzisen transportablen Chronometern – und weil die Zeitintervalle nicht präzise gemessen werden konnten, ergaben sich falsche Entfernungsberechnungen und falsche geografische Koordinaten.

Dieses Manko zeigt sich an den Positionsbestimmungen, die von Christoph Kolumbus sicher überliefert sind. Sie waren teilweise mit groben Fehlern behaftet und wichen bis zu 40° von der Realität ab. Nach den Berechnungen von Kolumbus betrug die Längendifferenz zwischen der Insel Saona im Südosten von Haiti und dem Kap St. Vicente in Portugal 82° 30', tatsächlich sind es nur 59° 40'. Die Längendifferenz zwischen Jamaika und der Insel Cádiz in Spanien gab er mit 108° 45' an; tatsächlich sind es etwa 71°. Die Berechnung von Breitengraden beherrschte Kolumbus übrigens auch nicht oder schlecht und gab für die Küste von Kuba eine Breite von 42° an – statt 21°.

Nicht nur Kolumbus hatte dieses Problem, sondern insgesamt gerieten die Breitenmessungen der abendländischen Seefahrt ungenau. Erhalten ist eine Breitentabelle, die Anfang des 16. Jahrhunderts von Duarte Pacheco Pereira zusammengestellt wurde, einem portugiesischen Seefahrer, Feldherrn und Gelehrten, der als einer der brillantesten Denker seiner Zeit galt. In seiner Tabelle finden sich die Breitengrade von 18 Orten an der brasilianischen Ostküste – sie haben Fehler zwischen 3° und 5°. Von Längengraden ist hier freilich überhaupt noch keine Rede.

Die Vorlage für die «Kolumbuskarte»

Die geografischen Proportionen der Karte von Pīrī Re'īs sind nun aber so verblüffend exakt, ihre Küstenlinien stimmen so präzise mit modernen Karten überein, dass wir den Ursprung dieser Karte nur dort suchen können, wo die mathematisch-astronomischen und kartografischen Fähigkeiten vorhanden waren, eine solche Karte überhaupt zu zeichnen – und das war damals allein der arabische Kulturraum. Fahndet man nach der wahrscheinlichen Herkunft der Pīrī Re'īs-Karte, so gelangt man zu der italienischen Bearbeitung einer arabischen Originalkarte. Diese Karte schickte der Arzt, Astronom und Kartograf Paolo Toscanelli aus Florenz 1474 an Fernão Martins de Roriz in Lissabon, den Beichtvater des portugiesischen Königs Afonso V. Von dieser Karte hatte Kolumbus, wie wir gesichert wissen, eine Abschrift an Bord. In der Folgezeit zirkulierte die Karte, eventuell mit Nachträgen und Korrekturen von Kolumbus versehen, in Kopien – und erreichte auf diese Weise die Osmanen. Wenn diese recht wahrscheinliche Hypothese stimmt, wäre die von Pīrī Re'īs als Vorlage erwähnte «Kolumbuskarte» also die italienische Adaption eines arabischen Originals.

Pīrī Re'īs selbst notierte, er habe die Küsten und Inseln auf dem westlichen Teil seiner Weltkarte der «Kolumbuskarte» entnommen. Dies lässt nach Ansicht von Fuat Sezgin keinen Raum für die Spekulation, er habe damit nur die nördlichen Atlantikregionen gemeint, während die südlichen Regionen doch von portugiesischen Vorlagen stammen. Nimmt man diese Notiz ernst, geht die gesamte Darstellung in allen Teilen auf eine arabisch-islamische Originalkarte zurück.

Interessant ist der Vergleich der Pīrī-Re'īs-Karte mit der Kartenskizze, die Bartolomeo Kolumbus, der jüngere Bruder von Christoph

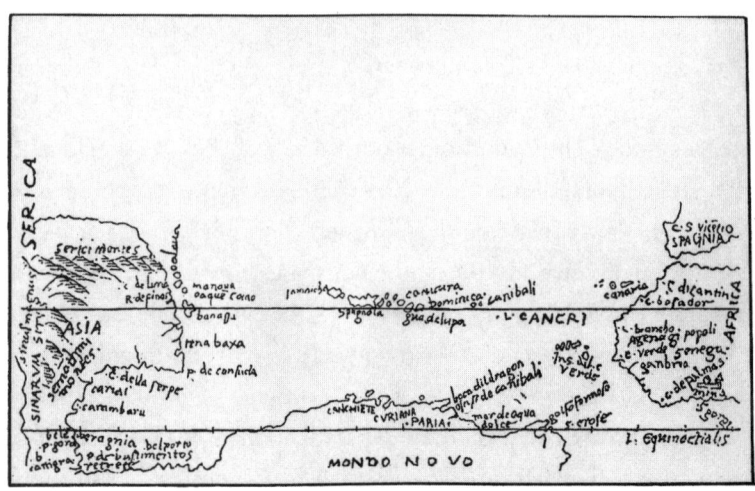

Kartenskizze von Bartolomeo Kolumbus aus dem Jahr 1503

Kolumbus, angefertigt hat. Er hatte an der ersten und an der letzten Reise seines Bruders teilgenommen, und seine Skizze lässt zahlreiche Irrtümer und Verwechslungen erkennen; die neuen Landmassen werden außerdem als Ostküste Asiens dargestellt. Vor allem aber fällt auf, wie klein sich Kolumbus und seine Begleiter die Entfernung zwischen Asien und Europa/Afrika vorstellten.

Das Logbuch des Kolumbus

Auch schriftliche Zeugnisse belegen, dass sich Kolumbus mit Karten auf den Weg machte, auf denen amerikanische Inseln und Küstenverläufe bereits eingezeichnet waren. Kolumbus selbst erwähnt in seinem Tagebuch Karten und Globen, die ihm zur Verfügung standen. Interessant ist auch die Bemerkung des Historikers Bartolomé de las Casas. Er war der Sohn eines Kaufmanns, der an der zweiten

Reise von Kolumbus teilgenommen hatte, und persönlich sowohl mit dem Sohn als auch dem Bruder von Christoph Kolumbus bekannt. In seiner *Historia de las Indias* notiert er: «Kolumbus hatte bei sich eine Karte, auf welcher sich verzeichnet fand dieses Indien [die Küste des neuentdeckten Landes, das er für Indien hielt] und die Inseln, speziell Española, das man Zipango [Japan] nannte.»[23] Ein weiterer Bericht wurde am 25. September 1492 in das Logbuch der Santa Maria eingetragen. Darin steht, Kolumbus habe dem Kapitän des Begleitschiffs Pinta, Martin Alonso Pinzón, drei Tage zuvor eine Karte gesandt, auf der er bestimmte Inseln gekennzeichnet habe: «Martin Alonso sagte, dass sie sich an der Position befinden müssten, in der jene Inseln eingezeichnet waren und der Admiral [Kolumbus] antwortete, dass auch ihm es so scheine, aber es sein könne, dass sie sie wegen der Strömung verfehlt hätten, welche die Flottille nach Nordosten abgetrieben hätte, so dass die zurückgelegte Strecke geringer war, als von den Navigatoren aus der Fahrt errechnet. Der Admiral bat dann um die Rücksendung der Karte und sie wurde an einer Schnur zurückgeschickt. Der Admiral begann daraufhin, mit seinen Offizieren und Navigatoren die Position zu überprüfen.»[24]

Diese Karte war offenbar eben jene Karte des florentinischen Astronomen Paolo dal Pazzo Toscanelli, die wir oben als wahrscheinliche Vorlage der Pīrī Re'īs-Karte kennengelernt haben. Nach eigenen Angaben hatte der Historiker Bartolomé de las Casas diese Karte in seiner Verwahrung und zeichnete für Kolumbus darauf neu entdeckte Gebiete ein.

Auch Kolumbus war also mit einer Atlantik-Karte aufgebrochen, auf der bereits etliche mittelamerikanische Inseln eingezeichnet waren, und diese Karte muss mit einem Gradnetz versehen gewesen sein – mithin muss es vor Kolumbus mindestens eine erfolgreiche Expedition der Araber nach Amerika gegeben haben. Neben dieser

Karte besaß Christoph Kolumbus aber auch Kompasse, wie sie die arabischen Nautiker im Indischen Ozean entwickelt hatten.

Er orientierte sich überdies, wie Quellen belegen und wie schon Alexander von Humboldt unterstrich, an der arabischen Messung für den Umfang der Erde: Ein Grad betrug demnach 56 2/3 Meilen. Allerdings glaubte er irrtümlich, dass es keinen Unterschied zwischen der arabischen und der italienischen Meile gebe. Für ihn betrugen beide gleichermaßen 1525 Kilometer. Darum stellte er sich den Erdumfang etwa um ein Viertel zu klein vor. Außerdem hing er der recht bizarren Vorstellung an, dass die Erde die Form einer Birne habe – was den Weg nach Indien von Westen her ebenfalls wesentlich verkleinert hätte. Aus allen diesen Gründen rechnete Kolumbus damit, bis nach Asien nur etwa 70° (statt 220°) zurücklegen zu müssen – und glaubte wohl noch auf seiner vierten und letzten Reise, in Asien gelandet zu sein.

Flüchtige Bekanntschaft mit der Antarktis

Kommen wir noch einmal zurück auf die Pīrī Re'īs-Karte. Dieses osmanische Dokument wirft nämlich noch eine weitere spannende Frage auf: Was hat es mit der Landmasse auf sich, die sich im Süden der Karte vom amerikanischen Kontinent in Richtung Osten erstreckt? Fuat Sezgin selbst hat diese Landmasse lange als ein Überbleibsel des ptolemäischen Konzepts angesehen, die Meere seien durch die Kontinente umschlossen. Heute scheint ihm eine andere Interpretation sehr viel wahrscheinlicher: Es könnte sich hier um ein frühes Zeugnis einer flüchtigen Bekanntschaft der arabisch-islamischen Seefahrer mit der Antarktis handeln. Es gibt weitere Quellen, die eine solche Bekanntschaft der Araber mit der Antarktis bezeugen: Der dominikanische Missionar Guillaume Adam, der von 1305

DIE WELTKARTE DES PĪRĪ RE'ĪS UND DIE ENTDECKUNG AMERIKAS 271

bis 1314 in der islamischen Welt lebte und fast zwei Jahre lang auch den südlichen Teil des Indischen Ozeans bereiste, hat eine interessante Notiz hinterlassen. Er machte sie an einem seiner Aufenthaltsorte, wahrscheinlich an der ostafrikanischen Küste, etwa 23° südlich des Äquators. Guillaume Adam berichtet, dass von dort Handelsschiffe bis zu einem Punkt zu fahren pflegten, «wo der Südpol 54° hoch steht». Sie drangen also sehr weit in die südliche Hemisphäre vor. Der italienische Geograf Livio Sanuto bestätigte diese Beobachtung Ende des 16. Jahrhunderts. In seinem 1588 verfassten Werk hielt er fest, dass die Araber von Sansibar zum Kap der Guten Hoffnung gelangten und von dort aus in die Antarktis aufbrachen.

Südamerika auf der Karte des Alberto Cantino

Es gibt weitere Karten, die es überaus wahrscheinlich machen, dass die arabische Seefahrt bis an amerikanische Küsten gelangte. Wir finden nämlich eine Darstellung Brasiliens bereits auf einer Weltkarte ohne Gradnetz aus dem Jahr 1502, qualitativ allerdings schlechter als bei Pīrī Re'īs. Schon in Kapitel 12 haben wir die Karte des Diplomaten Alberto Cantino kennengelernt und ihre Darstellung Afrikas untersucht.

Diese sogenannte Cantino-Karte tauchte auf, kurz nachdem der «Entdecker Brasiliens», Pedro Álvares Cabral, auf seiner Indienfahrt 1500/1501 mit dem südamerikanischen Land erstmals – und angeblich zufällig – in Berührung gekommen war. Cabral landete nördlich der heutigen Stadt Porto Seguro im Bundesstaat Bahia und nahm Brasilien am 22. April 1500 für die portugiesische Krone in Besitz.

Bereits 1502 wies die Cantino-Karte nun also eine Küstenlinie auf, die den tatsächlichen Proportionen Brasiliens erstaunlich nahe kam. Die bei Bartolomeo Kolumbus in seiner Karte von 1503 fehlenden

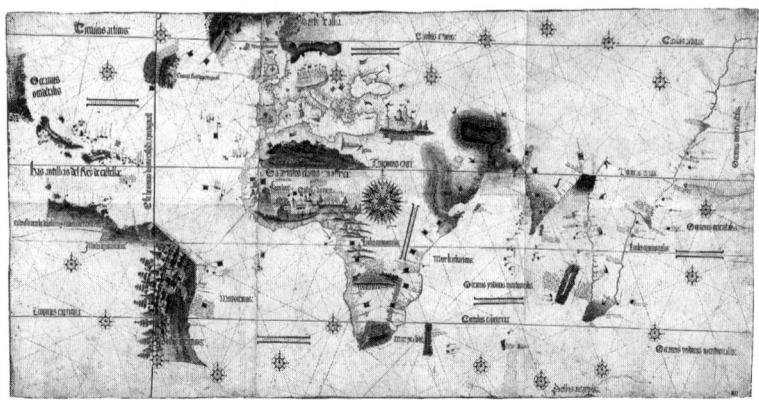

Weltkarte des Alberto Cantino von 1502

Inseln Kuba, Haiti, Jamaica und Puerto Rico waren auf der Cantino-Karte bereits verzeichnet. Bekannt ist, dass Christoph Kolumbus diese Gebiete auf seinen vier Amerikafahrten erreichte und über sie berichtete. Dennoch ist es völlig ausgeschlossen, dass er und seine Leute ein so großes Gebiet in so kurzer Zeit auch nur einigermaßen akzeptabel hätten kartografisch erfassen können: Dazu fehlte ihnen schlicht die Zeit und überdies die Vertrautheit mit der Messung von Breiten- und besonders Längengraden.

Die «Magellanstraße», den Arabern längst bekannt

Auch die Magellanstraße wurde wahrscheinlich nicht erst im 16. Jahrhundert von dem portugiesischen Seefahrer Ferdinand Magellan entdeckt. Der portugiesische Seefahrer und sein Begleiter, der italienische Schriftsteller und Entdeckungsreisende Antonio Pigafetta, brachten eine grobe kartografische Darstellung des südlichen Teils von Amerika inklusive der Meerenge mit zurück nach Europa. Diese Karte war interessanterweise nach arabischer Art gesüdet.

Er habe, so notierte Pigafetta, die besagte Meerenge auf einer Karte gesehen, die im königlichen Schatz von Portugal aufbewahrt wurde. Diese Karte sei von einem ausgezeichneten Mann namens Martin Behaim gezeichnet worden. Der Name ist bekannt: Martin Behaim, Tuchhändler aus Nürnberg und später portugiesischer Ritter, lebte von 1459 bis 1507 und ist heute berühmt, weil der älteste erhalten gebliebene Erdglobus nach seiner Anleitung gebaut wurde. (Allerdings gab es Erd- und Himmelsgloben natürlich schon Jahrhunderte vor seiner Zeit.) Interessant nun ist, dass Ferdinand Magellan laut seinem Reisebegleiter Antonio Pigafetta eine Karte besaß, auf der die von ihm angeblich entdeckte Meerenge an der Südspitze Amerikas bereits eingezeichnet war! Das hat die kartografiehistorische Forschung begreiflicherweise in Verwirrung gestürzt. Alexander von Humboldt diskutierte diese Frage in seinem Werk ausführlich und kam schließlich zu der Erklärung, Magellan müsse die Karte dem berühmten Behaim fälschlich zugeschrieben haben. Fuat Sezgin scheint eine andere Erklärung viel realistischer: Die Karte stammte tatsächlich von Martin Behaim – nur handelte sich dabei um die Kopie einer Vorlage: einer Vorlage aus arabischer Hand.

Woher diese Vorlage stammte, erhellt ein Bericht von António Galvão (ca. 1490–1557). Der portugiesische Soldat und Chronist erzählt von einer Weltkarte: Der portugiesische Kronprinz Dom Pedro habe sie 1428 von einer langen Reise mitgebracht, die ihn in das Heilige Land und über Rom und Venedig zurück nach Portugal geführt habe. Die Weltkarte stamme aus dem frühen 15. Jahrhundert und erfasse, «wie unsere späteren Karten es beschreiben», «... alle Teile der Welt .... Darin hieß die Magellanstraße ‹Drachenschwanz› (cola do dragam) und das Kap der Guten Hoffnung die ‹Stirn Afrikas› (fronteira de Africa) (und so weiter bezüglich anderer Orte). Diese Karte war für Heinrich [den Seefahrer], den dritten Sohn des Königs, von großer Hilfe bei seinen Entdeckungen.»[25]

Der Bericht von António Galvão kann kaum anders verstanden werden, als dass die Meerenge, die später nach ihrem vermeintlichen Entdecker Magellanstraße genannt wurde, in der arabisch–islamischen Welt längst bekannt war. Von dort gelangten kartografische Darstellungen im frühen 15. Jahrhundert nach Europa – und als Kopie wohl auch in die Hand Magellans.

Die Karte von Juan de la Cosa

Es gibt noch eine weitere wichtige Karte, die Fuat Sezgins These untermauert. Sie stammt von dem Spanier Juan de la Cosa, der Kolumbus als Steuermann auf dessen ersten drei Fahrten begleitet hatte. Seine Karte stammt aus dem Jahr 1500 und liegt heute im Museo Naval in Madrid.

Wenn man den modernen Atlas auf die Karte von Juan de la Cosa projiziert, erweisen sich die Entfernungen zwischen Westafrika und der Nordostküste Brasiliens als recht realistisch dargestellt. Daraus lässt sich nur ein Schluss ziehen: Es muss als Vorlage eine Karte mit Gradnetz gegeben haben, die auf sorgfältigen Längengradmessungen beruhte. Denn auch die Inseln Kuba, Haiti, Jamaika, Puerto Rico und die Bahamas sind annähernd wirklichkeitsgetreu dargestellt und weichen in Länge und Breite nur etwa 5° von der Wirklichkeit ab. Auch der Golf von Mexiko und die südöstlichen Küste Nordamerikas geraten nicht ganz unrealistisch, auch wenn die Koordinaten hier zwischen 5° und 10° von den heutigen Werten abweichen.

Wie also gelangen die Küsten Südamerikas und der Karibischen Inseln – Gebiete, die erst zwischen 1503 und 1508 entdeckt worden sein sollen – auf eine Karte aus dem Jahr 1500, und das auch noch in realistischen Dimensionen? Dafür gibt es nur zwei mögliche Be-

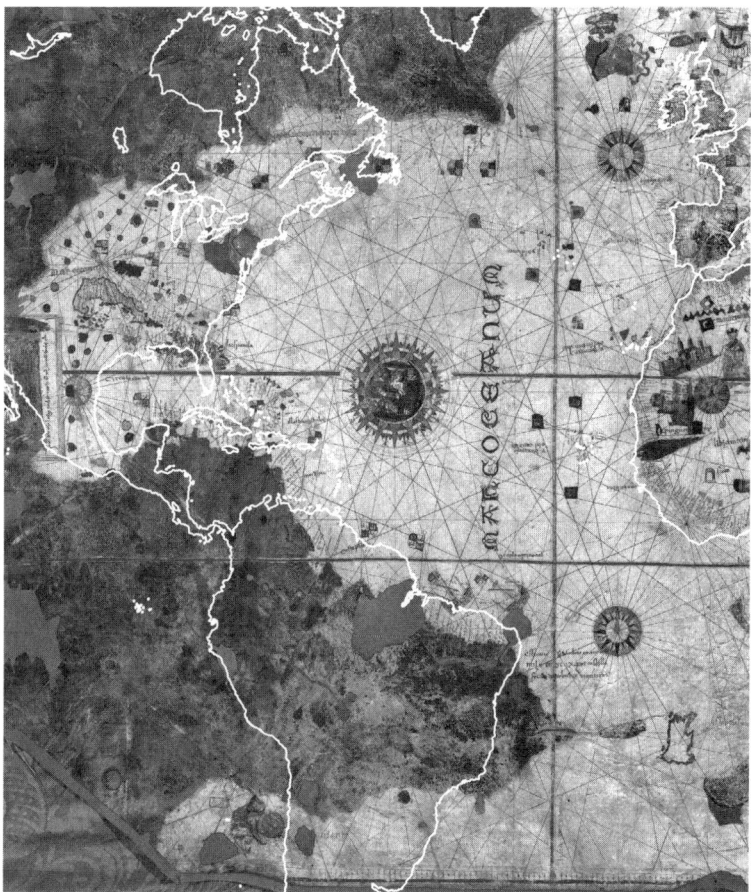

Projektion einer modernen Karte auf die Karte von Juan de la Cosa

gründungen: Entweder die Karte wurde falsch datiert und ist in Wirklichkeit jüngeren Datums, eine Theorie, die manche Wissenschaftshistoriker tatsächlich favorisiert haben. Oder die Karte stammt aus arabisch-islamischer Hand und bezeugt eine präkolumbische Entdeckungsgeschichte Amerikas. Fuat Sezgin selbst ist von der zweiten Erklärung überzeugt, weil sie so viel naheliegender und schlüssiger ist und weil sie auch mit seinen sonstigen Forschungsergebnissen übereinstimmt. Denn die Karten von Pīrī Reʾīs, Juan de la Cosa und Alberto Cantino scheinen alle miteinander verwandt zu sein, ohne dass eine jedoch von der anderen kopiert worden wäre. Der Verlauf der brasilianischen Küste gelingt auf allen drei Karten erstaunlich realistisch. Die Verwandtschaft der Karten zeigt sich auch in der Position einiger Inseln. Offenbar gab es für diese Karten eine gemeinsame, mit einem genauen Gradnetz versehene Vorlage, gezeichnet auf der Basis einer großen Zahl zuverlässig bestimmter Koordinaten. Zu jener Zeit war aber nur die arabisch-islamische Kultur in der Lage, Längengrade mit einer solchen Genauigkeit zu bestimmen. Von hier stammte das Original.

Das Team von Ferdinand Magellan scheidet als Urheber verlässlicher Karten mit Sicherheit aus. Erinnert sei noch einmal an die bemerkenswerte Messung der Längendifferenz zwischen der Bucht von Rio de Janeiro und Sevilla, die von Andres de San Martin überliefert ist. Andres de San Martin war der Navigator von Ferdinand Magellan. Er berechnete die Entfernung zwischen der Bucht von Rio de Janeiro und der Stadt Sevilla. Dafür beobachtete er am 17. Dezember 1519 die Konjunktion des Mondes mit dem Jupiter und ermittelte eine zeitliche Differenz von 17 Stunden und 55 Minuten. Hieraus schloss er auf eine Längendifferenz von 268° 45'. Tatsächlich aber beträgt der Längenunterschied nur 37° 13' – eine gigantische Verzerrung.

Brasilien im javanischen Atlas

Schon in Kapitel 12 (Abb. S. 224) wurde der javanische Atlas beschrieben, die laut Fuat Sezgin bedeutendste kartografische Leistung des arabisch-islamischen Kulturkreises – und ein weiterer Beleg für

DIE WELTKARTE DES PĪRĪ RE'ĪS UND DIE ENTDECKUNG AMERIKAS 277

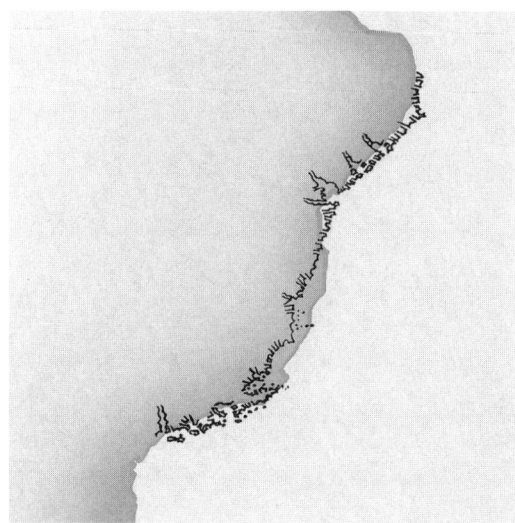

*Die Küstenlinie
Brasiliens aus dem
javanischen Atlas,
auf die moderne
Karte projiziert*

eine arabische Ankunft in Südamerika. Der javanische Atlas fiel den Portugiesen kurz nach der Eroberung des Königreichs von Malakka, einem Vorläuferstaat von Malaysia, im Jahr 1511 in die Hände. Die erhaltene portugiesische Kopie zeigt das hohe Niveau der islamischen Kartografie schon vor Beginn des 16. Jahrhunderts. Zum Beispiel zeigt der Atlas Madagaskar erstaunlich realitätsgetreu – diese Darstellung wurde in den folgenden Jahrhunderten nicht verbessert, sondern auf späteren Karten eher deformiert und konnte erst Ende des 19. Jahrhunderts in einigen Aspekten korrigiert werden.

In diesem Kapitel sei auf die Ostküste Brasiliens von 6° 30' bis 27° südlicher Breite aufmerksam gemacht. Leider fehlt uns, um die longitudinale Genauigkeit der Darstellung Brasiliens beurteilen zu können, jeglicher Bezugspunkt, etwa eine Insel im Atlantik oder die Küste Afrikas. Dennoch lässt sich erkennen, dass die Küste einigermaßen kongruent zur modernen Karte verläuft; sie weicht von Norden nach Süden nur knapp 15° Richtung Westen zurück. Wieder gilt: Eine Darstellung von solcher Genauigkeit kann zu jener Zeit

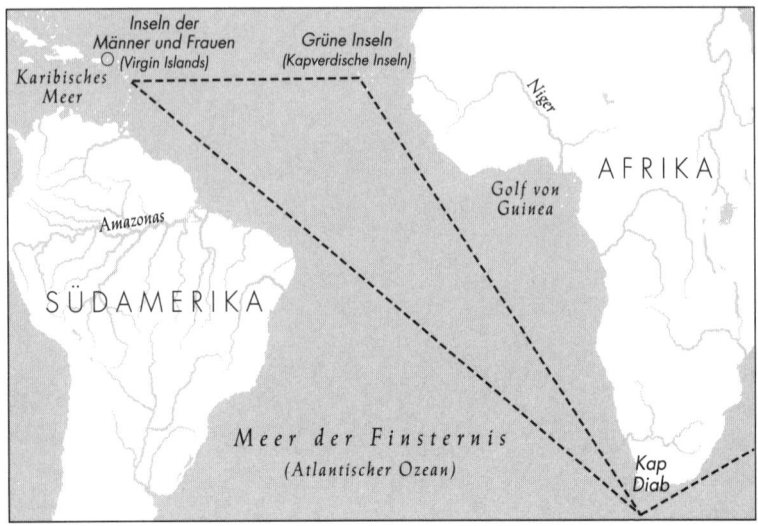

Segelroute über den Atlantik um 1420

nur aus einer Kartografie kommen, wie sie sich arabisch-islamische Nautiker bis zum 15. Jahrhundert erarbeitet hatten.

Die Weltkarte des Fra Mauro

Als letzter Beleg für Fuat Sezgins These soll eine Notiz auf der berühmten Weltkarte von Fra Mauro dienen, die 1457 entstand. Der venezianische Mönch und Kartograf lebte von etwa 1385 bis 1459 im Kloster San Michele in der Lagune von Venedig und notierte auf seiner Weltkarte:

«Etwa im Jahre des Herrn 1420 fuhr ein Schiff oder eine sogenannte indische Dschunke auf einer Seefahrt vom Indischen Meer auf dem Wege zu den Inseln der Männer und Frauen über das Kap Diab hinaus zwischen die Grünen Insel im Meer der Finsternis auf dem Wege nach Westen in der Richtung auf Algarve [*al-garb* = arab. Westen]. 40 Tage fand es nichts anderes als Luft und Wasser. Sie durchliefen in günstiger Fahrt nach ihrer Schätzung 2000 Meilen. Es kehrte schließlich in 70 Tagen zum genannten Kap Diab zurück.»[26] In dem erwähnten Kap Diab lässt sich das arabische Wort *dhiʾāb* (Wölfe) erkennen, so dass man es als «Kap der Wölfe» oder «Vorgebirge der Wölfe» lesen könnte. Alexander von Humboldt bemerkte dazu, dass eine besondere Art Wolf an der Südspitze Afrikas auffallend häufig sei. Die Bezeichnung «Meer der Finsternis» lässt unschwer die Bezeichnung der arabischen Geografen für die hohe See des Atlantiks, *bahr az-zulumāt*, erkennen. Es gibt in der geografiehistorischen Literatur eine umfassende Debatte darüber, welcher Ort mit den «Inseln der Männer und Frauen» gemeint sein könnte. Fuat Sezgin hält es für nicht unwahrscheinlich, dass es sich hier um die Virgin Islands in den Kleinen Antillen handeln könne, die einer Legende zufolge nach ihren Bewohnerinnen, 11000 Jungfrauen, benannt sind. Sie sollen schon auf der von Kolumbus benutzten Karte eingezeichnet gewesen sein. Mit den «Grünen Inseln» dürften nach Ansicht des Wissenschaftshistorikers die Kapverden gemeint sein, bieten sie doch an der ganzen südlichen Küste Westafrikas den günstigsten Zwischenstopp auf der Reise über den Atlantik.

Wenn diese Zuordnungen stimmen, dann bedeutet die Bemerkung von Fra Mauro nichts anderes, als dass die Route um die Südspitze Afrikas in Richtung Atlantischer Ozean schon 1420 bekannt gewesen war und diese Kenntnis vor 1457 auch Venedig erreicht hatte. Dazu kommt auch bei dieser Karte, dass die Längengrade vieler neuer Inseln und Küsten eine Präzision aufweisen, die in Europa bis ins 18. Jahrhundert nicht möglich gewesen wäre.

Araber zeigten den Weg nach Amerika

Bislang hat die Forschung diese und keine anderen Belege gefunden; allerdings warten noch immer sehr viele – wahrscheinlich zehntausende – nicht erschlossene arabische Handschriften auf ihre wissenschaftliche Erkundung. Auch eine Untersuchung der atlantischen Strömungen wäre ein wichtiges Projekt für die Zukunft, um die These Fuat Sezgins weiter zu erhärten. Dennoch lässt sich aus den oben dargelegten Quellen doch recht klar der Schluss ziehen, dass arabisch-muslimische Seefahrer über den Atlantik in Richtung amerikanisches Festland und vorgelagerte Inseln gesegelt sind – vermutlich Jahrzehnte vor Christoph Kolumbus.

Die Landung der Europäer in Amerika und die Expeditionen der Portugiesen um die Südspitze Afrikas herum in den Indischen Ozean waren in der Tat epochale Erfolge, die zu einer historischen Wende führten. Aber die Portugiesen hatten die Nautik, auf der ihre Seefahrt beruhte, nicht selbst begründet. Die realistischen Erkenntnisse der arabisch-islamischen Geografen über die Gestalt der Landmassen auf der Erde, über die Möglichkeit, Afrika im Süden zu umsegeln, und über die Konfiguration des Indischen Ozeans hatten sich schon am Ende des 15. Jahrhunderts in Spanien, Italien, Frankreich und Portugal weit verbreitet, weil entsprechende Weltkarten aus arabisch-islamischer Hand kursierten. Europas angebliche Entdecker konnten ihre Expeditionen nur verwirklichen dank der nautischen, technischen, astronomischen, geografischen und kartografischen Kenntnisse, die Europa in Jahrhunderten von den Arabern übernommen hatte. Sine ira et studio: Es ist der Normalfall der Kontinuität des wissenschaftlichen Fortschritts, den wir hier vor Augen haben.

ZUM SCHLUSS

PERSPEKTIVENWECHSEL

Wie stark Nautik, Geografie und Kartografie auf jahrhundertelangen arabischen Forschungen basierten, haben wir in diesem Buch ausführlich zur Sprache gebracht; viele weitere Gebiete wie die Optik, die Medizin, die Meteorologie, die Chemie, die Technik wurden nicht einmal berührt. Überall bietet sich dasselbe Bild: Das Abendland wurde zum Kulturfolger des arabisch-islamischen Kulturraums.

Warum erzählen europäische – und selbst arabische – Schulbücher nicht, dass sich die portugiesische und spanische Seefahrt an den Kenntnissen der Araber orientierte?

Es ist eine schwierige Aufgabe, die Bedeutung der arabisch-islamischen Kultur für die Universalgeschichte der Wissenschaften zu erforschen und zu vermitteln. Nicht nur, weil bislang erst ein bescheidener Teil des erhaltenen arabischen, persischen und türkischen Quellenmaterials ediert und davon wiederum nur ein Bruchteil wissenschaftlich untersucht werden konnte. Die Gründe liegen tiefer.

Schon im 13. Jahrhundert – also noch während der Westen intensiv damit beschäftigt war, sich die arabischen Wissenschaften anzueignen und in die eigene Kultur zu überführen – breitete sich im Abendland eine antiarabische Stimmung aus, die bis in das 19. Jahrhundert anhielt und das europäische Bild von der Geschichte der Wissenschaften tief prägte.

Von dieser feindseligen Stimmung waren die Wissenschaftshistoriker des 18. Jahrhunderts durchdrungen, als sie eine universalhistorische Betrachtungsweise entwickelten, die ihren Höhepunkt in der Idee und dem Begriff der «Renaissance» fand. In einer großmaschigen und realitätsfernen Periodisierung der Wissenschaftsgeschichte fassten diese Historiker die Renaissance als unmittelbare Fortsetzung des antiken griechischen Denkens. Für die Zeit dazwischen erfanden sie das «dunkle Mittelalter». Ihr verwegener Zeitsprung von den antiken Griechen in die abendländische Neuzeit sprach der arabisch-islamischen Kultur in der Geistesgeschichte der Menschheit keinerlei Eigenständigkeit und Kreativität zu und ließ ihr bestenfalls die Rolle einer Vermittlerin, die einige der griechischen Werke bewahrt und übersetzt hatte. Der im Abendland so positiv besetzte Begriff der «Renaissance» – darin schwingen Aufklärung, Vernunft und der Mut zum neuen Denken mit – transportiert also eine handfeste Diskriminierung, die viele Europäer, weil sie ihnen so selbstverständlich geworden ist, nicht einmal mehr bemerken.

Der Medizinhistoriker Heinrich Schipperges, der 2003 verstarb, nannte das Phänomen des Antiarabismus in den 1960er Jahren eine «Erscheinung, die auf die Jahrhunderte mächtig eingewirkt hat und noch weiterwirkt, ohne die wir den Aufbau der modernen Welt nicht begreifen werden».[27] Der französische Philosoph Étienne Gilson ist ebenfalls einer der wenigen Intellektuellen, die auf diese Unwucht im abendländischen Selbstverständnis aufmerksam machten. Bereits 1938 sprach er von einer «Professoren-Renaissance» und betonte, wie stark der Topos der Renaissance auf ideologischen Implikationen beruhe, die sich jeglicher Debatte zu entziehen versuchten: «Für jede wirkliche Tatsache, die man eliminiert, erscheint eine fiktive Tatsache, die man erst erschafft, dann kommentiert und auf die man sich endlich gar stützt, um aus der Geschichte alle übrigen Tatsachen zu eliminieren, mit denen das Phantom nicht zusammenpasst.»[28]

Selbst die Arabistik war weit davon entfernt, ihren Forschungsgegenstand sachlich und objektiv zu bewerten. Das Fach entstand im 18. Jahrhundert, als europäische Wissenschaftler das islamische Kultur- und Wissensgut im direkten Quellenstudium zu untersuchen begannen. Arabisten brachten im Laufe der Zeit einen beachtlichen Umfang an Studien, Editionen, Übersetzungen und Nachschlagewerken hervor, sammelten und katalogisierten in europäischen Bibliotheken arabische, persische und türkische Handschriften. Wenn Wissenschaftshistoriker sich heute überhaupt darüber klar sind, wie viel das europäische Denken der Kultur des Islams zu verdanken hat, so ist dies sicherlich das Verdienst einer produktiven Orientalistik, die sich in den letzten 300 Jahren als einzige abendländische Disziplin darum bemühte, den Beitrag islamischer Wissenschaftler zur gemeinsamen Geistesgeschichte der Menschheit herauszuarbeiten.

Dennoch ist es der Arabistik bis zum heutigen Tag nicht gelungen, die Idee der Renaissance im gängigen Geschichtsverständnis zu erschüttern. Vor allem historiografische Werke über einzelne Naturwissenschaften schenken den historischen Tatsachen meist keine Aufmerksamkeit – ganz zu schweigen von Schulbüchern, die ja kommende Generationen prägen. Ähnlich sieht es heute selbst in islamischen Ländern aus, die ihre Unterrichtsmaterialien nach amerikanischem oder europäischem Vorbild gestalten. Auch in der Wissenschaft selbst befassen sich arabische Geografen und Kartografen nur beiläufig und viel zu wenig mit den Leistungen ihres eigenen Kulturraums, betont Fuat Sezgin.

Diese Prozesse des Negierens und Verblassens werden zusätzlich durch die schlechte Überlieferung aus vergangenen Jahrhunderten befeuert. Ganz offensichtlich war den arabisch-islamischen Nautikern und Kartografen die weltgeschichtliche Bedeutung ihrer Fortschritte kaum bewusst. Man kann dieses Phänomen in allen Epochen und Kulturen beobachten: Historiker sind recht gut darin, sich aus alten Quellen ein Urteil über die Vergangenheit zu bilden, doch sie tun sich schwer damit, die Bedeutung zeitgenössischer Erfindungen und Entdeckungen zu würdigen oder auch nur zu erfassen.

Die Missachtung der arabisch-islamischen Wissenschaften in ihrem Wert für die neuzeitliche Entwicklung Europas lässt sich durch die Jahrhunderte nachverfolgen – und sie dauert bis heute an, im

Westen wie im Osten. Natürlich kann die wissenschaftshistorische Forschung längst genügend Daten bereitstellen, die eine kulturgerechte Sicht der Dinge erlauben würden. Dem jedoch stehen ideologische Vorbehalte entgegen: Die schwierige politische Lage in den Ländern des Nahen Ostens und der um sich greifende Rechtspopulismus lassen die alte antiarabische und eurozentristische Haltung heute unselige neue Blüten treiben.

Wenn der gängige Renaissance-Begriff nicht zutrifft: Wann nahm Europa die Wissenschaft tatsächlich in eigene Hände und brachte Innovationen auf der Basis selbständiger Forschung hervor? Fuat Sezgin sagt: Im vollen Umfang geschah dies erst im 16. Jahrhundert, dafür gibt es heute ausreichend wissenschaftshistorische Belege. Wer dies zu sagen wagt, erregt allerdings heute noch immer – oder eben wieder aufs Neue – die Gemüter. Denn er weicht damit vom Mainstream der Wissenschaftsgeschichtsschreibung ab, die zahlreiche wissenschaftliche Errungenschaften – etwa die Gründung der ersten Universitäten in Europa oder die erste Anwendung der Mathematik auf naturwissenschaftliche Probleme – in eine sogenannte «Frührenaissance» datiert, wo sie nichts zu suchen haben, stammt doch all dies aus der islamischen Welt.

Interessanterweise erlebte der alte Antiarabismus, der seit dem 13. Jahrhundert umhergeisterte, genau im 16. Jahrhundert, als das Abendland zu seiner eigenen wissenschaftlichen Kreativität fand, einen neuen Höhepunkt. Man wollte die Vergangenheit, auf der man wissenschaftlich aufbaute, mit Macht ignorieren und kultivierte eine maßlose Polemik gegen die Araber und sogar gegen die antiken Griechen. So schrieb der Arzt und Philosoph Paracelsus (1493–1541): «Die Gedanken und Sitten der Araber oder der Griechen nachzuahmen liegt für das Vaterland keine Notwendigkeit vor, sondern es ist ein Irrtum und eine fremde Anmaßung.»[29]

Der deutsche Universalgelehrte Agrippa von Nettesheim

(1486–1535) kartete nach, als er schrieb: «Hernach sind viele barbarische Philosophi aufgestanden und haben von der Medizin geschrieben, unter welchen die Araber so berühmt worden sind, dass man sie für die Erfinder dieser Kunst gehalten hat; und das hätten sie auch leicht behaupten können, wenn sie nicht soviel lateinische und griechische Namen und Wörter gebraucht und dadurch sich verraten hätten. Daher sind des Avicennæ, Rhazis und Averroes Bücher eben mit dergleichen Autorität als des Hippokrates und Galeni aufgenommen worden und haben soviel Kredit erlanget, dass, wer ohne dieselben zu kurieren sich unterstanden, von dem hat leicht gesagt werden können, er ruiniere die allgemeine Wohlfahrt.»[30]

Natürlich gab es immer auch Intellektuelle und Gelehrte, die der dumpfen antiarabischen Stimmung mit Aufklärung und historischen Fakten entgegenzutreten versuchten. Dazu gehörte im 16. Jahrhundert Andreas Alpagus, der dreißig Jahre lang arabische Länder bereist hatte und nach seiner Rückkehr in Padua als Arabist wirkte. Er korrigierte ältere lateinische Übersetzungen und übersetzte wichtige Bücher aus dem Arabischen – darunter eines, aus dem ersichtlich wird, dass nicht der spanische Arzt Miguel Servet im 16. Jahrhundert den kleinen Blutkreislauf entdeckte, sondern der Syrer Ibn an-Nafis im 13. Jahrhundert.

Auch Johann Wolfgang von Goethe verlieh seiner Bewunderung für die arabisch-islamische Kultur deutlichen Ausdruck: «Wollen wir an diesen Produktionen der herrlichsten Geister teilnehmen, so müssen wir uns orientalisieren, der Orient wird nicht zu uns herüberkommen. Und obgleich Übersetzungen höchst löblich sind, um uns anzulocken, einzuleiten, so ist doch aus allem vorigen ersichtlich, dass in dieser Literatur die Sprache als Sprache die erste Rolle spielt. Wer möchte sich nicht mit diesen Schätzen an der Quelle bekannt machen!»[31]

Fuat Sezgin hat Jahrzehnte seines Forscherlebens dem Ziel gewidmet, das überkommene und oft mit Diskriminierung und Ignoranz getränkte Bild der europäischen Wissenschaftsgeschichte zu öffnen und auch einer breiteren Öffentlichkeit eine wahrheitsgetreue und kulturgerechte Perspektive bekannt zu machen. Sein Werk und das vorliegende Buch sind von der Hoffnung getragen, dass zukünftige Generationen eine solide und breite wissenschaftshistorische Forschung für wichtig erachten werden – ohne Scheuklappen gegenüber dem großen Beitrag der arabisch-islamischen Kultur zur Geistesgeschichte der Menschheit.

Dank

Mein herzlicher Dank geht an Professor Dr. Fuat Sezgin, der mich in seinem Institut empfangen, mir seine Forschungsarbeiten erläutert, mich mit seinen Publikationen versorgt und das Manuskript gegengelesen hat. Bedanken möchte ich mich auch bei Hilal Sezgin, die mich dazu ermutigte, dieses Buchprojekt anzugehen, mich mit dem C.H.Beck Verlag zusammenbrachte und gegen Ende der Arbeiten half, das Buch gut über die Ziellinie zu bringen. Bei Dr. Ulrich Nolte und Petra Rehder vom C.H.Beck Verlag möchte ich mich herzlich bedanken für die ruhige und kompetente Begleitung und das sorgfältige Lektorat, eine Zusammenarbeit, die mir viel Freude gemacht hat. Dr. Detlev Quintern danke ich sehr für sein Vorwort und dafür, dass er das Manuskript gründlich gegengelesen und sich die Mühe gemacht hat, wichtige offene Fragen zu beantworten. Last not least bedanke ich mich bei meiner guten Freundin Petra Geist. Sie hat mir während der Schreibzeit den Rücken gestärkt, verschiedenste Anfangs- und Zwischenfassungen gelesen und mich mit ihrem wie immer gleichermaßen freundlichen wie klaren Urteil unterstützt.

Schriften von Fuat Sezgin

Im Folgenden sind kapitelweise die Arbeiten von Fuat Sezgin aufgeführt, denen die Darstellung dieses Buches folgt; wenn nicht anders angegeben, erschienen am Institut für Geschichte der Arabisch-Islamischen Wissenschaften an der Johann Wolfgang Goethe-Universität Frankfurt am Main.

Kapitel 2:
F. S., Wissenschaft und Technik im Islam, Band 1, Einführung. 2003.

Kapitel 3:
F. S. in Zusammenarbeit mit Eckhard Neubauer, Wissenschaft und Technik im Islam, Band 2, Astronomie. 2003. – F. S., Geschichte des Arabischen Schrifttums, Band 6, Astronomie, E. J. Brill, Leiden 1978.

Kapitel 4 und 5:
F. S. in Zusammenarbeit mit Eckhard Neubauer, Wissenschaft und Technik im Islam, Band 2, Astronomie. 2003.

Kapitel 6:
F. S., Wissenschaft und Technik im Islam, Band 1, Einführung, und Band 2 (in Zusammenarbeit mit Eckhard Neubauer), Astronomie. 2003.

Kapitel 7:
F. S. in Zusammenarbeit mit Eckhard Neubauer, Wissenschaft und Technik im Islam, Band 3, Geografie – Nautik – Uhren – Geometrie – Optik. 2003. –

F. S., Geschichte des Arabischen Schrifttums, Band 11, Mathematische Geographie und Kartographie im Islam und ihr Fortleben im Abendland. Historische Darstellung Teil 2. 2000.

Kapitel 8:
F. S. in Zusammenarbeit mit Eckhard Neubauer, Wissenschaft und Technik im Islam, Band 3, Geografie – Nautik – Uhren – Geometrie – Optik. 2003. – F. S., Geschichte des Arabischen Schrifttums, Band 11, Mathematische Geographie und Kartographie im Islam und ihr Fortleben im Abendland. Historische Darstellung Teil 2. 2000.

Kapitel 9:
F. S., Geschichte des Arabischen Schrifttums, Band 14 und 15, Anthropogeographie Teil 1 und 2. 2010.

Kapitel 10 und 11:
F. S., Geschichte des Arabischen Schrifttums, Band 10 und 13, Mathematische Geographie und Kartographie im Islam und ihr Fortleben im Abendland. Historische Darstellung Teil 1 und 3. 2000 und 2007.

Kapitel 12:
F. S., Geschichte des Arabischen Schrifttums, Band 10 bis 13, Mathematische Geographie und Kartographie im Islam und ihr Fortleben im Abendland. Historische Darstellung Teil 1, Teil 2, Autoren und Kartenband. 2000, 2007.

Kapitel 13:
F. S. in Zusammenarbeit mit Eckhard Neubauer, Wissenschaft und Technik im Islam, Band 3, Geografie – Nautik – Uhren – Geometrie – Optik. 2003. – F. S., Geschichte des Arabischen Schrifttums, Band 12, Mathematische Geographie und Kartographie im Islam und ihr Fortleben im Abendland. Kartenband. 2000.

Kapitel 14:
F. S., Wissenschaft und Technik im Islam, Band 1, Einführung, und Band 3 (in Zusammenarbeit mit Eckhard Neubauer), Geographie – Nautik – Uhren – Geometrie – Optik. 2003. – F. S., Geschichte des Arabischen Schrifttums, Band 12 und 13, Mathematische Geographie und Kartographie im Islam und ihr Fortleben im Abendland. Historische Darstellung, Autoren und Kartenband. 2000 und 2007.

Kapitel 15:
F. S., Geschichte des Arabischen Schrifttums, Band 12 und 13, Mathematische Geographie und Kartographie im Islam und ihr Fortleben im Abendland. Historische Darstellung, Autoren und Kartenband. 2000 und 2007. – F. S. Die Entdeckung des amerikanischen Kontinents durch muslimische Seefahrer vor Kolumbus. Wien 2013.

Zum Schluss:
F. S., Wissenschaft und Technik im Islam, Band 1, Einführung. 2003.

Anmerkungen

1 Al-Maqrīzī, al-Chitat, Bd. 1, S. 127; E. Wiedemann, Zur islamischen Astronomie, S. 126 (Nachdr. in: Gesammelte Schriften, S. 910).
2 J. H. Mordtmann, Das Observatorium des Taqī ed-dīn zu Pera, in: Der Islam (Berlin und Leipzig) 13/1923, S. 82–96, bes. S. 85–86 (Nachdr. in: Islamic Mathematics and Astronomy Bd. 88, S. 281–295, bes. S. 284–285).
3 Ein newe Reyssbeschreibung auß Teutschland Nach Constantinopel und Jerusalem, Nürnberg 1608 (Nachdr. in: The Islamic World in Foreign Travel Accounts, Bd. 28, Frankfurt 1995), S. 90–91.
4 F. Sezgin, Geschichte des arabischen Schrifttums, Band 7: Astrologie – Meteorologie und Verwandtes, S. 241–261.
5 F. Sezgin, Geschichte des arabischen Schrifttums, Band 7: Astrologie – Meteorologie und Verwandtes, S. 304.
6 J. Bensaude, L'astronomie nautique au Portugal à l'époque des grandes découvertes, Bern 1912, S. 114, 123; Übers. H. Wagner, Die Entwicklung der wissenschaftlichen Nautik, S. 166.
7 J. de Barros, Ásia, Lissabon 1552, s. 280 (Dec. I, Livro IV, Cap. n, Ed. Lissabon 1945, S. 135); Die Asia des João de Barros in wortgetreuer Übertragung von E. Feust, S. 115 (Nachdruck in: The Islamic World in Foreign Travel Accounts Band 53).
8 J. de Barros, Ásia, Década I, Liv. IV, Cap. VI (Ed. Lissabon 1946, S. 151–152); Die Asia des ..., in wortgetreuer Übertragung von E. Feust, Nürnberg 1844 (Nachdr. in: The Islamic World in Foreign Travel Accounts, Frankfurt 1995, Bd. 53), S. 130.
9 Raccolta di documenti e studi pubblicati dalla R. commissione Colombiana, Rom 1892, Parte I, Vol. III. J. Bensaude, L'astronomie nautique au Portugal, Übers. H. Wagner, Die Entwicklung der wissenschaftlichen Nautik, S. 106.
10 F. Sezgin, Geschichte des arabischen Schrifttums, Bd. 11, S. 255.

11 F. Sezgin, Geschichte des arabischen Schrifttums, Bd. 11, S. 255-256.
12 A. Breusing, Zur Geschichte der Geographie. 1. Flavio Gioja und der Schiffskompass, in: Zeitschrift der Gesellschaft für Erdkunde zu Berlin 4/1869, S. 31-51, bes. S. 47 (Nachdruck in: Acta Cartographica, Amsterdam, 12/1971/14-34, bes. S. 30). Breusing verweist auf Cardanos Buch De subtilitate, Buch XVII: De artibus artificiosisque rebus.
13 Ibn al-Faqīh, Kitāb al-Buldān, ed. M. J. de Goeje, Leiden 1885, S. 3-4; Ibn ʿAbdalhakam, Futuh Misr wa-l-Maghrib, ed. H. Massé, Kairo 1914, S. 1; al-Maqrizi, al-Mawāʿiz wa-l-iʿtibār fī dhikr al-chitat wa-l-āthār, ed. G. Wiet, Kairo 1911, I, S. 103-104; G. Ferrand, Le Wakwāk est-il le Japan? in: Journal Asiatique (Paris) 220/1932, S. 193-243, bes. S. 212-215 (Nachdruck in: Islamic Geography Bd. 233, S. 265-315, bes. S. 284-287); Kračkovskij S. 51-52 (arab. Übers. S. 52).
14 Zitiert nach: Julius Ruska, Zur geographischen Literatur im islamischen Kulturbereich, in: Geographische Zeitschrift (Wiesbaden) 33/1927, S. 519-528, 589-599, hier S. 525 ff. (Nachdruck in: Islamic Geography Bd. 28, S. 309-329, bes. S. 315 ff.).
15 Zitiert nach: Ed. de Goeje, Leiden 1892 (Nachdruck Islamic Geography Band 40), S. 232 ff.
16 Kitāb Ahsan at-taqsīm, nach der Übersetzung von A. von Kremer.
17 Santarem, Atlas composé de mappemondes, de portulans et de cartes hydrographiques et historiques depuis le VIe jusqu'au XVIIe siècle, Paris 1849 (Nachdr. Amsterdam 1985); A. Cortesão, Cartografia e cartógrafos portugueses dos séculos XV e XVI, Bd. 2, Lissabon 1935, 126-130; ders., The Suma Oriental of Tomé Pires and the Book of Francisco Rodrigues, Bd. 1, London 1944, Vorwort S. 78-79; A. Cortesão und A. Teixeira da Mota, Portugaliae monumenta cartographica, Bd. 1, Lissabon 1960, S. 80.
18 J. Rennell, Memoir of a map of Hindoostan or the Mogul Empire, London 1793 (Nachdr. Islamic Geography Bd. 261) Bd. 1, S. 199; F. Sezgin, Geschichte des arabischen Schrifttums Bd. 10, S. 610.
19 J. de Barros, Ásia, Década I, Liv. IV, Cap. VI (Ed. Lissabon 1946, S. 151-152); Die Asia des ..., in wortgetreuer Übertragung von E. Feust, Nürnberg 1844 (Nachdr. in: The Islamic World in Foreign Travel Accounts, Frankfurt 1995, Bd. 53), S. 130.
20 F. Sezgin, Geschichte des arabischen Schrifttums, Bd. 11, S. 117, 232, Bd. 12, S. 167, 186-189, 233, Bd. 11, S. 120-121.

21 G. Riccioli, Geographia et hydrographia reformata, Venedig 1672, S. 388–409; Chr. Sandler, Die Reformation der Kartografie um 1700, München und Berlin 1905, S. 3 a; F. Sezgin, Geschichte des arabischen Schrifttums Bd. 11, S. 138.
22 Murūdsch adh-dhahab wamaʿādin al-dschawāhir, Bd. I, Paris 1861, S. 257–259; Abū Abdallāh al-Himyarī, Kitāb ar-Raud al-miʿtār fī chabar al-aqtār, Ed. Ihsān ʿAbbās, Beirut 1975, S. 509; H. J. Olbrich, Die Entdeckung der Kanaren vom 9. bis zum 14. Jh.: Araber, Genuesen, Portugiesen, Spanier, in: Almogaren (Graz) 20/1989, S. 60–138, bes. 64.
23 Las Casas, Historia de las Indias, in: Colección de Documentos inéditos para la Historia de España, Bd. 62–66, Madrid 1875–76, bes. Bd. 2, S. 278; P. Kahle, Die verschollene Columbus-Karte, S. 26 (Nachdruck in: Islamic Geography, Bd. 22, S. 190).
24 Raccolta Columbiana, I, S. 10; P. Kahle, Die verschollene Columbus-Karte, S. 37 (Nachdruck in: Islamic Geography, Bd. 22, S. 201).
25 Tratado dos descobrimentos, Terceira edição, Porto 1944, S. 122–123; The Discoveries of the World, from their first original unto the year of our Lord 1555 by Antonio Galvano, Gouvernor of Ternate, London 1601, Neudruck mit portug. Text ebd. 1862, S. 66–67. Deutsche Übers. nach der englischen von F. Sezgin, Geschichte des arabischen Schrifttums Bd. 11, S. 358.
26 Deutsche Übersetzung aus Terrae incognitae von Richard Hennig, Bd. IV, Leiden 1944–1956, S. 44.
27 Heinrich Schipperges, Ideologie und Historiographie des Arabismus, Wiesbaden 1961, S. 5.
28 Étienne Gilson, Héloïse et Abélard (Paris 1938, hier deutsche Übers. Heloise und Abälard, Freiburg 1955).
29 H. Schipperges, Ideologie und Historiographie des Arabismus, Wiesbaden 1961, S. 23.
30 H. Schipperges, Ideologie und Historiographie des Arabismus, Wiesbaden 1961, S. 24.
31 West-östlicher Divan. Noten und Abhandlungen zu besserem Verständnis des West-östlichen Divans, in: Goethes Werke. Im Auftrage des Goethe- und Schiller-Archivs herausgegeben von A. Kippenberg, J. Petersen und H. Wahl, Mainz 1932, S. 234–235; H. Schipperges, Die Assimilation der arabischen Medizin, S. 165.

Bildnachweis

WTI Fuat Sezgin, Wissenschaft und Technik im Islam, 5 Bände, Veröffentlichungen des Institutes für Geschichte der Arabisch-Islamischen Wissenschaften, Frankfurt a. M. 2003

GDAS Fuat Sezgin, Geschichte des arabischen Schrifttums. *Bd. XI:* Mathematische Geographie und Kartographie im Islam und ihr Fortleben im Abendland. Historische Darstellung. Teil 2, Frankfurt a. M. 2000. *Bd. XII:* Mathematische Geographie und Kartographie im Islam und ihr Fortleben im Abendland. Kartenband, Frankfurt a. M. 2000. *Bd. XIII:* Mathematische Geographie und Kartographie im Islam und ihr Fortleben im Abendland. Autoren, Frankfurt a. M. 2007

S. 54: WTI, Bd. II, S. 16 | *S. 57:* WTI, Bd. II, S. 17 | *S. 62:* © akg-images / British Library | *S. 68:* WTI, Bd. II, S. 26 | *S. 72:* WTI, Bd. II, S. 52 | *S. 73:* WTI, Bd. II, S. 38 | *S. 74:* WTI, Bd. II, S. 39 | *S. 75 links:* WTI, Bd. II, S. 41 | *S. 75 rechts:* WTI, Bd. II, S. 42 | *S. 77:* © akg-images / Pictures From History | *S. 78:* WTI, Bd. II, S. 54 | *S. 79:* WTI, Bd. II, S. 55 | *S. 80:* WTI, Bd. II, S. 56 | *S. 82:* WTI, Bd. II, S. 70 | *S. 83:* WTI, Bd. II, S. 69 | *S. 84:* WTI, Bd. II, S. 76 | *S. 86:* WTI, Bd. II, S. 88 | *S. 89:* WTI, Bd. II, S. 81 | *S. 90:* WTI, Bd. II, S. 118 | *S. 91:* WTI, Bd. II, S. 125 | *S. 93:* WTI, Bd. II, S. 136 | *S. 95:* WTI, Bd. II, S. 154 | *S. 103:* © akg-images / Library of Congress / Science Photo Library | *S. 108:* WTI, Bd. II, S. 94 | *S. 111:* © akg-images / Science Photo Library / J L Charmet | *S. 113:* © akg-images / De Agostini / G. Cigolini | *S. 127:* GDAS, Bd. XIII, S. 12 | *S. 133:* © Quagga Media UG / akg-images | *S. 135 links:* WTI, Bd. III, S. 57 | *S. 135 rechts:* WTI, Bd. III, S. 58 | *S. 143:* GDAS, Bd. XI, S. 288 | *S. 149:* WTI, Bd. III, S. 48 | *S. 152 links:* WTI, Bd. III, S. 61 | *S. 152 rechts:* WTI, Bd. III, S. 62 | *S. 153 links:* WTI, Bd. III, S. 63 | *S. 153 rechts:* WTI, Bd. III, S. 67 | *S. 186:* © akg-images / British Library | *S. 197:* WTI,

BILDNACHWEIS

Bd. III, S. 9 | *S. 204:* WTI, Bd. III, S. 30 | *S. 205:* WTI, Bd. III, S. 31 | *S. 208:* © akg-images / Pictures From History | *S. 224:* GDAS, Bd. XIII, S. 147 | *S. 229:* © akg-images / British Library / Science Photo Library | *S. 232:* GDAS, Bd. XII, S. 110 | *S. 233:* GDAS, Bd. XII, S. 111 | *S. 238:* GDAS, Bd. XII, S. 50/51 | *S. 241:* © akg-images | *S. 244:* WTI, Bd. III, S. 20 | *S. 254:* © akg-images / Album / Oronoz | *S. 263:* © akg-images / IAM | *S. 265:* GDAS, Bd. XIII | *S. 268:* © akg-images | *S. 272:* © akg-images / Pictures From History | *S. 275:* GDAS, Bd. XIII | *S. 277:* Fuat Sezgin, Der bis heute unbekannte Beitrag, S. 14

Karten: Peter Palm, Berlin

S. 30: nach WTI, Bd. I, S. 14 | *S. 66:* nach WTI, Bd. II, S. 24 | *S. 202:* nach WTI, Bd. III, S. 12 | *S. 278:* nach GDAS, Bd. XIII, S. 31

Personenregister

Abū al-Hakam 30
Abū ʿInān 171
Abū l-Fadl ʿAllāmī 225
Abū l-Fidāʾ 228
Abū Nasr Mansūr ibn ʿIrāq 201
Adam Olearius 243 f.
Adam, Guillaume 270 f.
Adelard von Bath 232
ʿAdud ad-Daula 57
Afonso V. von Portugal 267
Agrippa von Nettesheim 286
Ahmad ibn as-Sarrādsch 91
Albert von Sachsen (Albrecht III., Bischof) 115
Albertus Magnus 233 f.
Albuquerque, Afonso de 222 ff.
Alfonso X. von Kastilien 90
ʿAmr ibn al-ʿĀs 159
al-Andalusī, Muhyī ad-Dīn Yahyā ibn Mohammed 213
Andreas Alpagus 287
Apollonios 38
Archimedes 38
Aristoteles 32, 38, 49, 178
Arsenius, Walter 107
Averroës 38, 65
Avicenna 59, 68

Babur, Begründer der Mogul-Dynastie (reg. 1526–1530) 83
al-Bakrī, Abū ʿUbaid 169
Barros, João de 137, 141 f., 146, 240
al-Battānī, Mohammed ibn Dschābir (Albategnius, Albatanius) 55 f., 91, 141, 232
Behaim, Martin 273
Belli, Sylvius 52
Bianco, Andrea 143
al-Bīrūnī, Abū ar-Raihān 27, 31, 58, 67, 88 f., 91, 126, 168 f., 175, 191 f., 199–203, 205, 213, 225, 230 f., 261
Brahe, Tycho 106, 110–114, 211
Brahmagupta 34
Brunetto Latini 234 f.
al-Būzdschānī, Abū al-Wafā 201

Cabral, Pedro Álvares 271
Campanus von Novara 109, 115, 233
Cantino, Alberto 220 ff., 271 f., 276
Cardano, Gerolamo 152, 154
Casas, Bartolomé de las 268 f.
Cassini, Jean Dominique 246 f.
Chālid ibn Yazīd 31
Chazelles, Jean Matthieu de 247

al-Chāzimī, Mohammed ibn Ahmad 203
al-Chāzin, Abū Dschaʿfar 97
Chosrau I. von Persien 190
al-Chudschandī, Abū Mahmūd Hamīd ibn al-Chidr 67, 93, 112, 201
al-Chwārizmī, Abū Abdallāh Mohammed ibn Mūsā 55, 107, 141
al-Chwārizmī, Abū Dschaʿfar Mohammed ibn Mūsā 196, 232
Cosa, Juan de la 274 ff.
Crusius, Martin 112

Dalpoem, Pero 223
Dante Alighieri 234
Davis, John 148 f.
Delisle, Guillaume 244 f.
Dias, Bartolomeu 149
Dikaiarchos von Messina 178
Dschābir ibn Aflah 96
Dschābir ibn Hayyān (Geber) 32, 48 f.
al-Dschāhiz, ʿAmr ibn Bahr 131
Dschamāl ad-Dīn 214, 236
Dschingis Khan 226, 256
Dürer, Albrecht 57

Eratosthenes von Kyrene 179, 181, 183 f.
Eudoxos von Knidos 178

Fabre, Jean-Baptiste 245
al-Farghānī, Ahmad ibn Muhammad ibn Kathīr (Alfragan) 103, 148, 232, 234

al-Fazārī, Mohammed 47, 194
Ferdinand II. von Aragón 257
Fernel, Jean 242
Fibonacci, Leonardo (Leonardo von Pisa) 100 f.
Fra Mauro 17, 278 f.
Friedrich II. von Dänemark 110
Friedrich II., Kaiser 99, 150

Galen 32, 38
Galilei, Galileo 106
Galvão, Antonio 273 f.
Gama, Vasco da 25, 120, 137, 141 f., 147, 150, 163, 220 ff., 240, 257
Gastaldi, Giacomo 243
Georgius Agricola 255
Gerbert von Aurillac 231
Gerlach, Stephan 110 f.
Gersonides (Levi ben Gerson) 146
Gilson, Étienne 284
Giovanni da Carignano 217, 235
Giuntini, Francesco 52
Goethe, Johann Wolfgang von 287
Gomes, Diego 148

Habermel, Erasmus 107
Hāmid ibn ʿAlī al-Wāsitī 86
Harrison, John 124
Heinrich der Seefahrer 273
Heinrich II. von Frankreich 242
Herodot 120
Hipparchos von Nicäa 179 f., 184, 187
Hülägü 256
Humboldt, Alexander von 145, 270, 273, 279

PERSONENREGISTER

Ibn al-Haitham, Abū ʿAlī al-Hasan 43, 60, 115
Ibn an-Nafīs 287
Ibn asch-Schātir, ʿAlī ibn Ibrāhīm 76, 94, 105 f.
Ibn Battūta 170 ff.
Ibn Churdādhbih 160 f.
Ibn Dschubair, Mohammed ibn Ahmad 169
Ibn Fadl Allāh al-ʿUmarī 193
Ibn Mādschid, Ahmad 119, 131 f., 136, 218
Ibn Mūsā, Ahmad 51
Ibn Mūsā, Dschaʿfar Mohammed 51
Ibn Mūsā, al-Hasan 51
Ibn Qaraqa 70
Ibn Ruschd s. Averroës
Ibn Rusta, Ahmad ibn ʿUmar 53
Ibn Sīnā s. Avicenna
Ibn Yūnus 85
al-Idrīsī, Abū ʿAbdallāh 207–210, 235, 246, 261 f.
Innozenz III., Papst 38
Isabella von England 99
Isabella I. von Kastilien 257

Jai Singh Sawāʾī 84
Jakob von Edessa 188 f.
Johannes Hispaniensis 59, 103

al-Kāschī, Dschamschīd ibn Masʿūd 98
al-Kimākī, Chānāh ibn Chāqān 209 f.
al-Kindī, Abū Yūsuf Yaʿqūb 130 f., 197

Kolumbus, Bartolomeo 267 ff., 271
Kolumbus, Christoph 11, 17, 25, 142, 148 f., 152, 257, 259, 262 ff., 266–270, 272, 279 f.
Kopernikus, Nikolaus 53, 61, 76, 104 ff.
Kublai Khan 214, 236
al-Kūhī, Abū Sahl ibn Rustam 66

Leo Africanus 173 f., 231
Leo X., Papst 174
Ludwig XIV. von Frankreich 247
Lupitus von Barcelona 103, 107

Magellan, Ferdinand 25, 144, 272 ff., 276
al-Maghribī, Muhyī ad-Dīn 76
Maimonides (Ibn Maimūn) 35
Malemo Caná 137, 146 f., 240
al-Malik al-Aschraf 134 f.
al-Maʾmūn, Abbasiden-Kalif (reg. 813–833) 21, 24, 33, 51 f., 55, 65 ff., 161, 164, 184 ff., 195–199, 205, 209 ff., 216, 234 f., 241, 262
al-Mansūr, Abbasiden-Kalif (reg. 754–775) 33, 158, 194
al-Mansūr, Ismāʿīl, Fatimiden-Kalif (reg. 946–953) 69
Manuel I. von Portugal 221, 223
al-Maqdisī (al-Muqaddasī), Schams ad-Dīn 165 ff.
Marco Polo 158, 171 f., 229, 237 f.
Marinos von Tyros 180–187, 194 ff.
al-Marrākuschī, Abū al-Hasan 211 f.
Martins de Roriz, Fernão 267

al-Masʿūdī, Abū al-Hasan ʿAlī ibn al-Husain 56, 163 ff., 168, 181 f., 184, 193, 259 f.
Maurolico, Francesco 52
Maximos Planudes 185 f., 199
Mercator, Gerhard 243
Miller, Konrad 208 f.
al-Mizzī, Mohammed ibn Ahmad 93
Mohammed 28
Mohammed Abū Bakr, Sultan 261 f.
Mohammed ibn Ibrāhīm ibn ar-Raqqām 216
Muʿāwiya I., Umayyaden-Kalif (reg. 661–680) 29
Murād III., osmanischer Sultan (reg. 1574–1595) 78
al-Murādī, Alī ibn Chalaf 89

Nastūlus 89
an-Nazzām, Abū Ishāq 207
Necho II., Pharao 120

Ortelius, Abraham 170, 243
Osorius, Hieronymus 151, 153

Pacheco Pereira, Duarte 266
Paracelsus 286
Petrus Alphonsus 231 f.
Petrus Peregrinus de Maricourt 150
Pigafetta, Antonio 272 f.
Pinzón, Martin Alonso 269
Pīrī Reʾīs 19, 226 f., 262–265, 267, 269 ff., 276
Platon 49
Ptolemäus, Claudius 34, 49 f., 67, 75 f., 97, 114, 139, 161, 180, 182, 184–190, 192, 194–197, 199, 205, 216, 241
Pythagoras 201
Pytheas von Massalia 178

Quintern, Detlev 12
Qutb ad-Dīn asch-Schīrāzī 105, 214 f.

Ramelli, Agostino 255
Raschīd ad-Dīn 102, 172 f., 215 ff.
Regiomontanus, Johannes 146 ff.
Reinel, Jorge 219
Reinel, Pedro 219
Rennell, James 228, 247
Riccioli, Giambattista 246
Ristoro d'Arezzo 233
Ritter, Hellmut 11
Rodrigues, Francisco 223
Roger II. von Sizilien 207

San Martin, Andrés de 144, 276
Sanson d'Abbéville, Nicolas 245 f.
Sanuto, Livio 271
Schickard, Wilhelm 243
Schihāb ad-Dīn al-ʿUmarī 173, 261
Schipperges, Heinrich 284
Schweigger, Salomon 112, 114 f.
Servet, Miguel 287
Severus Sebokht 188
Sībawaih 31
Sidi ʿAlī Reʾīs, osmanischer Admiral 136, 218 f.
as-Sidschzī, Abū Saʿīd 54
Silvester II., Papst 108, 231
Sind ibn ʿAlī 66
Snellius, Willebrord 242

Sokrates 32
Sprenger, Aloys 166f.
as-Sūfī, ʿAbd ar-Rahmān (Azophi) 56f.
Sulaimān al-Mahrī 124f., 128f., 131f., 136, 218f.

Tamīm ibn Bahr al-Mutawwiʿī 158
Taqī ad-Dīn (al-Misrī) 77–81, 112, 114
Theon von Alexandria 190, 192
Toscanelli, Paolo 267, 269
at-Tūsī, Nasīr ad-Dīn 61 ff., 70, 76, 105 f., 213 f., 228
at-Tūsī, Scharaf ad-Dīn 92

Ulugh Beg 81, 228
ʿUmar ibn al-Chattāb 159

Urban II., Papst 251
al-ʿUrdī, Muʾayyad ad-Dīn 71 f., 74 ff.

Velho, Bartolomeu 143
Vinci, Leonardo da 254 f.

Wilhelm I. von Sizilien 207

Yahyā ibn Chālid 158
Yaʿqūb ibn Tāriq 47 f., 194
al-Yaʿqūbī, Ahmad 120, 157, 162
Yāqūt al-Hamawī ar-Rūmī 169 f.

Zacuto, Abraham 140
az-Zarqālī, Ibrāhīm (Arzachel) 59, 90, 140